高职高专财经类核心课教材

IMPORT AND EXPORT TRADE PRACTICE

进出口贸易实务

（第二版）

主编 吴百福 周秉成

格致出版社 上海人民出版社

内容简介

本教材以国际货物买卖合同的磋商签订和履行为核心内容，以出口货物为主线，以国际贸易法律和惯例为依据，密切联系我国外贸实际，阐述进出口贸易的基础理论、基础知识和基本操作技能。

本教材通俗易懂，并附有最新修订的《2010 年国际贸易术语解释通则》、2007 年版的《跟单信用证统一惯例》和《托收统一规则》等实用的国际贸易惯例，以及经专门设计的仿真售货确认书和外贸单证如信用证、发票、汇票、提单、保险单等，非常适合高职高专生以及同等层次的读者学习外贸实务之用。

编写本教材的两位作者系外贸教学领域的资深专家，由他们主编的《进出口贸易实务教程》出版 10 多年来广为各大高校使用。针对高职高专、成人高校、职业技术学院经贸类学生的教学需求，两位主编再集几十年外贸实务工作经验和教学研究心得，并经过对外贸现状有选择的重点调查，充分结合国际贸易惯例的最新变化，编就本教材，为更多的外贸中级人员提供教学和培训工具。

作者简介

吴百福，上海对外贸易学院原经济系主任。

周秉成，上海对外贸易学院原进出口业务教研室主任。

第二版前言

为了配合培养外贸急需人才的需要，我们于 2007 年编写出版了《进出口贸易实务》一书。三年来，由于本教材内容翔实，行文通俗，对国际货物买卖合同磋商签订和履行各环节的阐述简明扼要，理论联系实际，因此本教材深受外贸专业教师、学生、外贸实务工作者和广大读者的欢迎。

近三年来，与我国进出口贸易有密切关联的国际贸易惯例又有重要的修订和变化。例如，国际商会制订的《跟单信用证统一惯例》（2007 年修订本）——UCP600，该惯例我们于本教材初版中已作介绍，并附有 UCP600 全文的中译文本。2010 年 9 月国际商会又公布对 INCOTERMS 2000 的修订本 INCOTERMS 2010——《2010 年国际贸易术语解释通则》，并定于 2011 年 1 月 1 日起实施。为了在本教材中及时反映 INCOTERMS 2010 的内容，以满足外贸实务教学、研究和外贸业务工作使用和参考的需要，我们决定对《进出口贸易实务》进行修订。

全书除导论外共分 10 章。编写的分工是：吴百福负责第四、五、六、九、十章；周秉成负责第一、二、三、七、八章。编就后经相互交换审阅、修改后定稿。

本书附录三《2010 年国际贸易术语解释通则》由聂开锦译自 INCOTERMS 2010 英文原文；附录四《跟单信用证统一惯例》（2007 年修订本）由周秉成译自 UCP600 英文原文；附录五《托收统一规则》由舒红译自 URC522 英文原文。上述三惯例译文仅供教学参考使用。

本修订本中如有不妥之处，谨请使用本书的老师、学生和读者指正，以便再版时据以修改。

编者　吴百福　周秉成

2011 年 3 月

第三版前言

第一版前言

随着世界经济全球化进程的不断深入，特别是我国加入世界贸易组织以后，为了履行我国入世时的承诺，我国外贸行业的准入门槛已大大降低。在此情况下，我国从事国际贸易企业的数量大幅增加，其成员也发生了重大改变：大批中小型企业、民营企业、制造企业、商业零售企业纷纷开展外贸业务，并已成为规模庞大的外贸行业的生力军和重要组成部分。

现在的当务之急是，如何为这些外贸新成员提供一大批经过系统专业训练，了解有关国际贸易的法律规则、国际惯例，掌握国际贸易运营规则和具体操作技能的合格经理人才和具体业务操作人员。为此，现下不少高校增设国际贸易的本科专业，或扩大国际贸易专业的招生规模，乃至招收更高层次的研究生，以期培养外贸的高级人才。但本科生完成学业通常需要四年，而硕士生、博士生所需的时间则更长。然而，外贸企业的工作是多层次的，有不少具体工作，如果有关人员具备国际贸易基础知识与具体工作的操作技能，也能够胜任。于是不少高校的高职班、高专班便应运而生。但目前，适用于高职、高专的外贸实务教材并不多见。此外，近年来国际贸易惯例、与外贸有关的国内法规，以及外贸工作具体做法，都有许多发展和变化。原有的教材在内容上已难以完全符合现时的实际情况。有鉴于此，编者愿以自己几十年从事外贸实践和外贸教学与研究的心得，并经过对外贸现状有选择的重点调查，认真编就此书，以聊表编者继续为外贸教学事业作一点贡献的心愿。

在本书编写过程中，编者得到中国银行上海分行市中支行徐丰副行长、中国国际经济贸易仲裁委员会上海分会黄文秘书长、上海出入境检验检疫局办公室洪雷调研员、上海市标准化研究院条码管理中心陈勇主任、林立政工程师、原上海佳达国际货运有限公司陈伯度高级顾问、上海对外贸易学院所属上海市高校国际商务实习中心祝卫主任、程洁主任助理等专家、学者的大力支持和热情帮助,在此谨表示衷心感谢。

本书除适用于高职、高专外贸实务教学外,也可作为在职外贸工作者的参考用书。

全书除导论外共分10章。编写的分工是:吴百福负责第四、五、六、九、十章;周秉成负责第一、二、三、七、八章。编就后经相互交换审阅、修改后定稿。

本书附录三、四:《2000年国际贸易术语解释通则》和《跟单信用证统一惯例》(2007年修订本)由周秉成分别译自INCOTERMS 2000和UCP600英文原文,附录五:《托收统一规则》由舒红译自URC522英文原文。上述三惯例译文仅供教学参考使用。

由于编者水平有限,书中如有不妥之处,谨请使用本书的老师、学生和读者指正,以便再版时据以修改。

编者　吴百福　周秉成

2006年11月

目　录

导 论

进出口贸易实务，又称国际贸易实务，是一门研究国际货物买卖的有关理论和实际业务的课程，也是普通高等院校和成人高等院校本科和高职高专国际经济贸易专业的一门专业基础课程。其任务是：使学生通过本课程的学习，初步掌握在我国对外贸易的方针政策指导下，进行国际货物买卖的基础理论、基础知识和基本技能；学会在进出口贸易活动中，既能切实贯彻国家的方针政策和企业的经营意图，按照我国对外贸易的实际做法进行操作，又能符合国际贸易法律规则和国际贸易惯例行事。

进出口贸易，或称对外贸易，按狭义的理解，仅限于货物进出口的范围。目前很多国家将传统货物进出口的对外贸易定义扩展到技术进出口和国际服务贸易。《中华人民共和国对外贸易法》第2条也规定："本法所称对外贸易，是指货物进出口、技术进出口和国际服务贸易。"但是，无论在我国还是在国际上，货物买卖仍然是国际贸易中最基本、最主要的部分；而且，技术进出口和国际服务贸易的具体做法中，许多是借鉴货物进出口的基本做法，或在此基础上发展起来的。所以，有关国际货物买卖的基础理论和业务做法，是每一个从事各种国际贸易实际工作和研究工作的人员必须掌握的基础知识。

一、本教材的内容

《进出口贸易实务》以国际货物买卖合同的磋商签订和履行为核心内容，以出口货物销售为主线，以国际贸易法律和惯例为依据，密切联系我国外贸实际，阐述进出口贸易的基础理论、基础知识和基本操作技能。

全书除导论外，共分10章。第一章至第六章阐述国际货物买卖合同的六项主要交易条件——货物的品质、数量、包装、价格、交货和支付条件。这六项交易条件(business condittions)是磋商和订立合同不可缺少的交易条件。其中"贸易术语"和"国际货物运输保险"由于其内容较多，设专章(第二章和第五章)论述，但它们都不是独立的交易条件，而分别为价格条件和交货条件的部分或从属内容。第七章所阐述的是其他交易条件——检验、索赔、不可抗力和仲裁条件。它们虽然不是构成有效合同所必需的条件，即非主要交易条件，但也是重要的交易条件。谨慎的买卖双方也对这些交易条件作认真的磋商，达成共识后，在合同中作明确的规定。这将有利于预防争议的发生;一旦发生争议,将便于处理。在上述各章讲授交易条件的末节,均举例说明各项交易条件在合同中的规定方法(中、英文)——即合同条款(contract clauses)的规定方法。第八章和第九章讲授的国际货物买卖合同的磋商签订和履行是本教材的核心内容。第八章阐述买卖合同订立的程序,其必需经过的环节——“发盘”和“接受”,按法律规则构成有效发盘和接受的要求,签订书面合同的重要性,以及如何签订书面合同。第九章介绍出口和进口合同的履行程序及其具体做法。第十章为在我国出口贸易中使用较多的包销(即“独家经销”)、代理和来料加工,以及为销售新商品和特殊规格的商品有时采用的寄售、拍卖和招标投标。本教材对这几种贸易方式,也作简要的介绍。

二、本教材的教学方法

使用本教材进行教学,首先要求任课教师对本教材进行通读,做到充分熟悉和了解本教材的全部内容,包括与教材正文有关的国际贸易法律和惯例的部分规则和条款(载于本书附录),以及本书附件——售货确认书(合同)、信用证、汇票、发票、提单和保险单等单证。这些附件是经专门设计、相互有密切联系的仿真示例。在教学中,如能配合讲课适时地引导学员参阅,可起到直观教学、增强学员感性知识、加深学员对课文理解的作用。此外,任课教师应具有一定的外贸实践经验;学员应有相当的基础英语的水平。

以下对本课程教学方法,提出几点建议,供参考:

第一,本课程系国际贸易专业高年级专业课程,原则上应安排在“中国对外贸易”与“国际贸易”两门课程的教学之后进行教学。对已掌握上述两门课程的基础知识的学员讲授“进出口贸易实务”,将取得较好的教学效果。

第二,本课程所需教学的内容较多,但不应对本教材各章的教学平均使用力量,而应分主次,作有重点的教学。对重点内容应安排较多课时,作较详尽的讲授。所谓本课程的“重点内容”,是指第二章贸易术语、第六章货款的支付、第八章和第九章国际货物买卖合同的磋商签订和履行。

第三,注意贯彻由浅入深、循序渐进、精讲多练的原则。在本课程教学中,有时在前文中引述某些国际贸易惯例的条款。遇此情况,不应对将在以后章节中详述的惯例作展开讲解,而只引导学员参阅有关条款即可,待到在以后章节的教学时,对该惯例作较深入的讲解(例如:在第六章“货款的支付”中,将详述《跟单信用证统一惯例》国际商会第600号出版物)。这样可体现由浅入深、循序渐进的原则。同时,在结束各章教学后,应适当地有选择地布置一些思考题作业,以促进学员复习、巩固和加深理解所学的知识。必要时,教师可安排课外辅导,为学员答疑,使学员对所学内容达到充分理解,能记能用。

第四，对本课程的课时安排，提出以下两种(甲、乙)设想，供参考选用：

		(甲)	(乙)
第一章	货物的品质、数量和包装	4课时	4课时
第二章	贸易术语	8课时	6课时
第三章	货物的价格	4课时	2课时
第四章	货物的交付	4课时	4课时
第五章	国际货物运输保险	4课时	4课时
第六章	货款的支付	12课时	8课时
第七章	争议的预防和处理——检验、索赔、不可抗力和仲裁	4课时	4课时
第八章	国际货物买卖合同的磋商和签订	8课时	6课时
第九章	国际货物买卖合同的履行	8课时	6课时
第十章	贸易方式	4课时	4课时
		60课时	**48课时**

如对外贸从业人员作短期培训，可安排24—30课时，为期一周，只讲授“外贸术语”、“货款的支付”、“国际货物买卖合同的磋商和签订”和“国际货物买卖合同的履行”四章内容。其余各章由学员自学。

第一章 货物的品质、数量和包装

国际货物买卖合同的成立，必须经买卖双方就各项交易条件进行磋商、达成协议。国际货物买卖的交易条件有多项，在外贸实践中，以货物的品质、数量、包装、价格、交货和支付条件为主要交易条件。因为这六项条件直接关系到合同货物和买卖双方的基本合同义务，其中任何一项缺少或不明确，将使合同无法成立，或即使成立，也往往会在合同履行中产生困难，甚至引起纠纷。除以上主要交易条件外，检验、索赔、不可抗力、仲裁条件，虽非成立合同的主要条件，但与预防和处理争议有关，所以，也是重要的交易条件，因而慎重的买方和卖方都十分重视对这些条件的约定。本章以及第三、四和六、七章将对上述各项交易条件分别予以阐述。对与"价格条件"和"交货条件"密切相关的"贸易术语"和"货物运输保险"，以其内容较多，分别列专章(第二章和第五章)进行阐述。

第一节 品质条件

货物的品质(quality)，亦称质量，是货物的外观形态和内在质量的综合。货物的外观形态包括造型、结构、色泽、硬度、光洁度等。对这些质量要求人们可通过感觉器官评定其优劣。内在质量包括化学成分、物理和机械性能、生物特征和技术指标等，则需使用仪器、设备加以检测。在国际市场上，货物的外观和内在质量都是十分重要的。

在国际货物买卖中，货物的品质不仅是主要交易条件，而且是买卖双方进行交易磋商的首要条件(primary condition)。因为，货物品质的优劣不但关系到货物的使用效能和售价高低，而且还决定货物销路畅滞，涉及有关企业以至国家的声誉。在当前国际市场竞争激烈的情况下，提高出口货物的品质，是加强对外竞争的主要手段。只有切实加强出口货物的质量管理，根据国际市场的需要和变化，不断提高出口货物质量，增加花色品种和改进款式，并使之适销对路，才能开拓和巩固国际市场，做到以质取胜。

一、表示品质的方法

在国际货物买卖合同中，货物的品质条款是买卖双方交接货物的依据。如果所交货物的品质与合同规定不符，卖方要承担违反合同的法律责任，买方有权对因此而受到的损失向卖方提出赔偿要求和/或解除合同。因此，在磋商交易和签订合同时，必须正确掌握和订明品质条款。

买卖合同中的品质条款包括商品的名称和质量的各项指标或要求。不同种类的货物，有不同表示质量的方法。在国际贸易中，表示货物质量的方法有多种，归纳起来，可分为两大类:用文字说明表示和用样品表示。

（一）用文字说明表示

在国际贸易中，大多数货物可用文字说明来表示质量。买卖双方凭文字说明磋商交易和成立合同，交货质量以文字说明为依据，称作“凭说明买卖”(sale by description)。

用文字说明表示的方法，具体又可分为下列几种：

1. 凭规格。

规格(specifications)是指用以反映货物质量的若干主要指标，如成分、含量、纯度、大小、长短、粗细等。用规格来确定货物的质量，进行买卖，即“凭规格买卖”。凭规格买卖比较方便、准确，在国际货物买卖中应用最广。

2. 凭等级。

等级(grade)是指同一类的货物，根据长期生产和贸易实践，按其品质差异、重量、成分、外观或效能等的不同，用文字、数码或符号所作的分类。“凭等级买卖”只需说明其级别，即可明确买卖货物的质量。

3. 凭标准。

标准(standard)是指商品规格的标准化。商品的标准一般由标准化组织、政府机关、行业团体、商品交易所等规定并公布。世界各国都有自己的标准。另外，还有国际标准和国外先进标准。国际标准是指国际标准化组织(ISO)标准、国际电工委员会(IEC)制定的标准以及其他国际组织规定的某些标准。国外先进标准是指发达国家的国家标准，如英国为 BS，美国为 ANSI，法国为 NF，德国为 DIN，日本为 JIS、JAS 等。这些国际标准和国外先进标准均在国际贸易中被广泛采用。我国有国家标准、行业标准、地方标准和企业标准。我国外贸实践中，除使用国际标准和某些国外的标准外，也有使用我国国家标准的。

随着科学技术、生产技术的发展，商品的标准不断地被修改或变动。同一组织颁布的某类商品的标准往往有不同年份的版本，版本不同，质量标准内容也不相同。在合同中援引标准时，应注明采用标准的版本名称及其年份。在实际业务中，买方常要求卖方交货质量符合其指定标准，并经其确认。

在国际市场上买卖农副产品时，还有一种常见的“标准”，即“良好平均品质”(fair average quality—F. A. Q.)。按照一些国家的解释，“良好平均品质”是指一定时期内某地出口货物的平均品质水平。这种“标准”含意笼统，实际上并不代表固定确切的品质规格。目前，我国出口某些农副产品，也有使用 F. A. Q. 来表示品质的，实际上是指“大路货”，其品质标准一般是以我国产区当年生产该项农副产品的平均品质为依据而确定的。在使用时，除在合同内注明 F. A. Q. 字样外，通常还订明该货物的主要规格。例如：

中国桐油

良好平均品质，游离脂肪酸不超过4%

Chinese Tung Oil

F. A. Q. , F. F. A. 4%max.

假如在合同中只写明“F. A. Q. ”，不列明具体规格，则只是为了简化品质条款的规定，这只能适用于交易双方事先已有约定，或对买卖货物的品质有习惯的认识。但这种简化做法，容易引起纠纷，在一般情况下应避免使用。

4. 凭牌号或商标。

在国际市场上信誉良好、品质稳定，并为买方所熟悉的货物，可凭牌号或商标对外销售。例如，海尔冰箱、长虹彩色电视机等。

牌号(brand)和商标(trade mark)与货物的品质规格有密切关系。货物的品质是牌号和商标的物质基础。一定的牌号或商标代表一定货物的品质。牌号和商标是区分和识别货物的标志。所以，在凭牌号或商标的买卖中，即使在合同中不具体规定规格，卖方在交货时仍必须按该牌号或商标所通常具有的品质规格交付货物，否则，不仅构成违约，而且做倒“牌子”。在我国出口业务中，不仅要创“名牌”，还应保“名牌”。

5. 凭产地名称。

有些商品，特别是农副土特产品，受产地自然条件和传统加工技术的影响较大，其产品质量优异，具有特色，以产地名称(name of origin)命名，也成为代表该货物质量的标志。例如，金华火腿、龙口粉丝等。

这些货物冠以产地名称，与工业品采用牌号和商标，同样可起到明确货物质量的作用。卖方凭产地名称销售某种农副土特产品，他必须交付具有为国内外消费者所周知的特定质量的产品，否则，买方可拒收货物并提出索赔。

6. 凭说明书和图样。

有些商品，如机械、电器、仪表等，由于结构复杂，型号繁多，性能各异，难以用几项指标来表示其品质，也不能用简短的文字说明其使用方法，在销售这类货物时，就需凭说明书和图样(descriptions and illustrations)来表示商品的质量。

(二) 用样品表示

有些货物的质量难以用文字说明来表示，如部分工艺品、服装、土特产品、轻工产品等，则可用样品表示。

用样品表示质量是指买卖双方同意根据样品进行磋商和成立合同，并以样品作为交货质量的依据。这种方法又称“凭样买卖”或“凭样销售”(sale by sample)。凭样买卖的卖方必须承担交货质量与样品相同的责任。

凭样买卖有凭卖方样品买卖和凭买方样品买卖两种。

1. 凭卖方样品买卖。

凭卖方提供的样品磋商交易和成立合同，并以卖方样品作为交货质量的依据，称“凭卖方样品买卖”(sale by seller's sample)。

卖方所提供的能代表日后整批交货品质的少量实物，即“代表性样品”(representative sample)。在向国外客户寄送代表性样品时，应留存一份或数份同样的样品，以备日后交货或处理争议时核对之用，这种样品称为“复样”(duplicate sample)。寄发样品和留存复样，都应编上相同的号码和/或注明提供(寄送)日期和对象，以便日后联系时引用并便于查核。

某些货物，由于其特点和交易的需要，必要时，可使用封样(sealed sample)。封样可由第三者(如商检机构)将从整批货物中抽取出来的样品分成若干份，在每份样品经包裹捆扎后用火漆或铅封，除第三者留下若干份外，其余封样交卖方使用。封样有时也可由提供样品的一方自封，或由买卖双方会同加封。

2. 凭买方样品买卖。

凭买方提供的样品磋商交易和订立合同，并以买方样品作为交货质量的依据，称“凭买方样品买卖”(sale by buyer's sample)。凭买方样品买卖，在我国也称“来样成交”。采用来样成交，可提高出口货物的适应性和竞争能力，也是把买卖做活的一种销售方法。但需注意原材料供应、加工生产技术和生产安排的可能性，并防止侵犯第三者的知识产权。

此外，在出口业务中，如果卖方认为按买方样品供货没有把握时，卖方可根据买方的来样仿制或从现有货物中选择品质相近的样品提交买方。这种样品称“对等样品”(counter sample)或“回样”(return sample)。如买方同意凭对等样品洽谈交易，则一旦成交，此项交易实际上就是“凭卖方样品买卖”。

在凭样买卖时，如果卖方难以保证交货品质与样品完全相同，则应在磋商订约时与买方约定交货品质与样品相似或大致相同，并在合同中作出明确规定。例如：

品质与卖方于××(日期)提供的样品相似

Quality be similar to sample submitted by the seller on … (date)

所交货物须与卖方第××号样品大致相等

The goods to be delivered shall be about equal to seller's sample No. …

当然，在采用上述规定时，买卖双方对交货品质与样品究竟允许有多大差异，应事先有一致的认识，否则，在交货时可能由于不同看法而引起争议。

在用文字说明表示质量时，有的为了使买方进一步了解商品的实际质量，增加感官认识，也可寄供一些“参考样品”（reference sample）。这与“凭样买卖”是有区别的，因为这种参考样品是作为卖方宣传介绍之用，仅供对方决定购买时参考，不作为交货时的质量依据。可是，为了防止可能发生的纠纷，一般应标明“仅供参考”（for reference only）字样，同时，在对外寄送参考样品时，也必须慎重对待，力求做到日后交货的质量既符合文字说明，又与参考样品相接近，否则，可能引起质量争议。

总之，表示质量的方法有多种。在实际业务中，可根据货物的特点和市场习惯，单独使用某一种方法，也可把某两种或两种以上的方法结合起来使用。

此外，有些特种商品，既无法用文字概括其质量，也没有质量完全相同的样品可以作为交易的质量依据，如珠宝、首饰、字画、特定工艺制品（牙雕、玉雕、微雕等）。对于这类具有独特性质的商品，买卖双方只能看货洽商，按货物的实际状况达成交易，这种交易方式称之为“看货成交”。

二、合同中的品质条款

（一）基本内容

国际货物买卖合同中品质条款的内容，因商品不同而各异，但其基本内容一般列有品名、货号、规格或等级、标准，以及商标/牌号等。在凭样买卖时，则应列明样品的编号和/或提供（寄送）的日期，并规定交货品质与样品相同。现举数例如下：

长毛绒兔，型号 BS060004
品质与 2007 年 1 月 31 日航寄你方的 No. 1346 样品相同
Plush Rabbit Model No. BS060004
Quality same as sample No. 1346 airmailed to you on Jan. 31, 2007

1∶8 大轮越野车，型号 PT51801①
品质与 2007 年 2 月 15 日航寄你方的参考样品大致相同
1/8 Monster Truck Model No. PT51801
Quality to be about equal to Reference Sample airmailed to you on Feb. 15, 2007

红双喜三星白色乒乓球，型号 1840A
品质与 2007 年 1 月 5 日由你我双方在上海会签的封样相同

① 电动玩具。

Double Happiness 3 Star White Table Tennis Art. No. 1840A

Quality same as the sealed sample countersigned by both of us in Shanghai on Jan. 5, 2007

梅林牌午餐肉

48 听×净重 198 克/听

MALING BRAND Pork Luncheon Meat

48 tins × Net Weight 198 g/tin

海尔冰箱 HAIER ICE BOX Model CD-215FT A(Silver Grey)

Total Effective Capacity (L) 215	Freezing Compartment Effective Capacity (L) 85
Rated Power Consumption (KW. h/24 h) 0.79	Freezing Capacity (kg/24 h) 4.0
Refrigerant R600a52g	Exterior Measurement (mm) Depth 634 × Width 555 × Height 1495

长虹彩色电视机	CHANGHONG COLOUR TELEVISION SET
规格：	Specifications:
射频制式 RF System	伴音制式 Sound System: D/K、B/G、I、M 彩色制式 Colour System: PAL、NTSC4.43、NTSC3.58
视频制式 Video System	PAL4.43/50 Hz、PAL4.43/60 Hz、PAL3.58/60 Hz NTSC3.58/60 Hz、NTSC4.43/60 Hz
接收频道 Reception Channel	VHF 1～12CH UHF 13～57CH CATV Z1～Z37(470 MHz CATV)
显像管 Picture Tube	108°/110°偏转角 Deflection Angle
伴音输出 Audio Output	6 W+6 W+8 W(7% THD)
功率消耗	170 W(AC 220 V 50 Hz)

Power Consumption

重量 Weight 约 Approx. 46 kg

鲜鸡蛋 蛋壳呈浅棕色、清洁，品质新鲜，大小均匀

特级 每枚蛋净重 60—65 克

超级 每枚蛋净重 55—60 克

大级 每枚蛋净重 50—55 克

一级 每枚蛋净重 45—50 克

二级 每枚蛋净重 40—45 克

三级 每枚蛋净重 35—40 克

Fresh Hen Eggs, shell light brown and clean, even in size

Grade AA: 60—65 gm per egg

Grade A: 55—60 gm per egg

Grade B: 50—55 gm per egg

Grade C: 45—50 gm per egg

Grade D: 40—45 gm per egg

Grade E: 35—40 gm per egg

盐酸四环素糖衣片，英国药典 2000 版①

Tetracycline HCL Suger-coated Tablets B. P. 2000

1515A 型多梭箱织机 详细规格如所附文字说明与图样

Multi-shuttle Box Loom Model 1515A

Detail Specifications as per attached descriptions and illustrations

（二）品质机动幅度和品质公差

在国际贸易中，卖方交货品质必须严格与买卖合同规定的品质条款相符。但是，某些商品由于生产过程中存在自然损耗，以及受生产工艺、商品本身特点等诸多方面原因的影响，难以保证交货品质与合同规定的内容完全一致。对于这些商品，如果条款规定过死或把质量指标订得绝对化，必然会给卖方的顺利交货带来困难。为此，订立合同时可在品质条款中规定一些灵活条款，卖方所交商品品质只要在规定的灵活范围内，即可以认为交货品质与合同相符，买方无权拒收。常见的规定办法有以下两种：

① B. P. 即英国药典（British Pharmacopoeia）的英文缩写。

1. 品质机动幅度。

品质机动幅度(quality allowance)是指对特定质量指标在一定幅度内可以机动。具体方法有规定范围、极限和上下差异三种。品质机动幅度主要适用于初级产品,以及某些工业制成品的质量指标。

(1) 规定范围。

指对某项商品的主要质量指标规定允许有一定机动的范围。例如:漂布,幅阔35/36英寸。即布的幅阔只要在35英寸到36英寸的范围内,均作为合格。

(2) 规定极限。

指对某些商品的品质规格,规定上下极限。如最大、最高、最多(maximum; max.),最小、最低、最少(minimum; min.)。

在我国粮食类出口商品中,往往规定水分和杂质的最高含量。例如:"水分最高15%"(Moisture 15% max.),"杂质最高1%"(Admixture 1% max.)。

对有些商品中决定其品质高低的主要成分,则需规定其最低或最少含量。例如:薄荷油,薄荷脑含量最少50%(Peppermint Oil, Menthol content 50% min.)。

(3) 规定上下差异。

即在规定某一具体质量指标的同时,规定必要的上下变化幅度。例如:灰鸭毛,含绒量18%,允许上下1%(allowing 1% more or less)。

2. 品质公差。

品质公差(quality tolerance)是指为国际同行业所公认的或买卖双方认可的产品品质的差异。在工业品生产过程中,对产品的质量指标产生一定的误差是难以避免的(如手表走时每天误差若干秒;某一圆形物体的直径误差百分之若干毫米),这种为国际上所公认的品质误差,即使在合同中不作规定,卖方交货品质在公认的误差范围内,也可认为符合合同。凡国际同行业无公认误差的,则需在买卖合同中加以规定。

不论品质机动幅度,还是品质公差,一般只对影响商品价格和使用价值的主要指标作具体规定。

在品质机动幅度和品质公差范围内,交货品质如有上下,一般都不另行计算增减价,即按照合同价格计收货款。但是有的货物,经买卖双方协商同意,也可按比例计算增减价格,并在合同中订立"增减价条款"。例如:

中国芝麻　水分(最高)8%;杂质(最高)2%;含油量(湿态、乙醚浸出物)52%基础,如实际装运货物的含油量高或低1%,价格相应增减1%,不足整数部分,按比例计算。

China Sesameseed　Moisture(max)8%; Admixture (max)2%; Oil Content (wet basis ethyl ether extract) 52% basis. Should the oil content of the goods actually shipped be 1% higher or lower, the price will be accordingly increased or decreased by 1%, and any fraction will be proportionally calculated.

第二节 数量条件

货物买卖是一定数量的货物与一定金额的价款的交换。在国际货物买卖中，买卖双方必须约定数量，否则，不能构成合同。因此，货物的数量(Quantity)也是主要交易条件之一，而且是构成一项合同必须具备的条件之一。

一、计量单位

货物计量单位的采用，应视货物的性质和市场习惯而定。在国际贸易中，通常采用的计量单位有下列几种：

(1) 重量(Weight)：如克、公斤、盎司、磅、公吨、长吨、短吨等。

(2) 个数(Numbers)：如只、件、套、打、罗、令等。

(3) 长度(Length)：如米、英尺、码等。

(4) 面积(Area)：如平方米、平方英尺、平方码等。

(5) 体积(Capacity)：如立方米、立方英尺、立方码等。

(6) 容积(Volume)：如升、加仑、蒲式耳等。

由于各国度量衡制度不同，所使用的计量单位也各异。因此了解和熟悉相互之间的折算方法是很重要的。目前国际贸易中通常使用的有米制(Metric System)、英制(British System)和美制(U. S. System)三种。此外，还有在米制(即公制)基础上发展起来的国际单位制(International System of Units，缩写 SI)。

国际标准计量组织大会在 1960 年通过的，在公制基础上发展起来的国际单位制，已为越来越多的国家所采用，有利于计量单位的统一，标志着计量制度的日趋国际化和标准化，从而对国际贸易的进一步发展起到推动作用。我国采用的是以国际单位制为基础的法定计量单位。《中华人民共和国计量法》第 3 条中明确规定："国家采用国际单位制。国际单位制计量单位和国家选定的其他计量单位为国家法定计量单位。"在外贸业务中，出口商品，除合同规定需采用公制、英制或美制计量单位者外，都应使用法定计量单位。一般不进口非法定计量单位的仪器设备。如有特殊需要，须经有关标准计量管理机构批准，才能使用非法定计量单位。①

① 这里的计量单位，是指商品质量指标中的计量单位。

二、重量的计算

在国际贸易中，有很多货物是按重量计算的，其计算方法主要有：

(1) 按毛重计算。

毛重(gross weight)是指货物本身的重量加上皮重，即加上包装物的重量。有些单位价值不高的货物，可采用按毛重计量的方法，也就是按毛量作为计算价格的基础。这种计量和计价的方法，在国际贸易中称作"以毛作净"(gross for net)或"以毛作净价"(gross for net price)。

(2) 按净重计算。

净重(net weight)是指货物的本身重量，即不包括皮重的货物实际重量。

如在合同中未明确规定用毛重还是净重计量、计价的，按惯例应以净重计。①

此外，个别商品有按公量(conditioned weight)②和理论重量(theoretical weight)③计算的。

三、合同中的数量条款

在磋商交易和签订合同时，一般都规定确定的、不得增减的数量，例如：1 000 公吨；10 000 打等。但有些商品，由于其特性，或由于生产、包装或运输条件的限制，实际交货数量往往不易符合合同规定的某一确定的数量。为了避免在履约时发生争议，买卖双方应事先谈妥并在合同中订明交货数量的机动幅度(quantity allowance)。

数量机动幅度是指卖方可按买卖双方约定某一具体数量多交或少交若干比例的幅度。规定数量机动幅度的方法有二：(1)规定"溢短装条款"；(2)规定"约"数。

(一) 溢短装条款(more of less clause)

规定数量条款时，如同时规定溢短装条款，则在交货时可溢装或短装(即多交或少交)合同数量的百分率。例如：

10 000 码，卖方可溢装或短装 5%

10 000 yds. with 5% more or less at seller's option

这样，交货时就比较灵活，只要在 10 000 码 5%上下的幅度即 9 500 至 10 500 码范围内，都属符合合同，而无须硬凑 10 000 码。应该指出，硬凑合同规定的某一具体数量，有时可能出现包装不成整件的情形，这对出口人交货和进口人收货都会

---

① 参见《联合国国际货物销售合同公约》第 56 条。

② 公量即用科学方法抽出商品所含的水分，再另加标准水分求得的重量。这种按公量计算的方法经常用于经济价值较大而水分含量极不稳定的商品，如羊毛、生丝、棉花、棉纱等。

③ 理论重量适用于有固定规格和固定尺寸的商品，只需尺寸符合，规格一致，其重量大致相等。例如马口铁、钢板，按一定规格，只要根据张数即可算出其重量。

带来不便。所以，在实际出口业务中，有些国外进口商主动向我方提出，在数量上规定机动幅度，并要求切勿为硬凑某一具体数量而向其发运不成整件的货物。

在FOB合同中，如由对方派船装载大批或整船货物时，国外买方往往要求，在机动幅度范围内，由他们决定多装或少装的数量。例如：

60 000公吨，10%上下，由买方决定

60 000 metric tons, 10% more or less, at buyer's option

（二）"约"数（about, crica, approximately—appr.）

在合同数量前加"约"字，也可使具体交货数量作适当机动，即可多交或少交一定百分比的数量。但国际上对"约"字的含义解释不一，有的解释为2.5%，有的则为5%。《跟单信用证统一惯例》（国际商会第600号出版物）则认为：信用证上如规定"约"字，应解释为允许有不超过10%的增减幅度[①]。鉴于"约"数在国际上解释不一，为防止纠纷，使用时双方应先取得一致的理解，并达成书面协议。

在数量机动幅度范围内，多装或少装货物，一般都按合同价格计算多交或少交的货款，即多交多收、少交少收。但对于价格波动频繁、幅度较大的商品，为防止对方利用机动幅度故意增加或减少数量以取得额外利益，也可规定增减部分以装运时某种市场的价格计算。

第三节　包装条件

包装是保护商品在流通过程中品质完好和数量完整的重要条件，也是实现商品价值和使用价值的必要手段，是商品生产和消费之间的桥梁。在生产过程中，包装是最后一道重要的工序；在流通过程中，包装对保护商品、美化商品、宣传商品以及对商品的贮藏、运输、销售、使用都起着重要作用。包装反映一个国家经济、技术、科学、文化等方面的发达程度。在国际市场上，包装好坏关系到货物售价的高低、销路的畅滞，也关系着一个国家及其产品的声誉。在国际货物买卖中，包装还是货物说明的组成部分，因此，包装也是主要交易条件之一，并应在合同中加以明确规定。

近年来，许多国家以保护生态环境、保护消费者利益为由或为达到限制进口的目的，纷纷制定了有关包装的政策、法令、条例，对进口商品包装及其标识进行严格的规定。我国商检部门也对进出口商品包装制定各种法规，以有效应对国外技术壁垒。[②]我国外贸企业必须及时了解国内外有关商品包装的法规，努力适应国际市

① 参见本书附录该出版物第30条a款。

② 例如，为确保进出口食品的安全卫生，我国商检部门规定：自2006年8月1日起国家对与食品接触或预期会与食品接触的进出口食品内包装、销售包装、运输包装及包装材料实施安全卫生检验检疫，对出口食品包装生产企业和食品包装进出口商实施备案管理。

场对商品包装的要求。

一、包装的种类和作用

根据包装在流通过程中所起作用的不同，货物的包装一般可分为运输包装和销售包装两大类。

(一) 运输包装

运输包装(transport packing)又称外包装(outer packing)、大包装，是将货物装入特定容器，或以特定方式成件或成箱的包装。它的作用主要在于保护商品，便于运输，减少运费；便于储存，节省仓租；便于计数等。

运输包装的方式主要有以下几种：

(1) 箱(case)：凡价值较高，容易受损货物，大都用箱装。按不同材料，箱有木箱(wooden case)、板条箱(crate)、纸箱(carton)、瓦楞纸箱(corrugated carton)、漏孔箱(skeleton case)等。箱外通常加打包铁皮或塑料带。

(2) 包(bale)：凡可紧压而品质不受损坏的货物，可以机压打包。所用材料，一般为棉布或麻布。包外另加铁皮或塑料带扎紧。

(3) 桶(drum; barrel)：液体、半液体以及粉状等货物，可用桶装。桶有木桶(wooden drum)、铁桶(iron drum)、塑料桶(plastic cask)等。

(4) 袋(bag)。粉状、颗粒状和块状的农产品及化学原料，常用袋装。袋有麻袋(gunny bag)、布袋(cloth bag)、纸袋(paper bag)、塑料袋(plastic bag)等。

除上述单件包装外，运输包装还有将一定数量的单件包装组合成一件大的包装或装入一个大的包装容器内的集合运输包装，如托盘(pallet)、集装袋(flexible container)等。

(二) 销售包装

销售包装(sales packing)又称内包装(inner packing)、小包装(small packing)或直接包装(immediate packing)，是在商品制造出来以后以适当的材料或容器所进行的初次包装。销售包装除了保护商品的品质外，还能美化商品，宣传推广，便于陈列展销，吸引顾客并方便消费者识别、选购、携带和使用，从而能起到促进销售，提高商品价值的作用。

1. 销售包装的种类。

根据商品的特征和形状，销售包装可采用不同的包装材料和不同的造型结构与式样。常见的销售包装有以下几种：

(1) 挂式包装。可在商店货架上悬挂展示的包装，其独特的结构如吊钩、吊带、挂孔、网兜等，可充分利用货架的空间陈列商品。

(2) 堆叠式包装。这种包装通常指包装品顶部和底部都设有吻合装置使商品在上下堆叠过程中可以相互咬合，其特点是堆叠稳定性强，大量堆叠而节省货位，常用于听装的食品罐头或瓶装、盒装商品。

(3) 便携式包装。包装造型和长宽高比例的设计均适合消费者携带使用的包装,如有提手的纸盒、塑料拎包等。

(4) 一次用量包装。又称单份包装、专用包装或方便包装,以使用一次为目的的较简单的包装。如一次用量的药品、饮料、调味品等。

(5) 易开包装。包装容器上有严密的封口结构,使用者不需另备工具即可容易地开启。易开包装又分为易开罐、易开瓶和易开盒等。

(6) 喷雾包装。在气密性容器内,当打开阀门或压按钮时,内装物由于推进产生的压力能喷射出来的包装。例如香水、空气清新剂、清洁剂等包装。

(7) 配套包装。将消费者在使用上有关联的商品搭配成套,装在同一容器内的销售包装。如工具配套袋、成套茶具的包装盒等。

(8) 礼品包装。专作为送礼用的销售包装。礼品包装的造型应美观大方,有较高的艺术性,有的还使用彩带、花结、吊牌等。它的装潢除了给消费者留下深刻印象外,还必须具有保护商品的良好性能。使用礼品包装的范围极广,如糖果、化妆品、工艺品、滋补品和玩具等。

2. 销售包装的装潢和文字说明。

商品销售包装上的装潢和文字说明,是美化商品、宣传商品、吸引消费者,使消费者了解商品特性和妥善使用商品的必要手段。装潢、图案和文字说明通常直接印刷在商品包装上,也有采用在商品上粘贴、加标签、挂吊牌等方式。

销售包装的装潢,通常包括图案与色彩。装潢应美观大方,富于艺术吸引力,并突出商品的特性。同时,还应适应进口国或销售地区的民族习惯和爱好,以利扩大出口。文字说明通常包括商品名称、商标品牌、数量规格、成分构成与使用说明等内容。这些文字说明应与销售包装的装潢画面紧密结合、和谐统一,以达到树立产品及企业形象、提高宣传和促销的目的。使用的文字说明或粘贴、悬挂的商品标签、吊牌等,还应注意不违反有关国家的标签管理条例的规定。例如,有的国家明文规定所有进口商品的文字说明必须使用本国文字。

此外,衬垫物(filling and lining materials)也是包装的重要组成部分,不容忽视。它的作用是防震、防碎、防潮、防锈等。一般用纸屑、纸条、防潮纸和各种塑料作衬垫物。应该注意的是,我国出口包装不准用报纸之类作衬垫物;有些进口国家不准用稻草、干草、棉絮等作为衬垫物。

二、包装上的标志

(一) 运输标志、指示性标志和警告性标志

进出口货物的外包装上一般都标明或刷制运输标志、指示性标志和警告性标

志，以方便识别货物、计数，防止错发错运、错提货物，便利运输、仓贮，方便对货物进行查验，指导装卸，防止发生危险事故。

1. 运输标志。

运输标志(shipping mark)，习惯上称为“唛头”或“唛”。它通常被标贴或刷制在外包装上的明显部位，方便在运输过程中的有关人员识别货物，正确安排运输。运输标志一般由三个部分组成：

(1) 收货人及/或发货人名称的代用简字或代号和简单的几何图形(有时不用几何图形)。

(2) 目的港(地)名称。

(3) 件号。一般每件货物上应刷顺序的件号；而通常是既刷顺序件号又刷总件号；在实际业务中，有的仅刷统号(例如 NOS. 1—100，每件包装上均刷此统号)。有的运输标志还按照买方的要求列入合同号码、信用证号码或进口许可证号码等。

按国际标准化组织(ISO)的建议，运输标志应包括四项内容：

(1) 收货人或买方的名称字首或简称。

(2) 参照号码。如买卖合同号码、订单、发票或运单号码、信用证号码等。

(3) 目的地。货物运送的最终目的地或目的港的名称。

(4) 件数号码。本批每件货物的顺序号和该批货物的总件数。

需要指出的是，为了便于刻唛、刷唛，节省时间和费用，便于在制单及其信息传递过程中使用电讯手段，国际标准化组织推荐的标准运输标志不使用几何图形或其他图形。

在我国实际外贸业务中，我国外贸企业应尽量参照该标准运输标志设计和制作唛头。

以下是常见的运输标志的一些示例：

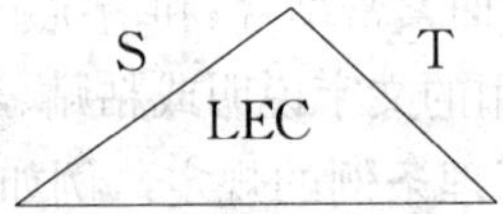

LONDON
No. 1/100

(1)

K
95SMESFT/41055CE
SHANGHAI CHINA

C/NO. 25

(2)

ARATRACO
SC915530
LC601225

TRIPOLI
(LIBYA)
CTN/NO.
1-100

(3)

ELOF HANSSEN
SSS701-5
EFH2075641

$$\frac{6\quad 7\quad 7\frac{1}{2}\quad 8\quad 8\frac{1}{2}\quad 9}{1\quad 3\quad 3\quad 2\quad 2\quad 1}$$

STOCKHOLM
NO. 1-82

(4)

2. 指示性标志。

指示性标志(indicative mark)是根据商品的特性,对一些容易破碎、残损、变质的商品,在搬运装卸操作和存放保管条件方面所提出的要求和注意事项,用图形或文字表示的标志。例如,"怕湿"、"向上"、"小心轻放"和"禁用手钩"等。

为了统一各国运输包装指示性标志的图形与文字,一些国际组织,如国际标准化组织(ISO)、国际航空运输协会(IATA)和国际铁路货运会议(RID)分别制定了包装储运指示性标志,并建议各会员国予以采纳。我国制定有运输包装指示性标志的国家标准,所用图形与国际上通用的图形基本一致。图 1.1 列举的是一些常用的指示性标志。

图 1.1 常用的指示性标志

3. 警告性标志。

警告性标志(warning mark)又称危险品标志(dangerous cargo mark),是指在装有爆炸品、易燃物品、腐蚀物品、氧化剂和放射物质等危险货物的运输包装上用图形或文字表示各种危险品的标志。其作用是警告有关装卸、运输和保管人员按货物特性采取相应的措施,以保障人身和物资的安全。

为保证国际危险货物运输的安全,联合国、国际海事组织、国际铁路合作组织和国际民航组织分别制定有国际海上、铁路、航空危险货物运输规则。在我出口危险品的外包装上,应分别依照上述规则,刷写必要的危险品标志。图 1.2 列举了《国际海上危险货物运输规则》(简称《国际危规》)所规定的一些危险品标志。

(符号:黑色;底色:橙红色)(符号:黑色或白色;底色:正红色)(符号:黑色;底色:白色)

图 1.2 部分危险品标志

除上述标志外，运输包装上往往还标明包装的体积（尺码）和毛、净重，以方便储运过程中安排装卸作业和舱位。例如：

GROSS WEIGHT　54 kgs
NET WEIGHT　52 kgs
MEASUREMENT　42×28×18 cm

一般在货物的内外包装上均注明产地，作为货物说明的一个重要内容。例如：我国出口货物包装上均注明"MADE IN CHINA"或"PRODUCT OF CHINA"。

（二）商品条码

随着国际上电子扫描自动化售货设备的使用日益广泛，商品条码已成为销售包装/零售商品包装上不可或缺的标志。

商品条码（bar code for commodity）是由一组规则排列的条、空及其对应代码组成，是表示商品特定信息的标识。

在国际市场上，零售商品包装上一般都需使用商品条码。在超市或大型商场销售商品时，商品条码通过光电扫描器被识读，计算机就能自动识别条码所表示的商品代码，在超市或大型商场的后台数据库系统中检索出所售商品的品种、规格、数量、售价和生产者/销售者等一系列有关该商品的信息，即时打印售货清单，便于超市、商场准确、快捷地与顾客结算货款。条码是商品能够流通于国际市场的一种统一代码和通用的"国际语言"，是商品进入超市和大型商场的通行证。

国际上使用的商品条码种类很多，主要有以下两种：一种是由美国统一代码委员会（Uniform Code Council, Inc. —UCC）编制的 UPC 条码（Uniform Product Code），另一种是由国际物品编码协会（International Article Numbering Association）编制的 EAN 条码（European Article Number）①。两者现已相互兼容，并且共同组成了 EAN·UCC全球统一标识系统。目前使用 EAN·UCC 物品标识系统的国家（地区）已达 100 多个。EAN·UCC系统已成为国际公认的物品编码标识系统。EAN/UPC 条码广泛使用于零售商品。以图 1.3 所示 EAN-13 条码为例，其左起前 7 位数为"厂商识别代码"，其中前 3 位数（690）为"前缀码"；第 8

6 901234 567892

图 1.3　EAN-13 商品条码

---

① 国际物品编码协会，原名欧洲物品编码协会（European Article Numbering Association—EAN），1981 年改为此名，英文名称是 EAN International。2002 年 11 月，UCC 正式宣布加入 EAN International。2004 年国际物品编码协会全会决定将其英文名称 EAN International 更改为 GS1（Global Standard No. 1）。其中文名称仍沿用"国际物品编码协会"。GS1 的全球办公室（Global Office）设在比利时的布鲁塞尔和美国的劳伦斯威尔。

至12位数为“商品项目代码”;第13位数为“检验码”。前缀码由国际物品编码协会分配给各国家(或地区)。目前我国已启用的前缀码有6个:690—695。需要指出的是:前缀码不代表产品的原产地,而只能代表分配和管理有关厂商识别代码的国家(或地区)的编码组织。

为了适应我国对外经济技术交流不断扩大的要求,国务院于1988年批准成立了中国物品编码中心(Article Numbering Center of China—ANCC)。该中心于1991年4月代表中国加入国际物品编码协会,负责统一组织、协调、管理我国的商品条码工作。我国国家质量监督检验检疫总局于2005年5月16日公布的《商品条码管理办法》规定:依法取得营业执照和相关合法经营资质证明的生产者、销售者,可以申请注册厂商识别代码。申请人获准注册厂商识别代码的,由编码中心发给《中国商品条码系统成员证书》,取得中国商品条码系统成员资格。系统成员对其厂商识别代码和相应的商品条码享有专用权,不得转让他人使用。中国物品编码中心在全国各地设有46个分中心/办事处,负责组织、协调和管理本地区的商品条码工作。

三、定牌和无牌包装

定牌和无牌包装,是国际贸易中的通常做法。我国在出口业务中,一些出口企业有时也可应客户的要求,采用这些做法。

定牌,又称“贴牌”,是指买方要求在我出口商品和/或包装上使用买方指定的商标或牌名的做法。我们同意采用定牌,是为了利用买主(包括生产厂商、大百货公司、超级市场和专业商店)的经营能力和他们的企业商誉或名牌声誉,以提高商品售价和扩大销售数量。但应警惕有的外商利用向我定购定牌商品来排挤使用我方商标的货物销售,从而影响我国产品在国际市场树立品牌。从我国外贸的长远利益来说,我出口企业和生产厂商应尽量少做定牌,而力创自主品牌,以扩大我国自主品牌商品在国际市场上的影响,提高我国出口的经济效益。

无牌是指买方要求在我出口商品和/或包装上免除任何商标或牌名的做法。它主要用于一些尚待进一步加工的半制成品,如供印染用的棉坯布,或供加工成批服装用的呢绒、布匹和绸缎等。其目的主要是避免浪费,降低费用成本。国外有的大百货公司、超级市场向我订购低值易耗的日用消费品时,也有要求采用无牌包装方式的。其原因是,无牌商品无需广告宣传,可节省广告费用,降低销售成本,从而可达到薄利多销的目的。

除非另有约定,采用定牌和无牌时,在我出口商品和/或包装上均须标明“中国制造”字样。

四、合同中的包装条款

如前所述,包装是主要交易条件之一,是国际货物买卖合同的重要内容,买卖双方必须通过洽商,取得一致意见,并在合同中作出明确具体的规定。合同中包装条款的内容一般包括包装材料、包装方式和每件包装中所含物品的数量或重量。以下是包装条款的一些实例:

木箱装,每箱 50 千克净重

In wooden cases of 50 kilos net each

纸箱或空格木箱装,每箱净重约 12 千克,每颗包纸

In cartons or crates of about 12 kg net, each fruit wrapped with paper

布包,每包 20 匹,每匹 42 码

In cloth bales each containing 20 pcs. of 42 yds.

布包,每包 80 套,每套塑料袋装

In cloth bales of 80 sets, each set packed in a poly bag

铁桶装,每桶净重 185—190 千克

In iron drums of 185—190 kg net each

铁桶或纸板桶装,每桶净重 60 千克

In iron drums or cardboard drums of 60 kilos net

单层新麻袋,每袋约 50 千克

In new single gunny bags of about 50 kg each

布袋装,内衬聚乙烯袋,每袋净重 25 千克

In cloth bags, lined with polythene bags of 25 kg net each

每台装 1 个出口纸箱,810 纸箱装 1 只 40 英尺集装箱运送

Each set packed in one export carton, each 810 eartons transported in one 40 ft container

在实际业务中,有时对包装条款仅作笼统的规定,例如使用"适合海运包装"(seaworthy packing)、"习惯包装"(customary packing)或"卖方惯用包装"(seller's usual packing)等术语。由于此类规定缺乏统一解释,容易引起纠纷与争议,因此,除非买卖双方对包装方式的具体内容经事先充分交换意见或由于长时期的业务交往已取得一致认识,在合同中不宜采用笼统的规定方法。

按国际贸易习惯,唛头一般由卖方决定,并无必要在合同中作具体规定。如买方要求,也可在合同中作出具体规定;如买方要求在合同订立以后由其另行指定,则应具体规定指定的最后时限,并订明若到时尚未收到有关唛头通知,卖方可自行决定。

包装费用一般包括在货价以内。如买方要求特殊包装,除非事先明确包装费用包括在货价内,其超出的包装费用原则上应由买方负担,并应在合同中具体规定负担的费用金额和支付办法。如双方商定,全部或部分包装材料由买方负责供应的,合同中应同时规定包装材料最迟到达卖方的时限和逾期到达的责任。该项时

限应与合同的交货时间相衔接。

在进口合同中，特别是对于包装技术性较强的商品，通常要在单价条款后注明“包括包装费用”(packing charges included)，以免事后发生纠纷。

思 考 题

1. 为什么说货物的品质是国际货物买卖中首要的交易条件？

2. 表示货物品质的方法有几大类、几种？在实际外贸业务中如何运用？

3. 何谓“凭样买卖”？在“凭卖方样品买卖”和“凭买方样品买卖”时，我出口企业各应注意哪些问题？

4. 试简述“代表性样品”、“复样”、“封样”、“对等样品”、“回样”和“参考样品”的含义及其作用。

5. 在我出口合同中，订立品质条款时，应注意哪些问题？

6. 试述“品质机动幅度”和“品质公差”的含义及其作用。

7. 在品质机动幅度和品质公差范围内，交货品质如有上下，卖方一般如何计收货款？

8. 在国际贸易中，常用度量衡制度有哪几种？我国采用何种计量制度？在我进出口贸易中可如何使用计量单位？

9. 何谓“毛重”、“净重”和“以毛作净”？

10. 如买卖双方在合同中规定交货数量按重量计量但未规定计算重量的方法，如发生疑问，应按何种方法计量？

11. 何谓“数量机动幅度”？在合同中如何规定？

12. 根据《联合国国际销售合同公约》，卖方交货数量大于合同规定的数量，买方可如何处置？

13. 出口货物包装有哪几类？其作用各如何？

14. 在包装出口货物时，为什么要正确使用衬垫物？

15. 出口货物的销售包装装潢应注意符合哪些要求？

16. 出口货物的外包装上一般有哪些标志？

17. 什么是“运输标志”？“运输标志”一般由哪些内容组成？试按一般要求设计一个运输标志。

18. 什么是“商品条码”？简述其在零售商品销售中的重要性。

19. 何谓“定牌”和“无牌”？在何种情况下使用这些做法？

20. 在出口合同中，包装条款通常包括哪些内容？在规定时应注意哪些问题？

第二章 贸易术语

人们通过语言交流思想，进行各种活动。在国际货物买卖中，买卖双方在交易磋商和合同订立过程中，一般都需要使用贸易术语来确定双方在交接货物方面的部分合同义务。鉴于贸易术语是交易磋商和订立买卖合同中所不可缺少的专门用语，因而要求每个进出口贸易的从业人员，必须对其有充分的了解，以便在实际业务中正确运用，从而维护企业和国家的经济利益。

第一节 贸易术语的含义和作用

国际贸易的买卖双方分处两国，远隔两地，在卖方交货和买方接货的过程中，将会涉及许多问题，例如：货物的检验费、包装费、装卸费、运费、保险费、进出口税捐和其他杂项费用究竟由何方支付；货物在运输途中可能发生的损坏或灭失的风险由何方负担；安排运输、装货、卸货、办理货运保险、申请进出口许可证和报关纳税等责任又由何方承担。如果每笔交易都要求买卖双方对上述费用、风险和责任(costs, risks and responsibilities)逐项反复磋商将耗费大量的时间和费用，并将影响交易的达成。在国际贸易的长期实践中，逐渐形成了各种不同的贸易术语。通过使用贸易术语，就可解答上述问题，便利和促进交易的达成。

贸易术语(trade terms)，又称贸易条件、价格术语(price terms)，它是一个简短的概念(shorthand expression)，例如"Free On Board"，或三个字母的缩写(three-letter abbreviation)，例如"FOB"，用来说明价格的构成及买卖双方有关费用、风险和责任的划分，以确定买卖双方在交货和接货过程中应尽的义务。国际贸易的买卖双方在规定价格时使用了贸易术语，既可节省交易磋商的时间和费用，又可简化交易磋商和买卖合同的内容，有利于交易的达成和贸易的发展。

由于贸易术语确定了买卖双方的部分合同义务，在磋商和订立合同时，采用了某种贸易术语，例如 FOB 或 CIF，使该合同具有一定的特征，从而可分别称之为"FOB 合同"或"CIF 合同"。

第二节 有关贸易术语的国际贸易惯例

早在19世纪初，在国际贸易中已开始使用贸易术语。但是，最初对各种贸易术语并无统一的解释。后来，某些国际组织、商业团体、学术机构为了消除分歧，有利于国际贸易的发展，试图对贸易术语作统一的解释，于是，陆续出现了一些有关贸易术语的解释和规则。这些解释和规则为较多国家的法律界和工商界所熟悉、承认和接受，就成为有关贸易术语的国际贸易惯例。

目前，在国际上有较大影响的有关贸易术语的惯例有三种，现分述如下。

一、1932年华沙—牛津规则

该规则是由国际法协会(International Law Association)制定的。该协会于1928年在华沙举行会议，制定了关于CIF买卖合同的统一规则，共22条，称为《1928年华沙规则》。后又经过1930年纽约会议、1931年巴黎会议和1932年牛津会议修订为21条，定名为《1932年华沙—牛津规则》(Warsaw-Oxford Rules 1932，简称W. O. Rules 1932)。

该规则对CIF买卖合同的性质作了说明，并具体规定了在CIF合同中买卖双方所承担的费用、责任和风险。按该规则，CIF合同的卖方所需承担的主要义务是：必须提供符合合同说明的货物，在合同规定的时间或期限内在装运港将货物装到船上，负担货物损坏或灭失的风险直到货物装上船为止；必须自负费用订立运输合同，并以“已装船”提单为证据；必须自负费用按CIF发票价值，加预计利润的10%，办理货运保险，提供海运保险单；必须尽力向买方发送单据，包括提单、发票和保险单，以及其他按买卖合同卖方有责任提供的其他单据。CIF合同买方的主要义务是：在正当的单据被提交时，买方必须接受单据，并按买卖合同规定支付价款。买方有权享有检查单据的合理机会和作该项检查的合理时间。但在正当的单据被提交时，买方无权以没有机会检验货物为借口，拒绝接受这种单据，或拒绝按照买卖合同的规定支付价款。

二、1941年美国对外贸易定义修正本

1919年美国九个大商业团体制定了《美国出口报价及其缩写》(The U. S. Export Quotations and Abbreviations)。其后，因贸易习惯发生了很多变化，在1940年举行的美国第27届全国对外贸易会议上对该定义作了修订，并于1941年7月31日经美国商会、美国进口商协会和美国全国对外贸易协会所组成的联合委员会通过，称为《1941年美国对外贸易定义修正本》(Revised American Foreign

Trade Definitions 1941)。该修正本对下列六种贸易术语作了解释：

1. Ex(point of origin)原产地交货。

"Ex"用于贸易术语，其英文含义是"deliver at"的意思，即货物在某地交货，其后面应注明具体的交货地点。按本术语 Ex(point of origin)，应注明原产地的名称，如"Ex Factory"、"Ex Mill"、"Ex Mine"、"Ex Plantation"、"Ex Warehouse"("制造厂交货"、"工场交货"、"矿山交货"、"农场交货"、"仓库交货")等。

按此术语，卖方必须在规定的日期或期限内，在原产地双方约定的地点，将货物置于买方处置之下，并负担一切费用和风险，直至买方应负责提取货物之时为止。当货物按规定被置于买方处置之下时，买方必须立即提取，并自买方应负责提货之时起，负担货物的一切费用和风险。

2. F. O. B. (Free On Board)。

《1941 年美国对外贸易定义修正本》将 F. O. B. 术语分为下列六种：

(1) FOB(named inland carrier at named inland point of departure)——"在指定内陆发货地点的指定内陆运输工具上交货"。按此术语，在内陆装运地点，由卖方安排并将货物装于火车、卡车、驳船、拖船、飞机或其他供运输用的运载工具之上。

(2) FOB(named inland carrier at named inland point of departure) freight prepaid to(named point of exportation)——"在指定内陆发货地点的指定内陆运输工具上交货，运费预付到指定的出口地点"。按此术语，卖方预付至出口地点的运费，并在指定内陆起运地点取得清洁提单或其他运输收据后，对货物不再承担责任。

(3) FOB(named inland carrier at named inland point of departure) freight allowed to(named point)——"在指定内陆发货地点的指定内陆运输工具上交货，减除至指定地点的运费"。按此术语，卖方所报价格包括货物至指定地点的运输费用，但注明运费到付，并由卖方在价金内减除。卖方在指定内陆起运地点取得清洁提单或其他运输收据后，对货物不再承担责任。

(4) FOB(named inland carrier at named point of exportation)——"在指定出口地点的指定内陆运输工具上交货"。按此术语，卖方所报价格包括将货物运至指定出口地点的运输费用，并承担货物的任何灭失及/或损坏的责任，直至上述地点。

(5) FOB Vessel(named port of shipment)——"船上交货(指定装运港)"。按此术语，卖方必须在规定的日期或期限内，将货物实际装载于买方提供的或为买方提供的轮船上(place goods actually on board the vessel)，负担货物装载于船上为止的一切费用和承担任何灭失及/或损坏的责任，并提供清洁轮船收据或已装船提单；在买方请求并由其负担费用的情况下，协助买方取得由原产地及/或装运地国家签发的，为货物出口或在目的地进口所需的各种证件。买方必须办理有关货物自装运港运至目的港的运转事宜，包括办理保险并支付其费用，提供船舶并支付其费用；承担货物装上船后的一切费用和任何灭失及/或损坏的责任；支付因领取由原产地及/或装运地国家签发的，为货物出口或在目的地进口所需的各种证件（清洁轮船收据或提单除外）而发生的一切费用；支付出口税和因出口而征收的其他税捐费用。

(6) FOB(named inland point in country of importation)——“在指定进口国内陆地点交货”。按此术语，卖方必须安排运至指定进口国地点的全部运输事宜，并支付其费用；办理海洋运输保险，并支付其费用；承担货物的任何灭失及/或损坏的责任，直至装载于运输工具上的货物抵达指定进口国内陆地点为止。

3. F. A. S. (Free Along Side)。

F. A. S. Vessel(named port of shipment)——“船边交货（指定装运港）”。按此术语，卖方必须在规定的日期或期限内，将货物交至买方指定的海洋轮船船边，船上装货吊钩可及之处，或交至由买方或为买方所指定或提供的码头，负担货物交至上述地点为止的一切费用和承担任何灭失及/或损坏的责任。

4. C. & F. (Cost and Freight)。

C. & F. (named point of destination)——“成本加运费（指定目的地）”。按此术语，卖方必须负责安排将货物运至指定目的地的运输事宜，并支付其费用；取得运往目的地的清洁已装船提单，并立即将它送交买方或其代理；承担货物交至船上为止的任何灭失及/或损坏的责任。

5. C. I. F. (Cost, Insurance and Freight)。

C. I. F. (named point of destination)——“成本加保险费、运费（指定目的地）”。按此术语，卖方除了必须承担 C. & F. 术语下所有的责任外，还须办理海运保险，支付其费用，并提供保险单或可转让的保险凭证。

6. Ex Dock(named port of importation)。

按“进口港码头交货”术语，卖方必须安排货物运至指定进口港的运输事宜，办理海洋运输保险（包括战争险），并支付其费用；承担货物的任何灭失及/或损坏的责任，直至在指定的进口港码头允许货物停留的期限届满时为止。

此术语还有其他不同名称，如“Ex Quay”、“Ex Pier”等。

《1941 年美国对外贸易定义修正本》在美洲国家有较大影响。由于它对贸易术语的解释，特别是对 FOB 术语的解释与其他国际惯例的解释有所不同，因此，我国外贸企业在与美洲国家进出口商进行交易时，应予特别注意。关于美国 FOB 术语的特殊解释，将在下一节里作进一步阐述。

三、2010年国际贸易术语解释通则

国际商会[①]自20世纪20年代初即开始对重要的贸易术语作统一解释的研究，1936年提出了一套解释贸易术语的具有国际性的统一规则，定名为INCOTERMS 1936[②]，其副标题为International Rules for the Interpretation of Trade Terms，故译作《1936年国际贸易术语解释通则》。随后，国际商会为适应国际贸易实践的不断发展，于1953年、1967年、1976年、1980年、1990年和2000年对INCOTERMS作了6次修订和补充。鉴于国际贸易中出现的新情况，包括免关税区的不断扩大，商业交易中使用电子通讯的增长，货物流动中对安全关注的提高，以及货物运输实务的变化，国际商会自2007年起即着手对INCOTERMS 2000的修订。经两年多时间终于完成新版本的制订，于2010年9月正式公布INCOTERMS 2010——《2010年国际贸易术语解释通则》，成为国际商会第715号出版物(ICC Publication No. 715)，自2011年1月1日起实施。

比较INCOTERMS 2010版本与2000版本，前者对后者作了一定的改变，就实质性改变(substantive changes)而言，有以下几方面：

1. 2010版两种新术语替代2000版四种术语。

INCOTERMS 2000解释13种贸易术语——EXW、FCA、FAS、FOB、CFR、CIF、CPT、CIP、DAF、DES、DEQ、DDU、DDP。2010版本以两种新术语DAP和DAT替代2000版本的DAF、DES、DEQ和DDU四种术语，将所解释的术语数目(the number of teams)从13改为11，从而简化贸易术语的种类。INCOTERMS 2010的编制者认为，通过在DAP和DAT术语后面明确填注交货地点，包括边境地点、港口、码头、集装箱堆场和终点站等，这两种新术语完全可满足先前2000版的DAF等四种术语使用的需要。

2. 2010版对11种术语按运输方式作两大类分类。

INCOTERMS 2000对13种贸易术语按E组(启运)、F组(主运费未付)、C组(主运费已付)和D组(到达)作四组分类。主要依照卖方交货义务从最小(EXW)到最大(DDP)作渐进排列，并不突出适用的运输方式。而INCOTERMS 2010对

---

① 国际商会(International Chamber of Commerce, ICC)是具有重要影响的世界性民间商业组织。其会员广泛分布在140多个国家和地区。国际商会于1919年在美国亚特兰大成立，现总部设在巴黎，下设国际商业实务委员会、银行委员会、仲裁院等专业委员会和专门机构。它是联合国的一个高级咨询机构，其设立的目的是在经济和法律领域里，以有效的行动促进国际贸易和投资的发展。1994年11月，国际商会正式授予中国国际商会(China Chamber of International Commerce, CCOIC)成员国地位，并同意中国建立国际商会中国国家委员会。目前，国际商会在包括中国在内的60多个国家设立了国家委员会。国际商会中国国家委员会是在1995年1月1日正式成立的。

② INCOTERMS来源于International Commercial Terms三词。

11 种术语按适用的运输方式作如下的两大类分类：

（1）适用于任何或多种运输方式的术语（Terms for Any or More Modes of Transport）。

EXW	EX WORKS	工厂交货
FCA	FREE CARRIER	货交承运人
CPT	CARRIAGE PAID TO	运费付至
CIP	CARRIAGE AND INSURANCE PAID TO	运费、保险费付至
DAT	DELIVERED AT TERMINAL	终点站交货
DAP	DELIVERED AT PLACE	目的地交货
DDP	DELIVERED DUTY PAID	完税后交货

（2）适用于海运和内陆水路运输方式的术语（Terms for Sea and Inland Waterway Transport）。

FAS	FREE ALONGSIDE SHIP	船边交货
FOB	FREE ON BOARD	装运港船上交货
CFR	COST AND FREIGHT	成本加运费
CIF	COST INSURANCE AND FREIGHT	成本加保险费运费

以上第一类七种贸易术语可适用于任何一种或多种运输方式。它们可以在完全没有海洋运输的情况下使用，也可在运输过程中的部分路段为海洋运输的情况下使用。例如：买卖双方所在国陆地毗邻，卖方以铁路运输将货物运送到边境买方国家关境前指定地点交货；或卖方从其所在国内陆以铁路运送货物到港口，转海运到进口国港口，从船上卸货后，再以公路运输将货物运至指定的目的地。

第二类四种贸易术语，其交货地点和货物运往买方的地点都为港口。因此，FAS、FOB、CFR 和 CIF 归属于适用于海洋和内陆水路运输方式类别的范畴。鉴于海洋运输是国际贸易中最为重要的运输方式，可以预计，为人们所熟悉的被习惯使用的 FOB、CFR 和 CIF 三种传统的贸易术语，将继续在国际货物买卖中被广泛地使用。

3. 取消以“船舷”为交货点的规定。

长期来 INCOTERMS 规定 FOB、CFR 和 CIF 三种术语的交货点为装运港“船舷”（ship's rail）。卖方在装运港将货物装船，当货物越过船舷，即被认为完成交货。买卖双方对货物灭失或损坏的风险，也以船舷为界，货物越过船舷，风险从卖方转移至买方。但是，在国际贸易的实际业务中，FOB、CFR 和 CIF 买方通常都要求卖方在装运港将货物交到船上（deliver the goods on board the vessel），并提供清洁已装船单据（clean on board document）。在卖方同意买方上述要求的情况下，FOB、CFR 和 CIF 的交货点实际上已从“船舷”延伸到了“船上”（on board the vessel)。因此，为使 INCOTERMS 的规定紧密反映现代商业实际(modern commerce reality)，INCOTERMS 2010 取消在上述三种术语下，以"船舷"为交货点的传统规定，而改为卖方的交货义务是："将货物装到船上"，也就是说，FOB、CFR、CIF 的交货点为"装运港船上"(on board the vessel at port of shipment)。(参见本章末"交货点/风险点示意图")

4. 对 FOB、CFR、CIF 术语卖方交货义务作添加规定。

INCOTERMS 2000 规定 FOB、CFR、CIF 卖方必须负责在装运港将货物交到船上。2010 版本对此规定，添加"或取得已如此交付的货物"(or procure the goods so delivered)。按经添加后的规定，FOB、CFR、CIF 卖方除了可以在装运港将货物装运上船完成交货义务外，也可以不负责装运货物(ship the goods)，而以取得已如此交付的货物履行其交货义务。"取得已装运的货物"的义务(obligation to "procure goods shipped")是上述三种术语装运货物的义务(obligation to ship goods)的一种替代条件。

在大宗商品销售中(in the sale of commodities)①，货物在运输途中往往被多次转售，而形成链式交易(string sale)。在此情况下，处于链式交易中间位置的某个或某几个卖方并不实际装运(ship)货物，而以取得已在装运港交到船上的货物履行其交货义务。因为，装运货物是由最初第一个卖方完成的。INCOTERMS 2010 对 FOB、CFR、CIF 卖方交货义务作此添加规定，旨在鼓励在大宗商品销售中使用 INCOTERMS 术语。

有必要指出，在链式交易中，只有在载货船舶未启航前，可采用 FOB(或 CFR)术语转售已装船的货物；一旦船舶启航，转售在途货物(goods in transit)必须采用 CIF 术语。因为卖方必须提供对货物作合理投保的保险单和清洁已装船提单。

INCOTERMS 2010 也对 2000 版本作了形式上的改变(formal change)。它对每一术语中卖方和买方义务的编排格式(format)作了改变。2000 版本的编排是，A 卖方义务(A1-A10)与 B 买方义务(B1-B10)各 10 项，逐项作上下间隔排列：

A 卖方义务

B 买方义务

A1 提供符合合同的货物

卖方必须提供符合买卖合同的货物……

B1 支付货款

买方必须根据买卖合同规定支付货款

……

① "大宗商品"是指农产品、矿产品初级产品。此类商品往往作大批量整船(full ship's load)交易。

A10 其他义务

……根据请求，卖方必须提供买方为办理保险所必需的信息。

B10 其他义务

买方必须支付为取得在 A10 中所述的单据……而发生的费用。

2010 版本对卖方和买方各 10 项义务的编排，改为逐项平列，左右对照：

A 卖方义务	B 买方义务
A1 卖方必须提供符合买卖合同的货物和商业发票……	B1 买方必须按买卖合同的规定支付货物的价款……
……	……
A10……卖方必须按买方的请求，提供或给予协助以取得买方……所需的任何数据和资讯……	B10 买方必须以适时的方式通知卖方任何安全资讯要求，以便卖方得以按 A10 规定履行义务……

尽管有上述的改变，编者认为，INCOTERMS 2010 版与 2000 版在整体上并无根本性的区别(fundamental difference)。

国际商会在 INCOTERMS 2010 导言(Introduction)中指出：INCOTERMS 在传统上适用于跨境交易的国际货物买卖合同。然而随着世界上区域性贸易集团(例如：欧洲联盟)的增多和发展，不同国家间边境手续的办理(清关义务)显得不再那么重要。同时，有鉴于国际上许多贸易商在单纯的国内货物买卖合同中使用 INCOTERMS 术语，特别是美国国内贸易中较多使用 INCOTERMS 术语，而放弃使用美国《统一商法典》(Uniform Commercial Code)的装运和交货术语，INCOTERMS 2010 副标题(subtitle)正式承认，其规则适用于国际和国内贸易。

在 INCOTERMS 规定卖方和买方义务的条文中，在有些条文(如 A2、A6 和 B2、B6)的起首有"在适用的地方"字样。"在适用的地方"(where applicable)是"在清关适用的地方"(where to clear customs is applicable)的省略语。加注这一用语，可使规定有清关义务的条文具有灵活性。这就是说，在清关适用的地方，有关当事人(卖方或买方)必须承担清关义务。反言之，在清关不适用的地方(例如在欧盟内部交易的国家)，有关当事人就无须承担清关义务。

不论国际贸易还是国内贸易，如买卖双方愿意采用 INCOTERMS 的术语，均以在合同中明确援引 INCOTERMS 2010 为妥。例如："CIF New York INCOTERMS 2010"或在合同中注明："This contract is governed by INCOTERMS 2010"(本合同受 INCOTERMS 2010 约束)。

经国际商会国际商业实务委员会组织各国众多专家认真讨论、修订后公布的 INCOTERMS 2010，更加适合于现行贸易实际的需要，因此，它定将更广泛地为世界各国贸易界和法律界人士所接受和承认。

有必要强调，以上这些关于贸易术语的规则、定义和解释通则，作为国际惯例，并不具有普遍的约束力。国际货物买卖双方有权自愿选择采用某种惯例，并在合同中作明确的规定；这样，该惯例将确定他们之间有关货物交接方面的义务。买卖双方也可在合同中作出与某种解释或规则不同的规定，这种合同中不同规定的效力将超越惯例的任何规定。但是，如果买卖双方在合同中既不排除、也不明确规定采用何种惯例，一旦事后双方在交接货物的义务方面发生争议而提交诉讼或仲裁时，法院或仲裁机构往往会引用某种公认的或影响较大的有关贸易术语的国际惯例，例如 INCOTERMS 2010，来作为判决或裁决案件的依据。

第三节　国际贸易中六种主要贸易术语

在国际贸易中，FOB、CFR、CIF、FCA、CPT 和 CIP 是六种使用较多的贸易术语。因此，熟悉这六种主要贸易术语的含义、买卖双方的义务，以及在使用中应注意的问题，特别重要。现分别叙述如下：

一、FOB

FREE ON BOARD(... named port of shipment)——装运港船上交货(……指定装运港)是指在指定装运港将货物交到买方指定的船上，或取得已如此交付的货物，卖方完成交货。当货物被交到船上时，风险转移。自该时刻起，买方负担货物灭失或损坏的风险，并支付一切费用(参见本章末“交货点/风险点示意图”)。

INCOTERMS 2010 对 FOB 卖方在装运港交到船上的规定，添加“或取得已如此交付的货物”(or procure the goods so delivered)，是为了迎合在大宗商品销售中，对已装船的货物作转售交易的需要。在上一节“2010 年国际贸易术语解释通则”部分中，已就上述“或取得”(or procure)的添加作了解说，此处不再赘述。

在清关适用的地方，FOB 术语要求卖方负责办理清关。本术语适用于海运和内陆水路运输。如果买卖双方不拟以货物交到船上作为完成交货，而以货物于装船前在指定地点(例如集装箱堆场)交给承运人(hard over to the carrier)完成交货，则应采用 FCA 术语。

按 INCOTERMS 2010 在 FOB 术语下，买卖双方的主要义务如下：

1. 卖方的主要义务。

(1) 负责在合同规定的日期或期间内，在指定装运港，将符合合同的货物按港口惯常方式交至买方指定的船上，或取得已如此交付的货物，并给予买方充分的通知；

(2) 在清关适用的地方，负责取得出口许可证或其他核准书，办理货物出口清关手续；

(3) 负担货物在装运港交至船上为止的一切费用和风险；

(4) 负责提供商业发票和证明货物已交至船上的通常单据[①]。

2. 买方的主要义务。

(1) 负责按合同规定支付价款；

(2) 负责租船或订舱，支付运费，并给予卖方关于船名、装船地点和要求交货时间的充分的通知；

(3) 在清关适用的地方，自负风险和费用取得进口许可证或其他核准书，并办理货物进口以及必要时经由另一国过境运输的一切海关手续；

(4) 负担货物在装运港交至船上后的一切费用和风险；

(5) 收取卖方按合同规定交付的货物，接受与合同相符的单据。

采用FOB术语，需注意以下几点：

1. 以"装运港船上"为交货点。

按INCOTERMS，各种贸易术语都有其特定的"交货点"(point of delivery)，亦即"风险划分点"(point for division of risk，以下简称"风险点")。INCOTERMS 2010规定，FOB卖方必须在装运港将货物交至船上(deliver on board the vessel)或"装上船"(load on board the vessel)[②]。当货物装上船时，风险转移，卖方完成交货。由此可见，FOB术语的交货点(风险点)为装运港船上(参见本章末"交货点/风险点示意图")。

如前文所述，INCOTERMS在传统上规定，FOB、CFR和CIF术语的交货点为装运港船舷(ship's rail)。当货物越过船舷(passed the ship's rail)时，风险转移，卖方完成交货。但是，这一规定在实际业务中并不适于应用。因此，自INCOTERMS 2010实施起，以"船舷"为交货点的规定，已被取消。

至于INCOTERMS 2010对FOB卖方交货义务的规定，添加"或取得已如此交付的货物"(or procure the goods so delivered)，此添加并不改变卖方须将货物交至船上的基本义务。INCOTERMS 2010作此添加是为了迎合(cater)在大宗商品销售中对在途货物作转售交易的需要。如前文所述，只有在载货船舶启航前，可采用FOB术语作转售交易。船舶启航后，转售在途货物，必须采用CIF术语。

FOB术语除了有交货点/风险点外，还有"费用划分点"(point for division of costs)。FOB的费用划分点与交货点是相重合的(coincide)，都是在装运港船上。

---

① 按INCOTERMS 2010规定，如买卖双方协商一致或已有惯例，并于可适用的情况下，所有纸面单据都可被具有同等效力的电子记录或程序所替代。

② "交至船上"通常要求将货物安全地装入船舱(ship's hold)。

FOB卖方负担一切费用到货物交至船上为止，货物装上船后，由买方负担一切费用。在实际业务中，FOB术语下买卖双方的费用划分往往按运费的结构、港口习惯或买卖双方的约定作必要的调整，而不严格以装上船为界。

2. 船货衔接。

在FOB合同中，买方必须负责租船或订舱，并将船名和装船期通知卖方，而卖方必须负责在合同规定的时间和装运港，将货物装上买方指定的船只。这里有个船货衔接的问题。买方在合同规定的期限内安排船只到合同指定的装运港装货。如果船只按时到达装运港，而卖方货未备妥，则卖方应承担由此而造成的空舱费(dead freight)或滞期费(demurage)。反之，如果买方延迟派船，由此而引起的卖方仓储等费用支出的增加，以及因迟收货款而造成的利息损失，均将由买方负责。因此，在FOB合同中，买卖双方对船货衔接事项，除了在合同中应作明确规定外，在订约后，必须加强联系，密切配合，防止船货脱节。

在按FOB术语订约的情况下，如成交货物的数量不大，只需部分舱位而用班轮装运时，卖方往往按照买卖双方之间明示或默示的协议，代买方办理各项装运手续，包括以卖方自己的名义订舱和取得提单。除非另有协议或根据行业习惯，买方应负责偿付卖方由于代办上述装运手续而产生的任何费用，诸如货运商(freight forwarders)和装船代理(shipping agent)的装船手续费。

3. 有关装船的费用划分。

如上所述，FOB合同买卖双方的费用划分以装到船上为界。所以，按照惯例，装船费一般应由卖方负责。但是，在用租轮装运货物时，买卖双方可对有关装船的费用究竟由何方负担进行协商，然后在合同中作出明确规定。有关装船的费用除装船费外，还有理舱费和平舱费。如果买方用班轮装运货物，由于班轮一般是管装管卸，装船费、理舱费、平舱费和卸船费都已包括在运费内，而运费由FOB合同的买方支付，因此上述装卸费用实际上就均由买方负担。

为了明确在租轮运输时有关装船的费用划分，有时在FOB术语后加列附加条件，而形成FOB术语变形。例如：

FOB班轮条件(FOB Liner Terms)：这一变形是指有关装船费用按班轮条件办理，即卖方不负担有关装船的费用。

FOB包括理舱(FOB Stowed或FOBS)：指卖方负责将货物装入船舱，并支付包括理舱费在内的装船费用。

FOB包括平舱(FOB Trimmed或FOBT)：指卖方负责将货物装入船舱，并支付包括平舱费在内的装船费用。

FOB包括理舱、平舱(FOB Stowed and Trimmed或FOBST)：指卖方负责将货物装入船舱，并支付包括理舱费和平舱费在内的装船费用。

FOB吊钩下交货(FOB under tackle):指卖方仅负责将货物交到买方指定船只的吊钩所及之处,有关装船的各项费用一概由买方负担。

使用贸易术语变形可明确和改变买卖双方关于费用和责任的划分,但不改变交货点和风险的划分。

4. 美国对FOB术语的特殊解释。

《1941年美国对外贸易定义修正本》将FOB术语分为六种,其中只有"指定装运港船上交货"[FOB Vessel(named port of shipment)]与INCOTERMS 2010解释的FOB术语相近。然而按《1941年美国对外贸易定义修正本》规定,只有在买方提出请求,并由买方负担费用的情况下,FOB Vessel的卖方才有义务协助买方取得由出口国签发的为货物出口或在目的地进口所需的各种证件,并且,出口税和其他税捐费用也需由买方负担。这些规定与INCOTERMS 2010 FOB术语关于卖方须负责取得出口许可证,并负担一切出口税捐及费用的规定,有很大不同。因此,我外贸企业在与美国和其他美洲国家出口商按FOB术语洽谈进口业务时,除了应在FOB术语后注明"vessel"(轮船)外,还应明确提出由对方(卖方)负责取得出口许可证,并支付一切出口税捐及费用。

二、CIF

COST, INSURANCE AND FREIGHT(... named port of destination)——成本加保险费、运费(……指定目的港)是指卖方将货物交至船上,或取得已如此交付的货物,完成交货。卖方必须支付将货物运至指定目的港所必需的费用和运费,但交货后货物灭失或损坏的风险,以及由于发生事件而引起的任何额外费用,自卖方转移至买方。然而,在CIF术语中卖方还必须为货物在运输中灭失或损坏的买方风险取得海上保险。因此,卖方须订立保险合同,并支付保险费。

如前文所述,对CIF卖方交货义务的规定添加"或取得已如此交付的货物",是为了迎合在大宗商品销售中对在途货物作转售交易(链式交易)的需要。

在清关适用的地方,CIF术语要求卖方办理货物出口清关。本术语适用于海运和内陆水路运输。如果双方当事人不拟以货物交到船上作为完成交货,而以货物于装船前在指定地点交给承运人完成交货,则应采用CIP术语。

按INCOTERMS 2010, CIF合同买卖双方的主要义务如下:

1. 卖方的主要义务。

(1) 负责在合同规定的日期或期间内,在装运港将符合合同的货物交至运往指定目的港的船上,或取得已如此交付的货物,并给予买方充分的通知;

(2) 在清关适用的地方,负责取得出口许可证或其他核准书,办理货物出口清关手续;

(3) 负责租船或订舱,并支付至目的港的运费;

(4) 负责办理货物运输保险,支付保险费;

(5) 负担货物在装运港交至船上为止的一切费用和风险;

(6) 负责提供商业发票、保险单和货物运往约定目的港的通常运输单据。

2. 买方的主要义务。

(1) 负责按合同规定支付价款;

(2) 在清关适用的地方,自负风险和费用取得进口许可证或其他核准书,并办理货物进口以及必要时经由另一国过境运输的一切海关手续;

(3) 负担货物在装运港交至船上后的一切费用和风险;

(4) 收取卖方按合同规定交付的货物,接受与合同相符的单据。

在采用 CIF 术语时,需注意以下几点:

1. CIF 合同属"装运合同"。

根据 INCOTERMS 2010, CIF 术语的交货点/风险点与 FOB 术语完全相同。在 CIF 术语下,卖方在装运港将货物装上船,即完成了交货义务。因此,和 FOB 一样,采用 CIF 术语订立的合同属"装运合同"(shipment contract)。但是,由于在 CIF 术语后所注明的是目的港(例如"CIF 纽约")以及在我国曾将 CIF 术语译作"到岸价",所以 CIF 合同的法律性质,常被误解为"到货合同"(arrival contract)。为此,必须明确指出,CIF 与 FOB 一样,卖方在装运地完成交货义务方面,其性质是相同的,采用这两种术语订立的买卖合同均属"装运合同"性质。此类合同的卖方在按合同规定在装运地将货物交付装运后,对货物可能发生的任何风险不再承担责任①(参见本章末"交货点/风险点示意图")。

2. 卖方租船或订舱的责任。

CIF 合同的卖方为按合同规定的时间装运出口,必须负责自费办理租船或订舱。如果卖方不能及时租船或订舱,而不能按合同规定装船交货,即构成违约,从而需承担被买方要求解除合同及/或损害赔偿的责任。根据 INCOTERMS 2010,卖方只负责按照通常条件租船或订舱,使用适合装运有关货物的通常类型的轮船,经习惯行驶航线装运货物。因此,买方一般无权提出关于限制船舶的国籍、船型、船龄以及指定装载某船或某班轮公司的船只等要求。但在出口业务中,如国外买方提出上述要求,在能够办到又不增加额外费用的情况下,我方也可灵活掌握考虑接受。

3. 卖方办理保险的责任。

在 CIF 合同中,卖方是为了买方的利益办理货运保险的,因为此项保险主要

---

① 采用 FAS、CFR、FCA、CPT 和 CIP 术语订立的买卖合同也属"装运合同"。采用 DAT、DAP 和 DDP 订立的合同,均属"到货合同",此类合同的卖方必须将货物运送到达(to arrive at)指定的目的地(地点),并负担货物交至该处为止的一切风险。

是为了保障货物装船后在运输途中的风险。INCOTERMS 2010 对卖方的保险责任规定：如无相反的明示协议，卖方只需按协会货物保险条款或其他类似的保险条款中最低责任的保险险别投保。[①]如买方要得到更大责任保险险别的保障，及/或要求投保战争、罢工、暴动和民变险，须与卖方明示地达成协议，或者自行安排额外保险。最低保险金额应为合同规定的价款加 10%[②]，并以合同货币投保。有关保险责任的起讫期限必须与货物运输相符合，并必须至迟自买方需负担货物灭失或损坏的风险时（即自货物在装运港装上船时）起对买方的保障生效。该保险责任的期限必须展延至货物到达约定的目的港为止。在实际业务中，为了明确责任，我外贸企业在与国外客户洽谈交易采用 CIF 术语时，一般都应在合同中具体规定保险金额、保险险别和适用的保险条款。而目前中国保险条款和国际上使用较多的伦敦保险业协会货物险条款均列有保险公司的保险责任的起讫期限。

4. 卸货费用的负担。

如在 FOB 术语中已述及的，班轮运费包括装运港的装货费用和在目的港的卸货费用，因此，如货物系用班轮运输，运费由 CIF 合同的卖方支付，在目的港的卸货费用实际上由卖方负担。[③]如大宗货物使用租船运输，在装运港的装货费用应由卖方支付，至于在目的港的卸货费用究竟由何方负担，买卖双方应在合同中订明。其规定方法，可以在合同内用文字具体订明，也可采用 CIF 术语的变形来表示，例如：

(1) CIF 班轮条件（CIF liner terms），指卸货费用按班轮条件处理，由支付运费的一方（即卖方）负担；

(2) CIF 舱底交货（CIF ex ship's hold），指买方负担将货物从舱底起吊卸到码头的费用；

(3) CIF 吊钩交货（CIF ex tackle），指卖方负担将货物从舱底吊至船边卸离吊钩为止的费用；

(4) CIF 卸到岸上（CIF landed），指卖方负担将货物卸到目的港岸上的费用，包括驳船费和码头费（literage and wharfage charge）。

在上文阐述 FOB 术语变形时，对贸易术语变形的解释及其在实际业务应用中需注意的问题所作的说明，也适用于 CIF 术语变形。

5. 单据买卖。

“从商业观点看，有人曾认为，CIF 合同的目的不是货物本身的买卖，而是与货

---

① 如协会货物保险条款的 C 险和中国保险条款的平安险（FPA）。

② 即按 CIF 的发票金额加 10%。

③ CIF 术语的费用划分点不能作十分精确的规定，它可以在目的港轮船船舱，或卸离吊钩，或卸至目的港岸上。在实际业务中，它一般取决于运费的结构、港口习惯或买卖双方的约定。CFR 术语，在这方面也有类似情况。

物有关的单据的买卖(a sale of the documents)。"[①]CIF 合同的卖方可通过向买方提交货运单据(主要包括提单、保险单和商业发票)来完成其交货义务。卖方提交单据,可推定为交付货物,即所谓"象征性交货"(symbolic delivery)。而买方则必须凭上述符合合同要求的货运单据支付价款。如前所述,CIF 合同属装运合同性质,卖方按合同规定在装运港将货物装上船,但他不保证货物必然到达和在何时到达目的港,也不对货物装上船后的任何进一步的风险承担责任。因此,即使在卖方提交单据时,货物已经灭失或损坏,买方仍必须凭单据付款,但他可凭提单向船方或凭保险单向保险公司要求赔偿。在此有必要指出,如果在采用 CIF 术语订立合同时,卖方被要求保证货物的到达或以何时到货作为收取价款的条件的话,则该合同将成为一份有名无实的 CIF 合同。

三、CFR

COST AND FREIGHT(... named port of destination)——成本加运费(……指定目的港)是指卖方将货物交至船上,或取得已如此交付的货物,完成交货。卖方必须支付将货物运至指定目的港所必需的费用和运费,但交货后货物灭失或损坏的风险,以及由于发生事件而引起的任何额外费用,自卖方转移至买方(参见本章末"交货点/风险点示意图")。

INCOTERMS 2010 对 CFR 卖方交货义务的规定,添加"或取得已如此交付的货物",是为了迎合在大宗商品销售中对已装船货物作转售交易的需要。需注意,只有在载货船舶起航前,可采用 CFR 术语对已装船货物作转售交易;载货船舶起航后,必须采用 CIF 术语。

在清关适用的地方,CFR 术语要求卖方办理出口清关。

本术语适用于海运和内陆水路运输。

如果双方当事人不拟以货物交到船上作为完成交货,而以货物于装船前在指定地点交给承运人完成交货,则应采用 CPT 术语。CFR 就是 INCOTERMS 1980 年及先前版本中的 C&F。在实际业务中,应规范地使用这一术语的标准缩写——CFR。

CFR 与 CIF 不同之处仅在于:CFR 合同的卖方不负责办理保险手续和不支付保险费,不提供保险单据。有关海上运输的货物保险由买方自理。除此之外,CFR 和 CIF 合同中买卖双方的义务划分基本上是相同的。

按 CFR 术语订立合同,需特别注意的是装船通知问题。因为,在 CFR 术语下,卖方负责安排在装运港将货物装上船,而买方须自行办理货物运输保险,以就

① 摘译自英国法学家、原联合国国际贸易法委员会主席 C. M. Schmitthoff, *The Export Trade*, Stevens & Sons Ltd., London, 1990。

货物装上船后可能遭受灭失或损坏的风险取得保障。因此，在货物装上船前，即风险转移至买方前，买方及时向保险公司办妥保险，是 CFR 合同中一个至关重要的问题。国际商会在 INCOTERMS 先前版本中均强调，C&F 卖方必须毫不迟延地(without delay)通知买方货物已装上船。在 INCOTERMS 2000 CFR A7 中也规定："卖方必须给予买方关于货物已按 A4 规定交至船上的充分的通知(sufficient notice)……"所谓"充分的通知"，意指该装船通知在时间上是"毫不迟延"的，在内容上是"详尽"的，可满足买方为在目的港收取货物采取必要的措施(包括办理保险)的需要。INCOTERMS 2010 对 CFR A7 卖方"通知买方"的规定简化为："卖方必须给予买方所需的任何通知，以便买方采取通常必需的措施以收取货物。"虽然，INCOTERMS 2000 和 INCOTERMS 2010 都没有对卖方未能及时给予买方装运通知的后果作出具体的规定，但是根据有关货物买卖合同的适用法律，卖方可因遗漏或不及时向买方发出装船通知，而使买方未能及时办妥货运保险所造成的后果，承担违约责任。为此，在实际业务中，我方出口企业应事先与国外买方就如何发给装船通知商定具体做法；如果事先未曾商定，则应根据双方已经形成的习惯做法，或根据订约后、装船前买方提出的具体请求(包括在信用证中对装船通知的规定)，及时用电讯向买方发出装船通知。上述做法也适用于我方出口的 FOB 合同。

此外，在 CIF 术语一节中述及的关于租船或订舱的责任和在目的港卸货费用负担的问题，同样适用于 CFR 术语。为明确卸货费用负担，也可采用 CFR 术语的变形，例如：CFR 班轮条件(CFR liner terms)、CFR 舱底交货(CFR ex ship's hold)、CFR 吊钩交货(CFR ex tackle)和 CFR 卸到岸上(CFR landed)。上述 CFR 术语的各种变形，在关于明确卸货费用负担的含义方面，与前述 CIF 术语变形中所说明的是相同的。

需要说明的是，以上各 FOB、CFR、CIF 贸易术语变形，除买卖双方另有约定者外，其作用通常仅限于明确或改变买卖双方在费用负担上的划分，而不涉及或改变风险的划分。此外，还须强调指出，只有在买卖双方对所使用的贸易术语变形的含义有一致理解的前提下，才能在交易中使用这些术语变形。

随着国际运输技术的发展，包括货物集合化，集装箱运输、多式运输和滚装运输的日益扩大使用，以在装运港越过船舷作为卖方完成交货义务的 FOB、CFR 和 CIF 术语已不能适应新的运输环境的需要。同时，运输技术的变化，也带来了运输单据的革新，例如，多式运输单据(multi-modal transport document-MTD)等，非传统的 FOB、CFR 和 CIF 术语所涉及者。有鉴于此，国际商会在 INCOTERMS 1980 中增添了两种新术语——FRC 和 CIP，并修订了原有的 DCP。10 年后，在 INCOTERMS 1990 中又对上述三种术语作了进一步的修改和补充；将 FRC 改为 FCA，将 DCP 改为 CPT。经修改补充后的 FCA、CPT 和 CIP 三种术语不仅适用于铁路、公路、海洋、内河、航空运输的单一方式的运输,也适用于两种或两种以上运输方式相结合的多式运输。INCOTERMS 2000 对 FCA 术语中关于装货和卸货义务作了改变。INCOTERMS 2010 对这三种术语的规定,特别是关于交货点/风险点和费用点的划分,除了在文字表述上有所简化外,未作任何实质性的修改,其具体内容与 2000 版本的规定基本相同。以下分别介绍这三种术语:

四、FCA

FREE CARRIER(... named place)——货交承运人(……指定地)是指卖方在其所在处所(seller's premises)或另一指定地,将货物交付给由买方指定的承运人或另一人,即完成交货。双方当事人应尽可能明确地规定指定地内的交货地点(point of delivery),因风险在该地点转移至买方。如买方不通知在指定地内的特定交货地点,卖方可选择在指定地内他认为最合适的地点交货(参见本章末"交货点/风险点示意图")。

"承运人"是指在运输合同中承担履行铁路、公路、海洋、航空、内河运输或多式运输的实际承运人(actual carrier),或承担取得上述运输履行的订约承运人(contracting carrier),如货运代理商(freight forwarder)。如买方指定一个非承运人的人收取货物,当货物被交给该人时,应认为卖方已履行了交货义务。

在清关适用的地方,FCA 术语要求卖方办理货物出口清关。本术语适用于任何一种或多种运输方式。

FCA 是一种在以 FOB 同样原则的基础上发展起来的,适用于各种运输方式,特别是集装箱运输和多式运输的贸易术语。在采用此术语时,需注意以下几点:

1. 交货点和风险转移。

如前所述,INCOTERMS 的每种贸易术语都有其特定的交货点。例如,FOB 术语的交货点为装运港船上。FCA 术语的交货点则不能如此单一。由于 FCA 可适用于各种运输方式,它的交货点需按不同的运输方式和不同的指定交货地而定。

FCA 卖方如何完成交货义务,可概括为:

(1) 如合同中所规定的指定交货地为卖方所在处所,则当货物被装至由买方指定的承运人的收货运输工具上时,卖方即完成了交货义务;

(2) 在其他情况下,当货物在买方指定的交货地,在卖方的送货运输工具上(未卸下—not unloaded),被交由买方指定的承运人处置时,卖方即完成了交货义务。

由此可见,在以上第(1)种情况下,FCA 的交货点是在卖方所在处所(工厂、工场、仓库等)由承运人提供的收货运输工具上;在第(2)种情况下,FCA 的交货点是在买方指定的其他交货地[铁路终点站、启运机场、货运站、集装箱码头或堆场、多用途货运终点站(terminal)或类似的收货点]卖方的送货运输工具上(参见本章末

"交货点/风险点示意图")。当卖方按合同规定,在卖方所在处所将货物装上承运人的收货运输工具,或者,在其他指定交货地,在卖方的送货运输工具上,将货物置于承运人处置之下时,货物灭失或损坏的风险,即转移至买方。

2. 买方安排运输。

FCA 合同的买方必须自负费用订立自指定地运输货物的合同。但是,如果买方提出请求,或如果按照商业惯例,在与承运人订立运输合同时(如在铁路或航空运输的情况下)需要卖方提供协助的话,卖方可代为安排运输,但有关费用和风险由买方负担。假如,买方有可能较卖方取得较低的运价,或按其本国政府规定必须由买方自行订立运输合同,则买方应在订立买卖合同时明确告知卖方,以免双方重复订立运输合同而引起问题和发生额外费用。反之,如卖方不愿按买方的请求或商业惯例协助买方订立运输合同,也必须及时通知买方,否则,遗漏安排运输,也将引起额外费用和风险。

3. 货物集合化的费用负担。

与 FOB 术语一样,FCA 卖方在完成交货义务之前所发生的一切费用,都须由卖方负担,而在其后所发生的费用,则由买方负担。鉴于在采用 FCA 术语时,货物大都作了集合化或成组化(cargo unitization),例如装入集装箱或装上托盘(pallets),因此,卖方应考虑将货物集合化所需的费用也计算在价格之内。

五、CPT

CARRIAGE PAID TO(... named place of destination)——运费付至(……指定目的地)是指当货物已被交给由卖方指定的承运人或另一人时,卖方即完成了交货。交货后,货物灭失或损坏的风险,以及由于发生事件而引起的任何额外费用,即从卖方转移至买方。①但卖方还必须支付将货物运至指定目的地所需的运费(参见本章末"交货点/风险点示意图")。

上述承运人与 FCA 术语中的承运人相同。如果为了将货物运至指定目的地需要利用后续承运人,风险也自货物交付给第一承运人时转移。

在清关适用的地方,CPT 术语要求卖方办理货物出口清关。

本术语适用于任何一种或多种运输方式。

在 CPT 合同中,卖方负责安排运输,而买方负责货物运输保险。为了避免两者脱节,造成货物装运(货交承运人接受监管)后,失却对货物必要的保险保障,卖方应及时向买方发出装运通知。关于这一问题的重要性及其处理方法,在前文 CFR 一节中所作的说明,也同样适用于按 CPT 和 FCA 术语达成的交易。

---

① 在 FCA、CPT 和 CIP 术语下,卖方的交货义务是相同的。

六、CIP

CARRIAGE AND INSURANCE PAID TO(... named place of destination)——运费、保险费付至(……指定目的地)是指卖方除了须承担在CPT术语下同样的义务外,还须对货物在运输途中灭失或损坏的买方风险取得货物保险,订立保险合同,并支付保险费。如买卖双方事先未在合同中规定保险险别和保险金额,卖方只需按最低责任的保险险别取得保险,最低保险金额为合同价款加10%,即CIP合同价款的110%,并以合同货币投保。保险责任的起讫期限必须与有关货物的运输相符合,并必须自买方需负担货物灭失或损坏的风险时(即自货物在发运地被交付给承运人时)起开始生效,直至货物到达约定的目的地为止(参见本章末"交货点/风险点示意图")。

FCA、CPT、CIP三种术语是分别从FOB、CFR、CIF三种传统术语发展起来的,其责任划分的基本原则是相同的,但也有区别,主要表现在以下几方面:

第一,适用的运输方式不同。FOB、CFR、CIF三种术语仅适用于海运和内陆水路运输,其承运人一般只限于船公司;而FCA、CPT、CIP则不仅适用于海运和内陆水路运输,而且也适用于陆运、空运等各种运输方式的单式运输,以及两种或两种以上不同运输方式相结合的多式运输,其承运人可以是船公司、铁路局、航空公司,也可以是安排多式运输的联合运输经营人。

第二,交货和风险转移的地点不同。FOB、CFR、CIF的交货点均为装运港船上,风险均以货物在装运港装上船时从卖方转移至买方。而FCA、CPT、CIP的交货地点,需视不同的运输方式和不同的约定而定,它可以是在卖方所在处所由承运人提供的运输工具上,也可以是在铁路、公路、航空、内河、海洋运输承运人或多式运输承运人的运输站或其他收货点卖方的送货运输工具上;至于货物灭失或损坏的风险,则于卖方将货物交给承运人时,即自卖方转移至买方。

第三,装卸费用负担不同。按FOB、CFR、CIF术语,卖方承担货物在装运港装上船为止的一切费用。但由于货物装船是一个连续作业,各港口的习惯做法又不尽一致,所以,在使用租船运输的FOB合同中,应明确装货费用由何方负担,在CFR和CIF合同中,则应明确卸货费用由何方负担。而在FCA、CPT、CIP术语下,如涉及海洋运输,并使用租船装运,卖方将货物交给承运人时所支付的运费(CPT、CIP术语),或由买方支付的运费(FCA术语),已包含了承运人接管货物后在装运港的装货(装船)费用和目的港的卸货(卸船)费用。这样,在FCA合同中的装货(装船)费用的负担和在CPT、CIP合同中的卸货(卸船)费用的负担问题就不再存在。

第四,运输单据不同。在FOB、CFR、CIF术语下,卖方一般应向买方提交已装船清洁提单。而在FCA、CPT、CIP术语下,卖方提交的运输单据则视不同的运输方式而定。如在海运和内陆水路运输方式下，卖方应提供可转让的提单，有时也可提供不可转让的海运单和内河运单；如在铁路、公路、航空运输或多式运输方式下，则应分别提供铁路运单、公路运单、航空运单或多式运输单据。

第四节　其他五种贸易术语

以上阐述的是 INCOTERMS 2010 对六种主要贸易术语的解释和在实际运用中的一些应该注意的问题。现对该通则的其他五种贸易术语作简要介绍。

一、EXW

EX WORKS(... named place)——工厂交货(……指定地)是指卖方在其所在处所(工厂、工场、仓库等)将货物置于买方处置之下时，即履行了交货义务。卖方不负责将货物装上买方备妥的车辆，也不负责出口清关。买方负担自卖方所在处所提取货物至目的地所需的一切费用和风险。因此，这个术语是卖方负担最少义务(minimum obligation)的术语(参见本章末“交货点/风险点示意图”)。

如果买方要求卖方在发货时负责将货物装上收货车辆，并负担一切装货费用和风险，则应在合同中用明确的词句对此加以规定。

本术语适用于任何一种或多种运输方式。

如买方不能直接或间接地办理出口手续，则不应使用本术语，而应使用 FCA 术语。

二、FAS

FREE ALONGSIDE SHIP(... named port of shipment)——船边交货(……指定装运港)是指卖方在装运港将货物放置码头或驳船上靠船边，即完成了交货。这是指买方必须自该时刻起，负担一切费用和货物灭失或损坏的一切风险(参见本章末“交货点/风险点示意图”)。

INCOTERMS 2010 在 FAS 卖方交货义务(A4)中规定：“卖方必须在指定装运港于买方指明的装船地点(如有的话)，将货物放置于买方所指定的船舶边，或取得已如此交付的货物……”如同 FOB、CFR 和 CIF 交货义务的规定，对 FAS 卖方交货义务添加“或取得已如此交付的货物”，是为了适应在大宗商品销售中，对已放置于船边的货物作转售买卖(链式交易)的需要。

在清关适用的地方，FAS 术语要求卖方办理货物出口清关。

本术语适用于海运和内陆水路运输。

三、DAT

DELIVERED AT TERMINAL(... named terminal at port or place of destination)——终点站交货(……指定目的港或目的地终点站)是指卖方在指定目的港或目的地终点站,将从到达的运输工具上卸下的货物,交由买方处置时,完成交货。"终点站"包括任何地方,不论是有遮蔽的或露天的(covered or not),诸如码头、仓库、集装箱堆场,或公路、铁路、航空货站(cargo terminal)。卖方负担将货物运至目的港或目的地指定的终点站并卸下(unloading)的一切风险(参见本章末"交货点/风险点示意图")。

当事人应尽可能明确地规定指定目的港或目的地的终点站,如有可能,规定位于该终点站内的特定地点(specific point),因货物被运至该地点的风险,概由卖方负担。如当事人拟由卖方将货物自该终点站运至另一地方,并负担货物运送和处理的风险和费用,则应采用DAP或DDP术语。

在清关适用的地方,DAT术语要求卖方办理货物出口清关,但无义务办理货物进口清关。

本术语适用于任何一种或多种运输方式。

四、DAP

DELIVERED AT PLACE(... named place of destination)——目的地交货(……指定目的地)是指在指定的目的地,将到达的运输工具上待卸下(ready for unloading)的货物,交由买方处置时,卖方完成交货。卖方负担将货物运至指定目的地的一切风险(参见本章末"交货点/风险点示意图")。

当事人应尽可能明确地规定在约定目的地内的特定地点,因货物被运至该地点的风险,概由卖方负担。如卖方按照运输合同承担在目的地卸货的有关费用,除非双方另有约定,卖方无权向买方索还该项费用。

在清关适用的地方,DAP术语要求卖方办理货物出口清关,但无义务办理货物进口清关。如当事人拟由卖方办理货物进口清关,支付进口关税、税捐等费用,则应采用DDP术语。

本术语适用于任何一种或多种运输方式。

五、DDP

DELIVERED DUTY PAID (... named place of destination)——完税后交货(……指定目的地)是指在指定目的地,将到达的运输工具上待卸下的货物,交由买方处置时,卖方完成交货。卖方负担将货物运至指定目的地的一切费用和风险(参见本章末"交货点/风险点示意图")。卖方不仅需办理货物出口清关,也需办理进口清关,并支付任何出口和进口关税、税捐和其他费用,与EXW相反,DDP是卖方负担最多义务(maximum obligation)的术语。

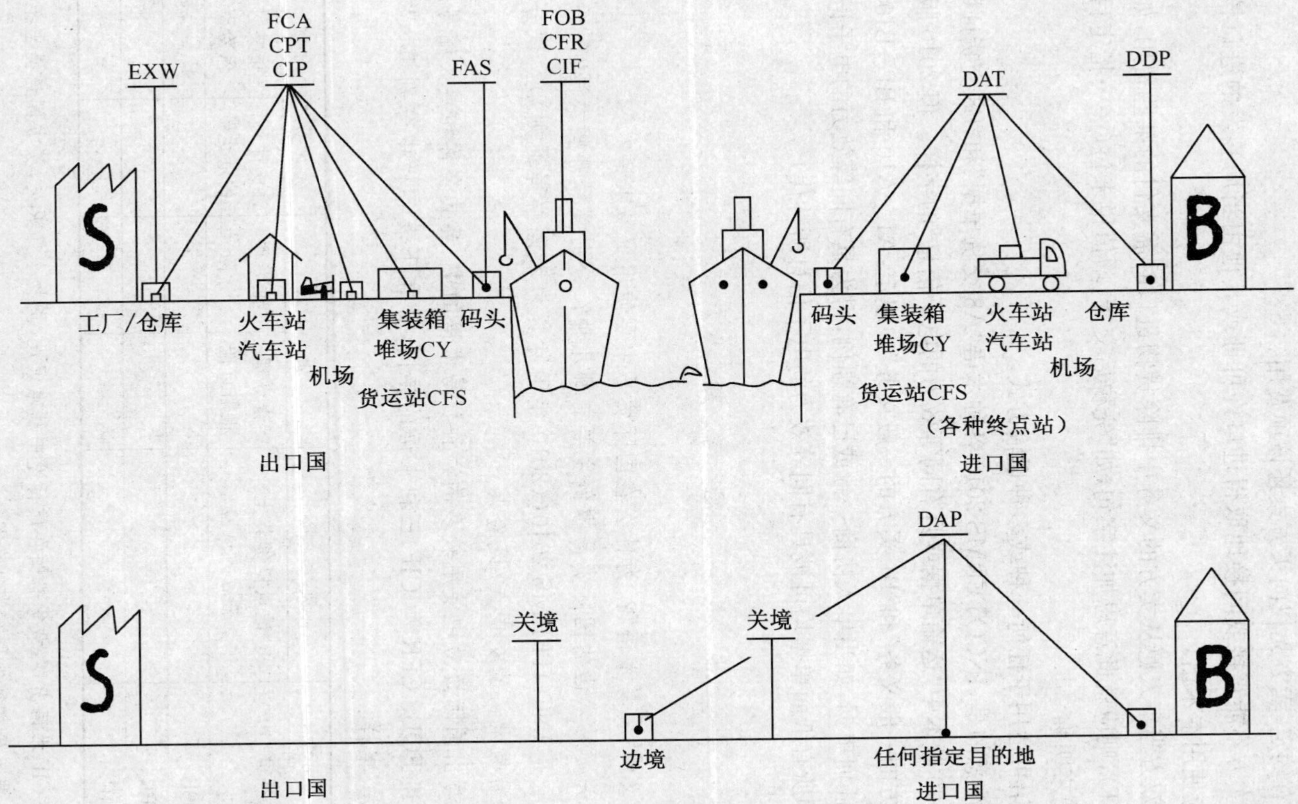

INCOTERMS 2010 11 种贸易术语交货点/风险点示意图

当事人应尽可能明确地规定在约定目的地内的特定地点，因货物被运至该地点的风险，概由卖方负担。如卖方按照运输合同承担在目的地卸货的有关费用，除非双方另有约定，卖方无权向买方索还该项费用。

如果卖方不能直接或间接地取得进口许可证或其他由当局签发的进口核准书，则不应使用本术语。

如果双方当事人愿从卖方的义务中排除货物进口时需支付的某些费用，如增值税（VAT），则应就此意思加注字句，如“完税后交货，增值税未付（……指定目的地）”，以使之明确。

本术语可适用于任何一种或多种运输方式。

值得注意的是，INCOTERMS 2010 各种术语“A8 交货单据”和“B8 交货证明”省略了 2000 版本中“运输单据或具有同等效力的电子信息”的字样。但 2010 版本在“A1 卖方的一般义务”和“B1 买方的一般义务”中规定：A1—A10 和 B1—B10 中所提及的任何单据，如当事人协商一致或已有惯例，得为具有同等效力的电子记录或程序（即所有纸面单据均可被具有同等效力的电子信息所替代）。

思 考 题

1. 什么叫“贸易术语”？为什么在国际贸易中要使用贸易术语？

2. 有关贸易术语的国际贸易惯例主要有哪几种？分别解释哪些术语？

3. 什么是 INCOTERMS 2010（《2010 年国际贸易术语解释通则》）？试分别指出 11 种贸易术语的交货点/风险点。

4. 试写出国际贸易中使用较多的六种贸易术语的中、英文全称和英文缩写。

5. 简述 FOB、CFR 和 CIF 三种术语的异同，并在下表各栏中分别填入“买方”或“卖方”字样：

贸易术语	风险	责任		费用	
	谁承担货装上船后的风险	谁办理租船订舱	谁办理保险	谁支付到目的港运费	谁支付保险费
FOB					
CFR					
CIF					

6. 如按 CIF 术语出口，载货船舶在航行途中触礁沉没，货物全部灭失，买方闻讯提出拒付货款。试问：我方应如何处理？为什么？

7. 试述贸易术语变形的作用，并举例说明之。

8. 试简述 FOB、CFR、CIF 与 FCA、CPT、CIP 的主要区别。

第三章　货物的价格

货物的价格直接关系到买卖双方的经济利益，它往往是交易磋商的中心议题，因此，无疑也是国际货物买卖的主要交易条件。在对外贸易中，我外贸企业与国外客户磋商和订约时，除应按照国际市场价格水平，结合经营意图，确定价格外，还应正确选择计价货币，适当选用贸易术语。必要时，还需规定价格调整条款。同时，对佣金和折扣应视交易的具体情况，加以正确地运用和规定。

第一节　作价方法

在我外贸业务中，根据交易的不同情况，可采用下列几种作价方法。

一、固定作价

货物的价格，通常是指货物的单位价格，简称单价（unit price）。在机电产品交易中，有时也有一笔交易只规定一个总价的。国际贸易的单价远较国内贸易的单价复杂，它通常由计量单位、单位价格金额、计价货币和贸易术语四项内容组成。例如：

每公吨	100	美元	CIF 纽约
计量单位	单位价格金额	计价货币	贸易术语

上列单价，如买卖双方对此无其他特殊约定，应理解为固定价格，即订约后买卖双方按此价格结算货款，即使订约后市价有重大变化，任何一方均不得要求变更。

二、暂不固定价格

某些货物因其国际市场价格变动频繁，幅度较大，或交货期较远，买卖双方对市场趋势难以预测，但又确有订约的意旨，则可约定有关货物的品质、数量、包装、交货和支付等条件，对价格暂不固定，而约定将来如何确定价格的方法。例如：在合同中规定，以某月某日某地的有关商品交易所该商品的收盘价为准或以此为基础再加（或减）若干金额。

三、暂定价格

为避免价格风险，买卖双方在洽谈某些市价变化较大的货物的远期交易时，可先在合同中规定一个暂定价格，待日后交货期前的一定时间，再由双方按照当时市价商定最后价格。在我出口业务中，有时在与信用可靠、业务关系密切的客户洽商大宗货物的远期交易时，偶尔也有采用这种暂定价格的做法的。例如，在合同中规定：

每件(400 磅)5 000 港元 CIF 香港

备注：上列价格为暂定价，于装运月份15天前由买卖双方另行协商确定价格。

HK＄5 000 per bale (400 Ibs.) CIF Hongkong

Remarks: The above is a provisional price, which shall be determined through negotiation between the buyer and the seller 15 days before the month of shipment.

这种做法，如缺乏明确的定价依据，到时候，双方在商定最后价格时可能因各持己见不能取得协议，而导致无法履行合同。所以，订有"暂定价格"的合同有较大的不稳定性。在实际业务中，采用这种做法，应以关系密切、信誉可靠的客户为限。

四、滑动价格

在国际上，对于某些货物，如成套设备、大型机械，从合同成立到履行完毕需时较长，可能因原材料、工资等变动而影响生产成本，价格的升降幅度较大。为了避免承担过大的价格风险，保证合同的顺利履行，可采用滑动价格。所谓滑动价格，是指先在合同中规定一个基础价格(basic price)，交货时或交货前一定时间，按工资、原材料价格变动的指数作相应调整，以确定最后价格。在合同中对如何调整价格的办法，则一并具体订明。

第二节　计 价 货 币

在国际货物买卖中，计价货币可以是出口国货币或进口国货币，也可以是第三国货币，由买卖双方协商确定。在当前国际金融市场普遍实行浮动汇率制的情况下，买卖双方都要承担一定的汇率变化的风险。因此，作为交易的当事人，在选择使用何种货币时，就不能不考虑货币汇价升降的风险(即外汇风险，或称汇价风险)；另一方面，也要结合企业的经营意图、国际市场供需情况和价格水平等情况，作全面综合的分析，避免因单纯考虑外汇风险而影响交易的正常进行。

在出口业务中，选择使用何种货币计价或支付时，首先要考虑货币是不是可自由兑换的货币。使用可自由兑换的货币，有利于调拨和运用，也有助于必要时货币汇价风险的转移。

对可自由兑换的货币，需考虑其稳定性。在出口业务中，一般应争取多用从成交至收汇这段时期汇价比较稳定且趋势上浮的货币，即所谓“硬币”。

减少外汇风险，争取使用“硬币”是一种可行的办法，但除此以外，还可采用其他的方式。这些方式主要有：

1. 提高出口价格。如使用当时视为“软币”(指从成交至收汇这段时期汇价比较不稳定且趋势下浮的货币)的货币为支付货币，则在确定出口价格时，将该货币在我收汇时可能下浮的幅度考虑进去，作相应的提高。鉴于汇价变动情况往往难以预测，特别是较长时期的，如一年以后的趋势，更难预测，所以，这一办法通常较多适用于成交后收汇时期较短的交易。

2. 订立外汇保值条款(exchange clause)。过去，在我国出口贸易中，对一些收汇期限长、金额大的贸易合同，为避免支付货币贬值使我遭受损失，在必要时则可采用外汇保值条款或称汇率保值条款。例如：假设在订约时所使用的是“软币”，可在合同中规定：合同中的原币价格/金额按订约时另一种“硬币”的汇率折成该硬币价格/金额。日后付款时，按付款日该硬币汇率折成原币价格/金额付款。(订约日和付款日汇率均以中国银行汇率牌价为准。)

关于计价货币，值得注意的是：欧元区 12 国各自的货币——荷兰盾、爱尔兰镑、法国法郎、德国马克、意大利里拉、西班牙比塞塔、葡萄牙埃斯库多、比利时法郎、卢森堡法郎、芬兰马克、奥地利先令以及希腊德拉克马已于 2002 年 3 月 1 日退出历史舞台，单一货币欧元(Euro，缩写 EUR，货币符号€)成为欧元区内唯一法定货币。英国、丹麦和瑞典暂不加入。2004 年加入欧盟的 10 个新成员国(塞浦路斯、捷克、爱沙尼亚、匈牙利、拉脱维亚、立陶宛、马耳他、波兰、斯洛伐克和斯洛文尼亚)都承诺启用欧元，并遵守经济和货币联盟的纪律，但是对于它们加入欧元区的时间并没有固定的要求，每一个新成员国将根据自己国家的情况，按照自己的时间表加入。2006 年 7 月 11 日，欧盟财政部长理事会正式批准斯洛文尼亚在 2007 年 1 月 1 日加入欧元区，这将是欧元区的首次扩大。塞浦路斯和马耳他于 2008 年 1 月 1 日加入欧元区。斯洛伐克于 2009 年 1 月 1 日加入欧元区。爱沙尼亚于 2011 年 1 月 1 日加入欧元区，成为欧元区第 17 个国家。

此外，在跨境贸易中，如经买卖双方协商一致，可采用人民币计价和结算的方法，规避汇率变动风险。①

① 根据 2010 年 6 月 22 日人民银行、财政部、商务部、海关总署、税务总局和银监会发布的《关于扩大跨境贸易人民币结算试点有关问题的通知》，我国跨境贸易人民币结算试点地区由上海和广东的 4 个城市扩大到全国 20 个省市；参与跨境贸易人民币结算的境外地域，由之前的港澳、东盟地区扩大到所有国家和地区；企业可按市场原则选择使用人民币结算。

第三节　计价数量单位与单位价格金额

计价数量单位与单位价格金额是国际货物买卖合同单价条款中不可缺少的重要内容，必须慎重对待，明确规定，并在合同中正确地加以表达。以下是拟订书面合同时对这两项内容应予注意的一些具体问题：

1. 计价数量单位。一般说来，计价数量单位应与数量条款中所用的计量单位相一致。如计价数量单位为"公吨"，则数量和单价中均应用"公吨"，而不要这一个用"公吨"，而另一个用"长吨"或"短吨"。

2. 单位价格金额。应按双方协商一致的价格，正确填写在书面合同中。如在出口合同中把金额写错，低于原来商定的金额，或在进口合同中错写成高于原来商定的金额，对方如将错就错，将使我遭受损失。因为单位价格金额或书面合同中的其他条款如写错，而又经当事人双方签署确认，按国际贸易法律是可以因此而否定或改变磋商时谈定的条件的。

第四节　贸易术语的选用

在国际贸易中可供选用的贸易术语有多种，而以 FOB、CFR 和 CIF 最为常用，其原因是：(1)FOB、CFR 和 CIF 三种贸易术语产生最早，历史最为悠久，最为人们所熟悉和习惯使用；(2)国际贸易的买方和卖方一般都不愿承担在对方国家内所发生的风险，而这三种贸易术语都是以货物在装运港装上船为风险划分的分界线的；(3) FOB、CFR 和 CIF 合同的卖方或买方都不必到对方国家办理货物的交接，对买卖双方都比较方便。然而，随着国际贸易的发展和运输方式的变化，FCA、CPT 和 CIP 术语的使用，也日趋增多。

在实际业务中，选用何种贸易术语，密切关系到买卖双方的经济利益，因此，它是双方都十分重视的问题之一。就我方外贸企业而言，贸易术语的选用应结合以下几方面的要求作认真考虑：

1. 增收节支外汇运保费。

在我国外贸业务中，FOB、CFR 和 CIF 也是最常用的贸易术语。一般说来，在出口业务中，我外贸企业应争取多选用 CIF 和 CFR 术语，而少用 FOB 术语；反之，在进口业务中，应争取多选用 FOB 术语，少用 CFR 和 CIF 术语。对 FCA、CPT 和 CIP 术语的选用，在出口和进口业务中，也应分别按上述同样原则，予以掌握。因为，这样可为国家增加收入和节省支出外汇运费和保险费，并有利于促进我国对外运输事业和保险事业的发展。

2. 适合所使用的运输方式。

按照贸易术语的国际惯例，每种贸易术语，各有其所适用的运输方式。例如，FOB、CFR 和 CIF 术语只适用于海洋运输和内河运输，而不适用于空运、铁路和公路运输。如交易的当事人拟使用空运、铁路或公路运送货物，则应选用 FCA、CPT 或 CIP 术语。不顾所使用的运输方式，不适当地选用贸易术语，将使该术语的解释产生困难。一旦买卖双方在交接货物的义务上发生纠纷，有关当事人将陷入困境，并可能遭受损失。

目前，集装箱运输和多式运输正在被广泛运用，而且还将进一步扩大与发展。为了适应这一趋势，我外贸企业应按具体交易的实际情况，适当扩大选用 FCA、CPT 和 CIP 术语，以替代仅适用于海运和内河运输的 FOB、CFR 和 CIF 术语。尤其是在出口业务中，如果货物是以集装箱运输或多式运输方式运输的，不采用 FCA、CPT 和 CIP 术语而仍使用 FOB、CFR 或 CIF，则至少存在以下两个缺点：一是增加了我方的风险责任，从货交承运人延伸到在装运港越过船舷；二是推迟了运输单据的出单时间，从而延缓了我方交单收汇的时间，影响我资金周转和造成利息损失。因此，在出口业务中，应积极创造条件，推广使用 FCA、CPT 和 CIP 术语。

3. 按实际需要，灵活掌握。

选用贸易术语，也应根据业务的实际需要，作必要的灵活掌握。譬如，国外买方在向我国购买大宗商品时，为了可以在运价和保险费上得到优惠，要求自行租船装运货物和保险的情况并不少见。为了不影响贸易，我方出口也可采用 FOB 术语。对于国外某些港口，因无固定班轮或我方自行派船不便而对方愿意自行派船接运时，也可按 FOB 术语成交。有些国家为了扶持其本国保险事业的发展，规定其进口贸易必须在其本国投保，在此情况下，我们可同意使用 CFR 或 FOB 术语，以示合作。在进口业务中，如我方所进口的货物，数量不多、金额不大，也可采用 CIF 术语进行交易。

4. 安全收汇，安全收货。

在外贸交易进程的各个环节中，都可能潜伏着对经营者造成损害的风险，应预先防范。在贸易术语的选用方面，也涉及如何保障出口收汇和进口收货的安全问题。如上文中所述，在我出口业务中，国外买方往往要求按 FOB 术语向我购货，究其原因，一般是由于国外买方拟通过由其自行指定承运人，自办保险，以便向承运人和保险公司获取较低的运价和保险费优惠。但是，少数不法商人也可能与承运人相勾结，越过向银行付款赎单的正常渠道，向承运人先无单提货，随后采用逃逸或宣告破产的伎俩，骗取我货物，造成我方银货两空的结局。在进口业务中，如采用 CFR 术语，因为由国外卖方租船或订舱，货物装船后的风险由我负担，而保险也由我方办理，如果国外卖方所安排的船舶不当，或与船方勾结出具假提单，就将使我方蒙受付了款却收不到货的损失。上述类似的诈骗事件，在我外贸实际业务中曾屡有发生。对此，我外贸企业必须提高警惕，审慎选择客户，必要时，还应对由国外客户指定的承运人或安排的载货船只作及时的事先核查，如发现不妥，可要求其予以更换，以保障收汇或收货的安全。

随着我国对外开放的扩大、对外贸易的发展，可以采用更加灵活的贸易方式，其他贸易术语，如 EXW、FAS、DAT、DAP 和 DDP 等，也可视不同交易的具体情况适当地选择使用。

在国际货物买卖合同的价格条款中除单价外，通常还有总值一项。总值是单价和数量的乘积。在总值项下一般也同时列明贸易术语。

第五节　佣金和折扣

在磋商交易和计算价格时，有时会涉及佣金和折扣。正确掌握和运用佣金和折扣，可达到扩大销售、增加经济效益的目的。因此，这也是外贸企业应予重视的问题之一。

一、佣金和折扣的含义和作用

佣金(commission)是卖方或买方付给中间商为其对货物的销售或购买提供中介服务的酬金。上述中间商通常为经纪人(middleman; broker)或代理人(agent)。但在实际业务中，凡是为招揽生意、促成交易提供服务的企业或个人，都可能成为佣金的收受者。折扣(discount)是卖方按照原价给买方以一定的减让。

在我国的外贸实践中，正确和灵活运用佣金和折扣，可调动中间商和买户推销和经营我方出口货物的积极性，增强有关货物在国外市场的竞争力，从而扩大销售。正确使用佣金，有时还可提高售价。在实际业务中，佣金和折扣的名目很多，如销售佣金(selling commission)、累计佣金(accumulative commission)①、数量折扣(quantity discount)、特别折扣(special discount)等。

二、佣金和折扣的表示方法

(一) 佣金的表示方法

凡价格中包含佣金的，称为“含佣价”(price including commission)。含佣价可用文字表示，例如：

① 累计佣金或称累进佣金，是指按中间商实际销售数量(或金额)给付不同比例的佣金，销售数量(或金额)越多，佣金率越高，从而能更好地促进中间商推销的积极性。

每打 100 英镑 CIF 伦敦包含佣金 2%

£100 per doz. CIF London including 2% commission

也可在贸易术语后面加注“佣金”的英文缩写字母“C”并注明佣金的百分比来表示，例如：

每打 100 英镑 CIFC 2%伦敦

£100 per doz. CIFC 2% London

（二）折扣的表示方法

如价格中允许给予折扣，一般应用文字作具体表示，例如：

每打 100 英镑 CIF 伦敦减 1%折扣

£100 per doz. CIF London less discount 1%

折扣也有不用百分率而用具体金额的，例如，“减 2 英镑”(less discount £2)。

一般说来，含佣或给予折扣的价格，应用文字或简略的方法明白表示出来。如果有关价格未对含佣或有折扣作出表示，通常应理解为不含佣或不给折扣，除非双方事先已另有约定。不包含佣金或不给折扣的价格，称为“净价”(net price)，即卖方可照价全数收款，不另支付佣金或扣除折扣。有时为了明确起见，特地加列“净价”(net)字样。例如：

每打 100 英镑 CIF 净价伦敦

£100 per doz. CIF net London

三、佣金和折扣的计算方法

（一）佣金的计算

按国际贸易习惯，佣金一般是以交易额(即发票金额)为基础进行计算的。例如：CIF 发票金额为 10 000 美元，佣金率为 2%，则应付佣金为 200 美元；或 CFR 发票金额为 9 900 美元，佣金率为 2%，应付佣金为 198 美元。总之，不管采用何种贸易术语，都按交易总额乘佣金率计算佣金。但也可按 FOB 价值作为计算佣金的基础，即如按 CIF 术语成交，计算佣金时要先扣除运费和保险费，或如按 CFR 术语成交，应先扣除运费，然后按 FOB 价值计算佣金。按交易额(发票金额)计算佣金，还是按 FOB 价值(FOB 发票金额)计算佣金，并无定则，主要由双方协商决定。有人认为，从理论上讲，以按 FOB 价值计算较为合理，因为不然的话似乎卖方还要对运费和保险费部分甚至佣金本身支付佣金。其实无论按何种金额计算，都只是作为给中间商以多少酬金的计算方法。而按交易额计算佣金，在操作上也比较简便。假如卖方与中间商约定所有交易均按 FOB 价值计算佣金，那么，就应同时与中间商洽妥系按实际运费、保险费扣除，还是按商定的估计运费、保险费扣除，以求得 FOB 价值后计算佣金。按实际运费、保险费计算较为复杂，而按商定的估计运费、保险费

(例如,运费按交易额的10%估计;保险费按交易额的1%估计)计算较为方便。

从含佣价计算净价,比较简单,只需扣除佣金(即含佣价乘佣金率)即可。如果已知净价,要在不降低净收入的基础上给予一定百分比的佣金,则应按下列公式计算含佣价:

$$含佣价=\frac{净价}{1-佣金率}$$

(二) 折扣的计算

折扣一般按实际发票金额乘以约定的折扣百分比即为应扣除的发票金额,而不存在按FOB价值还是按CIF价值计算的问题。

四、佣金和折扣的支付方法

佣金,通常由我出口企业于收到全部货款后再支付给中间商(代理或佣金商)。因为,中间商的服务,不仅在于促成交易,还应负责联系、督促实际买户履约,协助解决履约过程中可能发生的问题,以使合同得到圆满地履行。但是,为了防止误解,对佣金于货款全部收妥后才予支付的做法,我出口企业应与中间商在双方建立业务关系之初予以明确,并达成书面协议;否则,有的中间商可能于交易达成后,即要求我方支付佣金,而日后有关合同是否能得到切实履行,货款能否顺利收到,却并无绝对保证。

佣金可于个别的合同履行后逐笔支付,也可按月、按季、按半年或一年汇总支付,通常由出口企业与中间商事先达成书面协议,以凭执行。

折扣一般由卖方在买方支付货款时预先扣除。

第六节 合同中的价格条款

如本章第一节中所述,国际货物买卖的价格通常由计量单位、单价金额、计价货币和贸易术语四项内容组成。合同中的价格条款,同样包括这四项内容;买卖双方达成交易后,在缮制书面合同时,必须根据交易磋商中达成的协议,正确无误地订定价格条款。任何在这方面的错漏,都将对失误方带来经济上的损失。除了上述四项基本内容外,如买卖双方在交易中还涉及佣金或折扣的规定,在规定价格条款时,也应作出相应的规定。现举数例以示价格条款的规定方法如下:

每公吨300英镑CIF伦敦

£300 per M/T CIF London

每公吨200欧元FOB上海,以毛作净

€200 per metric ton FOB Shanghai Gross for Net

每台 120 美元 CIP 新加坡

US$120 per set CIP Singapore

每打 100 港元净价 CFR 香港

HK$100 per doz. net CFR Hongkong

每公吨 335 美元 CIP 纽约减折扣 2%

US$335 per M/T CIP New York less 2% discount

每码 15 美元 CIF 科威特包含佣金 5%

US$15 per yd. CIF Kuwait including commission 5%

佣金通常在合同中作明示的规定，但有的代理商要求在书面合同中不显示其应得的佣金，为的是不愿让实际买户知晓其所得佣金详情。遇此情况，我方一般也可予以配合，但在我内部合同管理中应作及时具体的记录，以便按代理协议如期向其支付佣金。

思　考　题

1. 在国际货物买卖合同中的单价条款一般有哪几项内容？试举例说明。

2. 在进出口贸易中，有哪几种作价方法？不同的作价方法的基本含义如何？

3. 在进出口交易中用以计价和支付的货币有哪些？在选择使用货币时应考虑哪些问题？

4. 在出口业务中，避免汇率风险的办法有哪几种？试分别举例说明之。

5. 在出口贸易中，如何选择使用贸易术语？在采用集装箱运输和多式运输的出口业务中，我出口企业应选择使用何种贸易术语？为什么？

6. 试简述国际贸易中佣金和折扣的含义和作用。

7. 试草拟包含佣金和给予折扣的单价条款各一例。

8. 佣金的计算方法有哪几种？如买卖合同对此未作规定，仅列明佣金率，按习惯应如何计付佣金？

9. 下列我方出口单价的写法是否正确？如有错误或不完整，请更正或作补充。

(1)每码 3.50 元 CIFC 香港；(2)每箱 500 英镑 CFR 净价英国；(3)每吨 1 000 美元 FOB 伦敦；(4)每打 100 欧元 FOB 净价减 1%折扣；(5)2 000 日元 CIF 上海包含佣金 2%。

10. 我某公司出口商品每公斤 100 美元 CFRC 2%纽约。试计算 CFR 净价和佣金各为多少？如对方要求将佣金增加到 5%，我方可同意，但出口净收入不能减少。试问 CFRC 5%应报何价？

第四章　货物的交付

国际货物买卖是以卖方交付货物和买方支付货款进行的。根据合同规定按时、按质、按量交货，是卖方履行合同的基本义务。买卖双方在磋商交易时，必须对交货条件作具体洽商，达成共识，并在合同中作出明确规定。因此，交货也是国际货物买卖所不可缺少的主要交易条件之一。货物的交付涉及交货时间、交货地点、运输方式和运输单据等问题。本章将对上述问题分别予以阐述，并举例说明买卖合同中交货条款的规定方法。

第一节　交货时间和交货地点

一、“交货”和“装运”的概念

在国际贸易中，存在着“交货”(delivery)和“装运”(shipment)两种不同的用语，因此，也就有“交货时间”(time of delivery)和“装运时间”(time of shipment)两种不同的提法。但是，在使用 FOB、CIF、CFR 以及 FCA、CIP、CPT 等六种装运术语达成的交易中，卖方在装运港或装运地将经出口清关的货物装到船上或者交付给承运人以运交买方就算完成了交货义务。因此，在采用上述六种术语订立合同的情况下，“交货”和“装运”在一定意义上是一致的，在实际业务中，人们往往把它们当作同义词来使用。国际商会《跟单信用证统一惯例》的历次版本以及新版本第 600 号出版物对“装运日期”(dates for shipment)作了如下明确规定：“除非信用证另有规定，用于规定最早及/或最迟装运日期的‘装运’(shipment)一词，将被理解为包括诸如‘装船’(loading on board vessel)、‘发运’(dispatch)、‘收妥待运’(accepted for carriage)、‘邮局收据日期’(date of post receipt)、‘收货日期’(date of pickup)等及类似词语，还包括在信用证要求多式运输单据下的‘接受监管’(taking in charge)。”以上规定虽是针对信用证条款中关于装运日期的“装运”一词的解释，但在采用凭单交货条件的国际货物买卖合同中，有关“装运日期”一般也可按此解释。因此在实际业务中，在采用 FOB、CFR、CIF、FCA、CPT 和 CIP 术语订立的买卖合同中规定卖方应于何时、何地交货时，以使用“装运时间”、“装运地点”为宜。

二、交货时间

在采用 FOB、CFR、CIF、CPT、CIP 术语的国际货物买卖合同中，通常以装运时间作为交货时间，在买卖合同中，原则上必须具体地、毫不含糊地作出规定。但是，由于国际货运情况错综复杂，不可控因素很多，要保证做到在选定的某一天将货物装运较难做到。因此，一般不采用规定某一个具体日期，如于某月某日装运的做法。在实际业务中，最常见的有以下四种：

1. 规定某月装运。

在国际货物买卖合同中，通常规定一段期间（a period of time）装运。而使用最广的是规定在某月装。例如：

2007 年 3 月装

Shipment during March, 2007

按此规定，卖方可从 2007 年 3 月 1 日至 3 月 31 日这一段期间内的任何时候装运出口。

2. 规定跨月装运。

有时所规定的一段可供装运的期间，可从某月跨到下月，甚至更后的月份。例如：

2007 年 2/3 月装运

Shipment during Feb. /Mar. 2007

2007 年 2/3/4 月装运

Shipment during Feb. /Mar. /Apr. 2007

按此规定，卖方可分别从 2007 年 2 月 1 日至 3 月 31 日和从 2007 年 2 月 1 日至 4 月 30 日这段期间内任何时间装运出口。

3. 规定在某月月底或某日前装运。

即在合同中规定一个最迟装运的期限，这个最迟装运期限，既可以是某一月份的月底，也可以是某一天。例如：

2007 年 5 月底或以前装运

Shipment at or before the end of May 2007

即自订立合同之日起，在 2007 年 5 月 31 日或于此日前的任何日期装运。

不晚于 2007 年 6 月底装运

Shipment not later than the end of June 2007

即自订立合同之日起，最迟不超过 2007 年 6 月 30 日装运。

2007 年 7 月 15 日或以前装运

Shipment on or before July 15th 2007

即自订立合同之日起，最迟不晚于 2007 年 7 月 15 日装运。

4. 规定在收到信用证后若干天内装运。

对某些外汇管制较严的国家和地区的出口交易，或对买方资信情况不够了解，或专为买方特制的出口商品，为了防止买方不按时履行合同而造成损失，在出口合同中可采用在收到信用证后一定时间内装运的方法规定装运时间，以保障我出口企业的利益。例如：

收到信用证后 45 天内装运

Shipment within 45 days after receipt of L/C

但是，在采用此种装运期的规定时，必须同时规定有关信用证开到的期限。例如：

买方必须最迟于 6 月 15 日将有关信用证开抵卖方

The Buyers must open the relative L/C to reach the Sellers before June 15th

如不订明信用证开到期限，则可能由于买方拖延开证，使卖方无法及时安排生产、包装、装运，而陷于被动。

至于近期装运的术语，较为多见的有："迅速装运"(prompt shipment)、"立即装运"(immediate shipment)、"尽快装运"(shipment as soon as possible)三种。对近期装运术语含义，在各国、各地区和各行业中并无统一的解释。为避免误解而引起纠纷，除买卖双方对这类术语的解释已有一致的理解外，在买卖合同中应尽量避免使用。此外，在政局动荡、船只缺乏、舱位难得或政府限制出口甚严、不易取得出口许可证的情况下，为防止订约后交货困难而造成被动，可在规定装运期的同时附加如下条款："以取得舱位为准"(subject to shipping space available)、"获得出口许可证为准"(subject to approval of export licence)等。

总之，装运时间的规定应根据市场需要、商品性质、当时的运输条件、生产供应的可能以及买卖双方的特定情况和要求等，进行全面考虑，慎重对待。

三、交货地点

根据《2010 年国际贸易术语解释通则》(INCOTERMS 2010)，FOB、CFR、CIF 以及 FCA、CPT、CIP 合同的交货地点是在装运港船上或者在装运地承运人收取合同货物的地点，亦即装运地点。上述合同中的交货地点条款通常包括装运港或装运地、目的港或目的地两个内容。以下就合同中有关装运港(地)和目的港(地)的规定方法和需注意的问题作简要介绍。

(一) 装运港或装运地

在国际贸易中，装运港或装运地一般由卖方提出，经买方同意后确定。买卖合同通常只规定一个装运港或装运地，如“装运港：上海”(Port of Shipment：Shanghai)；有时按实际业务需要，例如货物分散在多处，或磋商交易时尚不能确定在何处发运货物，也可规定两个或多个港口或地方的名称；必要时甚至可作笼统规定。以下是出口合同中规定两个或两个以上装运港或装运地的示例：

装运港：青岛和/或上海

Port of Shipment：Qingdao and/or Shanghai

装运港：青岛/大连/上海

Port of Shipment：Qingdao/Dalian/Shanghai

装运港：中国港口

Port of Shipment：China Ports

在出口贸易中，为便于履行交货义务，节省开支，原则上应选择靠近产地、交通便捷、费用低廉、储存仓库等基础设施比较完善的地方。在使用FOB、CIF或CFR贸易术语进行交易时，应选择海轮能够直接进入载运货物的港口为装运港。在采用多式运输的情况下，一般应以便于多式运输经营人收货的地方作为装运地点。如交易数量较大或货物来源分散，集中在一个地点有困难，则可争取在两个或两个以上的地点装运。

(二) 目的港或目的地

在国际货物买卖合同以及运输单据中，通常均需写明目的港或目的地。目的港或目的地一般由买方提出，经卖方同意后确定。在实际业务中，与装运地点一样，一笔交易，通常只规定一个目的港或目的地，如“目的港：纽约”(Port of Destination：New York)；有时按实际业务需要，例如买方有不同的使用或销售地，而商订合同时尚不能确定供何处使用和销售，也可规定两个或两个以上的目的港或目的地。由买方在装运期开始前适当时间通知卖方，凭以安排装运。以下是出口合同中规定两个或两个以上目的港或目的地的示例：

目的港：伦敦/利物浦

Port of Destination：London/Liverpool

目的港：伦敦/利物浦/曼彻斯特

Port of Destination：London/Liverpool/Manchester

在出口业务中，我方决定可否接受国外客户提出的目的港或目的地时，通常应考虑以下问题：

1. 对目的港或目的地的规定，应力求明确具体，对于按C组术语达成的交易则尤为重要，一般不要使用“欧洲主要港口”(European Main Ports，E. M. P.)、“非洲主要港口”(African Main Ports，A. M. P.)之类笼统的规定方法。因为国际上对此并无统一解释；而且不同港口、不同地点的装卸运输条件、运杂费用也可能有极大差别；有的港口可能不是班轮经常停靠的港口。

2. 目的港必须是船舶可以安全停泊的港口，力求避免把正在进行战争或有政治动乱的地方作为目的港或目的地。

3. 对内陆国家的出口交易，采用CFR或CIF条件通过海上运输货物的，应选择距离该国目的地最近的，我方能够安排船舶的港口为目的港。除非多式联运承运人能够接受全程运输，一般不接受以内陆城市为目的地。

4. 规定的目的港或目的地，如有重名，为防止发生差错，应明确标明所在国家，例如，TRIPOLI(LIBYA)。(黎巴嫩有同名港口)

有必要指出，根据合同法原则，除非买卖双方订约时另有约定，卖方必须将合同货物一次性整批装运，即不得分批装运(partial shipment)；在海洋运输情况下，卖方必须使用直达船将合同货物从装运港直接运抵目的港，即不得中途转运(transhipment)。虽然，在信用证业务中，《跟单信用证统一惯例》国际商会第600号出版物对分批装运和转运有不同的规定，但惯例规定不能超越上述合同法原则。如果卖方对货物的装运需作分批和/或转运，应在订约时与买方协商一致，并在合同中作出明确规定。关于分批装运和转运在合同中的规定方法，将于本章第三节中举例说明。

第二节　运输方式和运输单据

在国际贸易中，货物的运输通常需要通过国际长途运输来实现，而这种运输又往往需要买卖双方的配合安排才能完成。因此，在涉及运输的合同中，例如使用FOB、CIF、CFR、FCA、CPT、CIP贸易术语的交易中，都有必要就货物的运输方式以及卖方所需提供的运输单据达成协议。本节介绍的是我国对外贸易货物运输采用的几种主要运输方式及运输单据。

一、运输方式

(一) 海洋运输

海洋运输(ocean transport)是国际贸易中最主要的运输方式，它具有运量大、运费低廉、不受道路和轨道限制的优点。因此也是我国对外贸易货物运输中最主要的运输方式。海洋运输按船舶的营运方式来分，有班轮运输和租船运输两种。

1. 班轮运输。

班轮运输(liner transport)，是指船舶按固定的航线、港口以及事先公布的船期表(sailing schedule)航行，以从事客货运输业务并按事先公布的费率收取运费。班轮运输比较适合于一般杂货和小批量货物的运输。在国际海运业务中，除大宗商品利用租船运输外，大都通过班轮运输。对于零星成交、批次多、到港分散的货物，只要班轮有舱位，不论数量多少，也不论直达或转船，班轮公司通常均愿承运。加上班轮运输手续简便，为货方带来方便，而且能提供较好的运输质量，因此，使用班轮运输有利于国际贸易的发展。

(1) 班轮运输的特点。

班轮运输具有以下三个特点：①“四定”，即固定航线、固定港口、固定船期和相对固定的运费率；②“一负责”，即货物由承运人负责配载装卸，运费内已包括装卸费用，承运人和托运人双方不计算滞期费和速遣费；③承运人和托运人双方的权利义务和责任豁免以签发的提单条款为依据。其中“四定一负责”是班轮运输的基本特点。

(2) 班轮运费。

班轮运费(liner freight)是班轮公司运输货物而向货主收取的费用。它包括货物的装卸费及货物从装运港至目的港的运输费用和附加费用。

① 班轮运价表。

班轮运费由基本运费和附加费用构成，并按照班轮运价表(liner's freight tariff)的规定计收。

不同的班轮公会或不同的轮船公司有不同的运价表，但都是按照各种商品的不同的积载系数①、不同的性质和价值结合不同的航线和航程加以确定。班轮运价表一般包括货物分级表、航线费率表、附加费率表、冷藏货及活牲畜费率表等内容。对于基本费率的规定，有的运价表是按每项货物列出其基本费率，这种运价表称为“单项费率运价表”；有的是将承运的货物分为若干等级(一般分为 20 个等级)，每一等级有一个基本费率(一级的费率最低，二十级的费率最高)，所以又称为“等级运价表”。

② 班轮基本运费的计算标准。

班轮运费的基本运费包括货物在装运港的装货费用和在目的港的卸货费用以及从装运港到目的港的运输费用。其计算标准主要有以下几种：(a)按货物的毛重计收，在运价表中以“W”字母表示，一般以公吨为计费单位，也有按长吨或短吨计费的，称为重量吨(weight ton)。(b)按货物的体积计收，在运价表中以“M”字母表示，一般以 1 立方米为计费单位，也有按 40 立方英尺计费的，称为“尺码吨”(measurement ton)。尺码吨与上述重量吨统称运费吨(freight ton)。(c)按货物的价格计收，又称从价运费。在运价表中以“A. V. ”或“Ad Valorem”表示，一般按

① 积载系数是装运货物的重量同体积的比例数，它表示每公吨(或每长吨)货物装船时实际占用货舱容积的立方米数(或立方英尺数)，包括因亏舱(broken stowage)所浪费的空间在内。

FOB货价的一定百分率收费。(d)按货物的毛重或体积从高计收，在运价表中以“W/M”字母表示。即凡一重量吨货物的体积超过1立方米或40立方英尺者按尺码吨计收；不足1立方米或40立方英尺者按重量吨计收。运价表上还有注明“W/M or A. V.”及“W/M plus A. V.”字母的，前者表示运费按照货物重量或体积或从价三者中较高的一种计收；后者表示先按货物毛重或体积从高计收后，再加一定百分率的从价运费。(e)按货物的件数计收。如汽车按辆(unit)，活牲畜按头(head)。(f)临时议定(open rate)。适用于粮食、豆类、煤炭、矿砂等运量较大、货价较低、装卸速度快的农副矿产品，由货主与船公司临时议定。

③ 班轮运费中的附加费。

班轮运费中的附加费用主要有燃油附加费(bunker adjustment factor—BAF)、超重附加费(heavy lift additional)、超长附加费(over length additional)、洗舱费(tank cleaning charge)、直航附加费(direct additional)、选港附加费(optional additional)、港口附加费(port additional)、港口拥挤附加费(port congestion surcharge)、燃油附加费(bunker surcharge)等。由于附加费名目繁多，在班轮运费中又占着很大的比重，因此，在具体业务中要多加注意，防止漏计或错计。

2. 租船运输。

租船运输(charter transport)，又称不定期船运输，通常是指包租整船，少数也有租赁部分舱位的。所谓“租船”(charter)，是指根据租船合同(charter party)，船东将船舶出租给租船人使用，以完成特定的货运任务，租船人按商定的运价支付运费。在国际贸易中，大宗货物适宜使用租船运输。

(1) 租船方式。

主要有两种：

① 定程租船(voyage charter; trip charter)，又称程租船或航次租船，是指按航程租赁的方式。定程租船又有单程航次(single voyage charter)、来回程航次(round voyage charter)、连续单程航次(consecutive single voyage charter)、连续来回程航次(consecutive round voyage charter)。

定程租船的特点是：以运输货值较低的大宗货物为主；无固定航线、固定装卸港口和固定的船期，而是根据货主的需要和船东的可能，经双方洽商，以租船合同形式加以肯定；规定装卸率和滞期速遣费；运价受租船市场供需法则的制约。

② 定期租船(time charter)，又称期租船，是指按一定期限租赁船舶的方式，也就是由船舶出租人(船东)将船舶租给租船人使用一定期限，在此期限内由租船人自行调度和经营管理。租期短的几个月，长的可达数年。我国运输机构有时也使用期租船开辟自营的班轮航线。

定期租船的特点是：在租赁期间，船舶由租船人负责经营和管理；只规定船舶航行区域而不规定航线和装卸港；除另有规定外，可以装运各种合法货物；船东负责船舶的维修和机器的正常运转；不规定装卸率和滞期速遣费；租金按租期每月（或 30 天）每载重吨（DWT—dead weight ton）计算；船租双方的权利和义务，以期租船合同为依据。

(2) 租船合同。

租船合同是租船人和船东就租用船舶或船舶的部分舱位的双方当事人权利和义务所达成的法律文件。

外贸企业如有大宗货物需要租船运输时，一般只使用程租船。程租船合同的内容除船东和租船人名称外，通常应对船名、船旗、承运货物的名称和数量、装卸港口、受载期、运费和装卸费用、装卸时间或装卸率、滞期费和速遣费等作出规定。

在国际货物买卖合同中，大宗货物需用程租船运输时，为明确买卖双方的责任，防止对方拖延装（或卸）货时间，一方当事人在与对方磋商交易、订立合同时，均应根据货物种类、可能租用船舶的技术设备条件、港口的装卸能力、港口习惯、航运市场的运费水平等因素，在买卖合同中明确规定装卸时间或装卸率以及滞期费和速遣费条款，防止因买卖合同的规定与程租船合同脱节而造成损失。

（二）陆上、航空、邮政运输

我国的进出口货物，除通过海洋运输外，还有通过陆上运输（铁路运输和公路运输）、航空运输、管道运输、多式运输等多种方式。以下扼要介绍铁路运输、航空运输和邮政运输。

1. 铁路运输。

我国进出口货物的铁路运输包括国内铁路运输、至香港的铁路运输和国际铁路联运三部分。出口货物由产地经铁路运至口岸外运、进口货物由口岸经铁路转运各地以及各地之间的进出口货物的经铁路调运，均属国内铁路运输。供应港澳地区的货物由产地经铁路运至深圳北站，也属国内铁路运输，但又有其不同之处。例如供港货物在内地省、市、区装上火车后，经深圳直接过轨运至香港九龙车站；也可在深圳卸车后，经文锦渡公路用汽车转运往香港。对澳门特别行政区的出口货物的运输方式主要是通过铁路将货物运至广州，再水运到澳门。

我国的国际铁路货物运输主要是通过铁路合作组织所缔结的《国际铁路货物联运协定》（简称《国际货协》）来进行的。根据《国际货协》规定，凡缔约国的进出口货物，从发货国家的始发站到收货国家的最终到达站，只要在始发站办妥托运手续，使用一份运送单据，即可由铁路以连带责任办理货物的全程运送。这种运输方式称为国际铁路货物联运，对简化运输手续、节省运输时间、加速资金周转、减少运输费用都很有利。

在我国的国际铁路货物联运中，较为突出的是利用西伯利亚大陆桥和以我国江苏省连云港市为起点的新亚欧大陆桥的集装箱运输[①]，不仅缩短了运程，加快了货运速度，还可节省运杂费用，为促进我国外贸发展发挥了积极作用。

2. 航空运输。

我国的国际航空运输事业虽然起步较晚，但发展迅速。我国还于1974年正式参加了国际民航组织（International Civil Aviation Organization—ICAO），成为其理事国。我国的航空运输网已成为世界航空运输网的重要组成部分。

由于航空运输具有运送迅速、安全准时等优点，运用于易腐、鲜活、季节性强、紧急需要的商品尤为相宜。

航空货物运输的方式很多，有班机、包机、集中托运和航空急件传送等方式。航空急件传送是目前国际航空运输中最快捷的运输方式。这一方式不同于一般航空邮寄和航空货运，而是由一个专门经营这项业务的机构与航空公司合作，设专人用最快的速度在发货人、机场和收货人之间传送。对运送急需的药品、医疗器械、贵重物品、图纸资料、货样、单证等特别有利，被称为"桌到桌快递服务"（desk to desk express service）。

航空运费一般是按重量或体积计算，以两者中较高者为准。

航空货运单（air waybill）是航空运输的正式凭证，是承运人收到货物后出立的货物收据。货物运抵目的地后，承运人向收货人发出"到货通知"，收货人凭"到货通知"提取货物，并在货运单上签收。因此，航空货运单并非物权凭证，是不可转让的。

3. 邮政运输。

各国邮政业务均由国家办理，并兼办邮包运输业务。国际上，各国邮政之间订有协定和公约，借此，使邮件包裹的传递畅通无阻，四通八达，形成全球性的邮政运输网，从而使国际邮政运输在国际贸易中常被采用。

国际邮政运输需要经转一个或几个国家，因此具有广泛的国际性；而且它通常需要经过两个或两个以上国家的邮政局和两种或两种以上不同的运输方式的联合作业才能完成，而寄件人只要向邮局办理一次托运手续，一次付清足够邮资并取得邮政包裹收据（parcel post receipt）作为邮政局收到邮包的凭证和邮包灭失或损坏时凭以向邮局索赔的依据，其余事宜概由各国邮局负责办理。待邮件运抵目的地，收件人即可凭邮局到件通知提取邮件。所以，国际邮政运输乃属国际多式联合运输性质；各国邮政局遍布各地，邮件一般可就近在当地邮局投寄，邮件到达目的地

① 大陆桥运输（land bridge transport）是指使用横贯大陆的铁路或公路运输系统作为中间桥梁，把大陆两端的海洋运输连接起来的连贯运输方式。即在海洋运输的全过程中，插入一段横贯大陆的陆上运输。从形式上看，是海—陆—海的连贯运输。大陆桥运输一般以集装箱为媒介。

后，收件人也可在当地邮局提取。可见，邮政运输也是一种“门到门”运输，给寄件人和收件人带来了方便。但是，国际邮政运输毕竟与国际贸易的大量货物运输业务有所不同，对邮件重量和体积都有限制，所以只适用于量轻体小的货物，如仪器、工具、药品、零配件和样品等。

（三）国际多式运输

国际多式运输(international multi-modal transport)，又称国际联合运输(international combined transport)，是在集装箱运输的基础上产生和发展起来的一种综合性的连贯运输方式。它一般是以集装箱为媒介，把各种单一的运输方式有机地结合起来，组成一种国际性的连贯运输。[①]根据《联合国国际货物多式联运公约》所下的定义，国际多式运输是指按照多式运输合同，以至少两种不同的运输方式，由多式运输经营人将货物从一国境内接管货物的地点运至另一国境内指定交付货物的地点的一种运输方式。据此，构成国际多式运输应具备下列条件：(1)必须有一个多式运输合同；(2)必须使用一份包括全程的多式运输单据；(3)必须至少有两种不同运输方式的连贯运输；(4)必须是国际货物运输；(5)必须由一个多式运输经营人对全程运输负总责；(6)必须是全程单一的运费费率。

多式运输合同(multi-modal transport contract)是指多式运输经营人与托运人之间订立的凭以收取运费、负责完成或组织完成国际多式运输的合同。它明确规定了多式运输经营人和托运人之间的权利、义务、责任和豁免。多式运输经营人(multi-modal transport operator—MTO)是指其本人或通过其代表订立多式运输合同的任何人，他是事主，而不是发货人的代理人或代表，也不是参加多式运输的承运人的代理人或代表，并且负有履行合同的责任。他可以充任实际承运人，办理全程或部分运输业务，也可以是无船承运人(non-vessel operating common carrier—NVOCC)，即将全程运输交由各段实际承运人来履行。无船承运人为了提高服务质量、增加收入，常选择合理的运输路线，把多种运输方式有机地结合起来。货主只需办理一次委托，支付一笔费用，即可取得包括全程运输的单据，手续十分简便。

国际多式运输较之个别单一运输方式或一般的联运方式，有简化手续、加快货运速度、方便运输费用计算、缩短发货人收回货款时间的优点，而且还有助于货运质量的提高。货物的交接方式也可以做到门到门、门到港站、港站到港站、港站到门等。

目前，我国已开办的多式运输路线可到达欧、美、非洲的港口或内地城市，形式也多种多样。货物的交接方式有门到门、门到港站，也有港站到港站、港站到门等。办理此项业务的地区由原来仅限于沿海港口城市及其周围地区，现已发展到内地

① 集装箱(container)是货物运输的一种辅助设备，能长期反复使用，具有足够的强度。集装箱运输就是把一定数量的单件货物集装在一个特定的箱子内作为一个运送单元的运输。为了适应不同货物的需要，货物的交接既可以采用“港到港”(port to port)，也可以采用“门到门”(door to door)方式。

各省市的许多城市及附近地区。这对我国内地省市出口货物的按时装运和及时收汇创造了有利条件。采用多式运输方式，货物在内地只要装上第一程运输工具，发货人即可取得多式运输经营人或其代理人出具的包括全程运输的多式运输单据，凭以向银行办理收汇手续。

二、运输单据

运输单据是指证明货物已经发运或装上运输工具或已由承运人接受监管的单据。在凭单交货的交易中，运输单据则是卖方凭以证明已履行交货责任和买方凭以支付货款的重要依据。

运输方式不同，运输单据也各不相同，本节主要介绍海运提单、不可转让海运单和多式运输单据。

（一）海运提单

海运提单（bill of lading—B/L），简称提单，是由船长或船公司或其代理人签发的，证明已收到特定货物，允诺将货物运至特定目的地，交付给收货人和收货人凭以在目的港提取货物的凭证。

1. 海运提单的性质和作用。

海运提单的性质和作用可以概括为以下三个方面：

（1）提单是承运人或其代理人或船长签发的货物收据（receipt for the goods）。它证明已按提单所列内容收到货物。

（2）提单是一种货物所有权的凭证（document of title）。提单代表着对于提单上所记载的货物，提单持有人可以凭提单请求承运人交付货物，而船长、船公司或其代理人也必须按照提单所载内容，将货物交付给收货人，因此提单具有物权凭证性质。它可以通过合法手续进行转让，转让提单也就意味着转让物权；它也可以用作抵押品向银行融资。

（3）提单是托运人和轮船公司间所订运输契约的证明（evidence of contract of carriage）。双方的权利义务都列明在提单之内，因此是处理承运人与托运人在运输中的权利义务的依据。但在采用程租船运输货物的情况下，有关当事人还须受租船合同的约束。

2. 海运提单的种类。

海运提单可按不同要求进行分类。

（1）根据货物是否已装船分“已装船提单”和“备运提单”。

“已装船提单”（on board B/L；shipped B/L）是指轮船公司已将货物装上指定轮船后所签发的提单。“备运提单”（received for shipment B/L）是指轮船公司已收到托运货物等待装运期间所签发的提单。

(2) 根据提单有无批注条款可分“清洁提单”和“不清洁提单”。

“清洁提单”(clean B/L)是指货物在装船时“表面状况良好”，船公司在提单上未加任何有关货物受损或包装不良等批注的提单。“不清洁提单”(unclean B/L; foul B/L)是指轮船公司在提单上加有对货物或包装表面状况不良或存在缺陷的批注的提单。例如“被雨淋湿”(rain wet)、“×件损坏”(…packages in damaged condition)、“铁条松失”(ironstrap loose or missing)等。

(3) 根据提单是否可以流通分“记名提单”、“不记名提单”和“指示提单”。

“记名提单”(straight B/L)是指提单上的抬头人(即收货人 consignee)栏内填明特定的收货人名称，只能由该特定收货人提货，而不能用背书的方式转让给第三者，因此记名提单不能流通。

不记名提单(open B/L)是指收货人栏内不填明收货人名称或仅填“来人”(bearer)，持单人仅凭提单即可提货、转让，而毋需背书，只要交付提单即可。这种提单在实践中很少使用。

“指示提单”(order B/L)是指提单上的抬头人仅填写“凭指示”(To Order)或“凭某某人指示”(To Order of …)字样，又称“空白抬头”，这种提单经过背书后可转让给他人提货。背书的方法，有“空白背书”和“记名背书”，前者指仅由背书人在提单背面签字，而不注明被背书人名称；后者是指背书人除在提单背面签字外，还列明被背书人名称。目前，在实际业务中，使用最多的是“凭指示”并经空白背书的提单，习惯上称为“空白抬头、空白背书”提单。

(4) 根据运输方式分“直运提单”、“转船提单”和“联运提单”。

轮船从装运港装货后，中途不经过换船而直接驶往目的港卸货的称为直运。签发这种情况的提单叫“直运提单”(direct B/L)。“转船提单”(transhipment B/L)的货运全程由至少两艘轮船承运。就是说，从装运港装货的轮船，不直接驶往目的港，需要在中途港换装另一艘船运往目的港，甚至有的换船不止一次。在这种情况下，就要签发“转船提单”。如需经两种或两种以上的运输方式联运的货物，由第一程海运承运人所签发的，包括运输全程并能在目的港或目的地凭以提货的提单，称为“联运提单”(through B/L)。

(5) 根据提单内容繁简分“全式提单”和“略式提单”。

全式提单(long form B/L)是指提单背面列有承运人和托运人权利、义务的详细条款的提单，所以又称为繁式提单。略式提单(short form B/L)是指提单上略去背面条款，而只列出正面的船名、货名、标志、件数、重量或体积、装运港、目的港、托运人名称、收货人名称与地址、运费预付或到付等必要项目的提单，它又称为简式提单。这种提单内一般都印有“本提单货物的收受、保管、运输和运费等项，均按本公司全式提单上的条款办理”的字样。

（二）不可转让海运单

不可转让海运单(non-negotiable sea waybill)是一种不可流通转让的海运单据。它是证明海上货物运输合同和货物已由承运人接管或装船以及承运人保证据以将货物交付给所载明的收货人的一种凭证。不可转让海运单不是物权凭证。收货人也不凭以提货,承运人仅凭收货人提交的证明其为海运单上指明的收货人的凭条交付货物。不可转让海运单的使用,主要是为了方便进口商及时提货,特别是为了防止短程海运情况下,船舶早于提单到达目的港而产生的为等候提单致使船舶滞港。

（三）多式运输单据

多式运输单据(multi-modal transport document—MTD)是适应广泛开展集装箱运输的需要而产生的,在使用多种运输方式联合运送货物时使用。就其在联运时使用而言,与上述"联运提单"有相似之处,但性质上却有较大的区别。两者的主要区别是:

(1) 联运提单限于在由海运与其他运输方式所组成的联合运输时使用。多式运输单据使用范围较联运提单为广,它既可用于海运与其他运输方式的联运,也可用于不包括海运的其他运输方式的联运,但仍必须是至少两种不同运输方式的联合运输。

(2) 联运提单由海运承运人、船长或承运人的代理人签发。多式运输单据则由多式运输经营人或经他授权的人签发。它可以做成可转让的,也可做成不可转让的。多式运输经营人也可以是完全不掌握运输工具的,如无船承运人(NVOCC),全程运输均由其安排各分承运人负担。

(3) 联运提单的签发人通常只对第一程运输负责,而多式运输单据的签发人(多式运输经营人—MTO)则要对全程运输负责。

目前在航运界有些船公司如中国远洋运输公司制定一种"联合运输提单"(combined transport B/L—CT B/L)。它可以用于一般港到港的运输,也可用于海运与其他运输方式的联运。

第三节　合同中的交货条款

如前所述,在采用F组、C组术语的国际货物买卖合同中的交货条款通常即装运条款,其中包括装运时间、装运港或装运地、目的港或目的地,以及分批装运和转运等内容,有的还规定卖方应予交付的单据和有关装运通知的条款。以下是若干实例:

2007年10/11/12月份装运,允许分批和转运

Shipment during Oct. /Nov. /Dec. 2007, with partial shipments and transhipment allowed

2007 年 1/2 月份分两批大约平均装运

Shipment during Jan. /Feb. 2007 in two about equal lots①

2007 年 1/2 月份每月各装一批

Shipment during Jan. /Feb. 2007 in two monthly lots (in two monthly shipments)

2007 年 1/2 月份每月平均装运,允许转运

Shipment during Jan. /Feb. 2007 in two equal monthly lots (in two equal monthly shipments), transhipment to be allowed

3/4 月份分两次装运,禁止转运

During Mar. /Apr. in two shipments, transhipment is prohibited

3/4 月份分两次平均装运,允许转运

During Mar. /Apr. in two equal shipments, transhipment to be permitted

3/4 月份分两次每月平均装运,由香港转运

During Mar. /Apr. in two equal monthly shipments, to be transhipped at Hong Kong

3/4/5 月份每月平均装运

During Mar. /Apr. /May in three equal monthly shipments

3 月份装 500 公吨;4 月份装 750 公吨

During Mar. 500 metric tons; during Apr. 750 metric tons

5 月底或以前装船,由上海至惠灵顿,允许分批和转船

Shipment on or before May 31 from Shanghai to Wellington, allowing partial shipments and transhipment

5 月份装运,由上海至伦敦。卖方应在装运月份前 45 天将备妥货物可供装船的时间通知买方。允许分批和转船。

Shipment during May from Shanghai to London. The Sellers shall advise the Buyers 45 days before the month of shipment of the time the goods will be ready for Shipment. Partial shipments and transhipment allowed.

在有的格式合同中,设有装运港(地)和目的港(地)专栏,如"Port/Place of Shipment: ________"和"Port/Place of Destination: ________"。在此情况

① 英文"lot"和"shipment"使用在货物的交付时,通常均译作"批"。"shipment"本指装运;而"lot"还可译作"组"或"票"。在实际业务中,"lots"和"shipments"一般可通用,但就卖方的装运责任言,前者既可不在同一航次的船舶或其他同一班次的运输工具分次先后发运货物,也可使用同一船舶或其他运输工具分组(或分票)装运;而后者则必须分别装在不同航次的船舶或不同班次的其他运输工具上。

下，只需按实填写即可。如无此类专栏，也可另行书写明确。但应予指出，并非每份合同都须同时明确规定装运港(地)和目的港(地)。因在合同的价格条款中所采用的贸易术语，至少都已明确了装运港(地)或目的港(地)，如“FOB Shanghai”、“FCA Shanghai”或“CIF New York”、“CIP London”。如买卖双方按习惯做法已分别对上述术语下的目的港(地)或装运港(地)有一致理解，则不再另作明文规定，也无碍合同的正确履行。

至于运输方式和运输单据，一般毋需在合同中设专门条款予以规定。因有关合同采用某种贸易术语，该术语都已确定了所需使用的运输方式和运输单据。例如，如采用 FOB、CFR、CIF 术语，按惯例都是使用海洋运输，并需提供“清洁已装船提单”(clean on board B/L)；如采用 FCA、CPT、CIP 术语，则需使用多式运输，提供多式运输单据(MTD)。这些都是不言而喻的，无须在合同中作多余的明文规定。

思 考 题

1. 在国际货物买卖合同中，卖方的基本义务是什么？

2. 为什么说在 FOB、CFR、CIF、FCA、CPT、CIP 合同中，“交货”与“装运”可理解为是一致的？

3. 规定装运时间的方法有哪几种？我出口企业在与外商约定装运时间时，一般应考虑哪些问题？

4. 国际货物运输的方式有哪几种？

5. 何谓多式运输？它具有哪些特点？

6. 何谓班轮运输和租船运输？试分别简述其特点。

7. 班轮提单的性质和作用表现在哪些方面？

8. 何谓“已装船提单”、“指示提单”、“直达提单”、“转运提单”、“清洁提单”？

9. 为什么进口人往往要求出口人提供“清洁已装船，做成‘凭指示’和空白背书的提单”(clean on board B/L, made out “to order” and blank endorsed)？

10. 何谓不可转让海运单？它与海运提单有哪些区别？

11. “多式运输单据”与“联运提单”有哪些区别？

12. 铁路运单、航空运单、邮包收据与海运提单有哪些异同？

13. 国际货物买卖合同中关于分批装运的规定方法，主要有哪几种？如未作规定，在实践中应如何掌握？

14. 在国际货物买卖合同中通常对转运是如何规定的？如未作规定，在实践中应如何掌握？

第五章　国际货物运输保险

在国际贸易中，货物的交接要经过长途运输、装卸和存储等环节，遇到各种风险而遭受损失的可能性比较大。为了在货物遭受损失时能得到经济补偿，就必须办理货物的运输保险。国际货物运输保险一般是货主（投保人）在货物发运以前，估定一定的投保金额，向保险人（即保险公司）投保货物运输险。投保人按投保金额、投保险别及保险费率，向保险公司支付保险费并取得保险单证（保险合同）。保险公司负责对投保货物在运输过程中遭受投保险别责任范围内的损失时，按投保金额及损失程度赔偿保险单证的持有人。

第一节　风险与损失

保险公司按照不同险别所包括的风险（即危险）所造成的损失承担赔偿责任。在保险业务中，风险、损失和险别三者之间有着紧密的联系：风险是造成损失的起因，险别则是保险公司对风险与损失的承保责任范围。因此，要了解各种险别的内容，就不能不对风险和损失有正确的理解。

在国际货运保险中，海运保险不仅起源最早，而且也是以后发展起来的其他运输方式的货物保险的基础。为此，本节仅就海洋运输货物保险（ocean marine cargo insurance）中的风险与损失作扼要介绍。

货物在海洋运输过程中可能遇到的风险很多，但保险保障的范围只限于保险合同约定的风险与损失。概括起来有：可保障的风险、可补偿的损失和可为保险公司承担的费用三个方面。

一、风险

可保障的风险可分为海上风险与外来风险两类。

（一）海上风险（perils of the sea）

海上风险，又称海难，是指船舶在海上航行过程中所遇到的危险，包括自然灾害（natural calamity）和意外事故（fortuitous accidents）。

1. 自然灾害。

自然灾害是指由于自然界的变异引起破坏力量所造成的现象。如恶劣气候、雷电、海啸、地震、洪水等。

2. 意外事故。

意外事故专指船舶搁浅、触礁、沉没、船舶失踪、互撞或与其他固体物如流冰、码头碰撞,以及失火、爆炸等意外原因造成的事故或其他类似事故。

(二) 外来风险(extraneous risks)

外来风险是指由于外界原因所致的损害,即相对于货物的内在缺陷(inherent vice)和自然损耗(natural loss)的后果。外来风险又可分为一般外来风险和特殊外来风险两种。例如:偷窃、雨淋、破碎、串味、钩损等为一般外来风险;战争、罢工和交货不到等为特殊外来风险。

二、损失

可补偿的海上损失是指被保险货物在海上运输途中,由于自然灾害、意外事故而受到的损坏或灭失。按惯例,海上损失与费用也包括与海运连接的陆运和内河运输过程中所发生的损失和费用。

在海运货物保险业务中,海上损失可按图 5.1 所示进行分类。

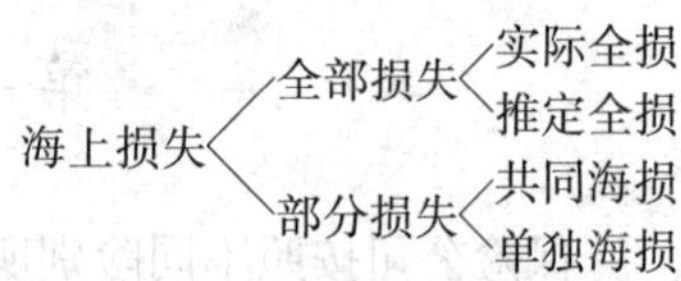

图 5.1 海上损失分类

按图 5.1 所示,从损失的程度划分,海上损失可分为全部损失和部分损失。

(一) 全部损失(total loss)

全部损失,简称全损。全损有实际全损(actual total loss)和推定全损(constructive total loss)之分。前者是指货物完全灭失或完全变质失去原有用途,另外,船舶失踪,达到一定时期,例如已半年仍无讯息,也可视作实际全损。后者是指货物受损后,进行施救整理和恢复原状所需的费用,或者再加上续运至目的地的费用总和,估计要超过货物在目的地的完好状态的价值;或者保险标的遭受保险责任范围的事故致使被保险人失去标的所有权,而收回此所有权所需花费的费用将超过收回后的标的价值。

(二) 部分损失(partial loss)

部分损失是指被保险货物的损失没有达到全部损失的程度。部分损失又可分为共同海损与单独海损。

1. 共同海损(general average)。

共同海损是指载货船舶在海运途中遇到危险,船长为了维护船舶和所有货物的共同安全或使航程得以继续完成,有意地并且合理地作出的某些特殊牺牲或支出的特殊费用。

共同海损牺牲和费用都是为了使船舶、货物和运费免于遭受损失而支出的,因而应该由船舶、货物或运费三方按最后获救的价值共同按比例分摊，这种分摊叫做共同海损分摊。共同海损的牺牲或费用，不管其大小如何，均由有关方面共同分摊，就各有关当事人而言，分摊到的金额均低于船、货、运费的本身价值，因此，从这个意义说，也属部分损失。

2. 单独海损(particular average)。

单独海损是指货物受损后，未达全损程度，而且是单独一方的利益受损并只能由该利益所有者单独负担的一种部分损失。这种损失局限于被保险人，并不涉及其他有关方的利益。例如船载瓷器航行途中因遇恶劣气候，堆垛倾倒，造成部分破碎。此项损失局限于该瓷器的货主，与船东和其他同船货主无关，又未达到全部损失程度，故属单独海损。

三、费用

可承担的费用是指保险标的发生保险事故后，为减少货物的实际损失而支出的费用可由保险公司承担，最主要的有以下两种费用：

(一) 施救费用(sue and labour expenses)

施救费用是指在遭遇保险责任范围内的灾害事故时，被保险人或其代理人、雇用人员和保险单证受让人等为抢救保险标的物，以防止其损失扩大所采取的措施而支出的费用。

(二) 救助费用(salvage charges)

救助费用是指保险标的物遇到上述灾害事故时，由保险人和被保险人以外的第三者采取救助行为而向其支付的报酬。

此外，还有特别费用(special charges)和额外费用(extra charges)。

第二节　我国海运货物保险条款

中国人民保险公司根据我国保险业务的实际需要并参照国际保险市场的习惯做法，分别制订了各种不同运输方式的货物运输保险条款以及适用于不同运输方式的各种附加险条款，总称“中国保险条款”(China Insurance Clauses，简称 C. I. C.)。我国的货物运输险别，按照能否单独投保，可分为基本险和附加险两类。基本险又称主险，是可以独立投保的险别，在海运货物保险中，基本险承保海上风险(自然灾害和意外事故)所造成的损失；附加险是不能独立投保的险别，承保的是由于外来原因所造成的损失。

一、基本险

按照中国人民保险公司 1981 年 1 月 1 日修订的《海洋运输货物保险条款》规

定，海洋运输保险的基本险别分为平安险、水渍险和一切险三种。

（一）平安险（free from particular average，简称 F. P. A.）

保险公司对平安险的责任范围如下：

1. 被保险货物在运输途中由于恶劣天气、雷电、海啸、地震、洪水等自然灾害造成整批货物的全部损失或推定全损。被保险货物用驳船运往或运离海轮的，每一驳船所装的货物可视作一个整批。

2. 由于运输工具遭受搁浅、触礁、沉没、互撞、与流冰或其他物体碰撞以及失火、爆炸等意外事故造成货物的全部或部分损失。

3. 在运输工具已经发生搁浅、触礁、沉没、焚毁等意外事故的情况下，货物在此前后又在海上遭受恶劣天气、雷电、海啸等自然灾害所造成的部分损失。

4. 在装卸或转运时由于一件或数件整件货物落海造成的全部或部分损失。

5. 被保险人对遭受承保责任内危险的货物采取抢救、防止或减少货损的措施而支付的合理费用，但以不超过该批被救货物的保险金额为限。

6. 运输工具遭遇海难后，在避难港由于卸货所引起的损失以及在中途港、避难港由于卸货、存仓以及运送货物所产生的特别费用。

7. 共同海损的牺牲、分摊和救助费用。

8. 运输契约订有“船舶互撞责任”条款，根据该条款规定应由货方偿还船方的损失。

（二）水渍险（with average 或 with particular average，简称 W. A. 或 W. P. A.）

保险公司对水渍险的责任范围除包括上列平安险的各项责任外，还负责被保险货物由于恶劣天气、雷电、海啸、地震、洪水等自然灾害所造成的部分损失。

（三）一切险（all risks）

除包括平安险和水渍险的各项责任外，还负责被保险货物在运输途中由于一般外来原因所致的全部或部分损失。

中国人民保险公司的《海洋运输货物保险条款》规定的责任起讫期限，是采用国际保险业惯用的“仓至仓”条款（warehouse to warehouse clause，简称 W/W clause），即保险责任自被保险货物运离保险单所载明的起运地仓库或储存处所开始运输时生效，包括正常运输过程中的海上、陆上、内河和驳船运输在内，直至该项货物到达保险单所载明目的地收货人的最后仓库或储存处所或被保险人用作分配、分派或非正常运输的其他储存处所为止。如未抵达上述仓库或储存处所，则以被保险货物在最后卸载港全部卸离海轮后满 60 天为止。如在上述 60 天内被保险货物需转运至非保险单所载明的目的地时，则以该项货物开始转运时终止。

但是，在国际货物运输保险业务中保险公司不是对所有保险合同都承担仓至仓责任的。因为根据各国法律，投保人对保险标的应当具有保险利益（insurance interest)，投保人对保险标的不具有保险利益的保险合同无效。而在国际贸易中，投保人往往只对部分运输过程中的货物拥有保险利益。例如，以 FOB 或 CFR 条件达成的进口合同，买卖双方对货物的风险以货物在装运港装船（或越过船舷）为界划分，货物在装运港装上海轮以前，对进口人来说没有保险利益。因此，由我方进口企业投保的进口货物运输险，尽管也适用仓至仓条款，但保险公司的实际责任仅从货物在装运港装上海轮时才开始。

对于上述三种基本险别，《海洋运输货物保险条款》规定保险公司有以下除外责任：

1. 被保险人的故意行为或过失所造成的损失；

2. 属于发货人责任所引起的损失；

3. 在保险责任开始前，被保险货物已存在的品质不良或数量短差所造成的损失；

4. 被保险货物的自然损耗、本质缺陷、特性以及市价跌落、运输延迟所引起的损失或费用；

5. 属于海洋运输货物战争险和罢工险条款规定的责任范围和除外责任。

二、附加险

附加险是对基本险的补充和扩大。附加险只能在投保某一种基本险的基础上才可加保。"中国保险条款"中的附加险有一般附加险和特殊附加险之分。前者承保由于一般外来原因所造成的损失；后者承保由于特殊外来原因所造成的损失。

（一）一般附加险

一般附加险（general additional risk）有下列 11 种险别：

1. 偷窃、提货不着险（theft, pilferage and non-delivery—T. P. N. D.）：对偷窃行为所致的损失和整件提货不着等损失，负责按保险价值赔偿。

2. 淡水雨淋险（fresh water &/or rain damage）：对直接遭受雨淋或淡水所致的损失负责赔偿。

3. 短量险（shortage）：对因外包装破裂或散装货物发生数量散失和实际重量短缺的损失负责赔偿。

4. 混杂、沾污险（intermixture and contamination）：对混杂、沾污所致的损失负责赔偿。

5. 渗漏险（leakage）：对因容器损坏而引起的渗漏损失，或用液体储藏的货物因液体的渗漏而引起的货物腐败等损失负责赔偿。

6. 碰损、破碎险（clash and breakage）：对因震动、碰撞、受压造成的破碎和碰撞损失负责赔偿。

7. 串味险(taint of odour):对被保险的食用物品、中药材、化妆品原料等因受其他物品的影响而引起的串味损失负责赔偿。

8. 受潮受热险(sweat and heating):对因气温突然变化或由于船上通风设备失灵致使船舱内水汽凝结、发潮或发热所造成的损失负责赔偿。

9. 钩损险(hook damage):对在装卸过程中因遭受钩损而引起的损失,以及对包装进行修补或调换所支付的费用,均负责赔偿。

10. 包装破裂险(breakage of packing):对因搬运或装卸不慎、包装破裂所造成的损失,以及为继续运输的安全所需要对包装进行修补或调换所支付的费用,均负责赔偿。

11. 锈损险(rust):对运输过程中发生的锈损负责赔偿。

由于保险公司对一般附加险的承保责任范围均已包括在一切险的承保责任范围内,因此,如投保人在投保基本险时选择了一切险,就不需再加保一般附加险。

(二) 特殊附加险

特殊附加险(special additional risk)有下列几种:

1. 战争险(war risk):按照我国《海洋运输货物战争险条款》规定,海运货物战争险的赔偿责任范围是直接由于战争、类似战争行为和敌对行为、武装冲突或海盗行为所致的损失,以及由此而引起的捕获、拘留、扣留、禁制、扣押所造成的损失。还负责各种常规武器(包括水雷、鱼雷、炸弹)所致的损失以及由于上述责任范围而引起的共同海损的牺牲、分摊和救助费用。但对使用原子或热核武器所造成的损失不负赔偿责任。战争险的保险责任起讫是以水上危险(waterborne)为限,即自货物在起运港装上海轮或驳船时开始,直到目的港卸离海轮或驳船时为止。如不卸离海轮或驳船,则从海轮到达目的港的当日午夜起算满15天保险责任自行终止,如在中途港转船,不论货物在当地卸货与否,保险责任以海轮到达该港或卸货地点的当日午夜起算满15天为止,俟再装上续运海轮时恢复有效。

2. 罢工险(strikes risk):对因罢工者、被迫停工工人或参加工潮、暴动和民众斗争的人员采取行动而造成的货物损失负责。已保战争险后另加保罢工险,可不另增收保险费。

3. 舱面险(on deck risk):当货物存放舱面时,除按保险单所载条款负责外,还包括被抛弃或被风浪冲击落水的损失。

4. 进口关税险(import duty risk):当货物遭受保险责任范围以内的损失,而被保险人仍须按完好货物价值完税时,保险公司对损失部分货物的进口关税负责赔偿。

5. 拒收险(rejection risk):对被保险货物在进口港被进口国的政府或有关当局拒绝进口或没收,按货物的保险价值由保险公司赔偿。

6. 黄曲霉素险(aflatoxin risk):对被保险货物因所含黄曲霉素超过进口国的限制标准,被拒绝进口、没收或强制改变用途而遭受的损失负责赔偿。

7. 交货不到险(failure to deliver risk):对不论由于何原因,已装船货物不能在预定抵达目的地的日期起 6 个月内交货的损失负责按全损赔偿。

8. 货物出口到香港(包括九龙)或澳门存仓火险责任扩展条款(fire risk extension clause—for storage of cargo at destination Hong Kong, including Kowloon, or Macao):被保险货物到达目的地卸离运输工具后,如直接存放于保单载明的过户银行所指定的仓库,本保险对存仓火险的责任至银行收回押款解除货物的权益为止或运输责任终止时起满 30 天为止。

由于特殊附加险的保险责任范围不包括在一切险的责任范围以内,因此,被保险人如欲取得属于特殊附加险各险别责任范围内的风险保障,不论已投保何种基本险,均需另行加保有关的特殊附加险别。

在我国海洋运输货物保险中,还有专门适用于海运冷藏货物的海洋运输冷藏货物保险、海运散装桐油的海洋运输散装桐油保险以及活牲畜、家禽运输的保险。这三种保险均属基本险性质。

海运货物保险的索赔时效为二年,自被保险货物全部卸离海轮起算。

第三节　我国陆空邮运输货物保险条款

一、我国陆上运输货物保险险别与条款

根据 1981 年 1 月 1 日修订的我国《陆上运输货物保险条款》的规定,陆上运输货物保险的基本险别分为陆运险(overland transportation risks)和陆运一切险(overland transportation all risks)两种。此外,还有适用于陆运冷藏货物的专门保险——陆上运输冷藏货物险(overland transportation insurance "frozen products")(也属基本险性质),以及陆上运输货物战争险(火车)(overland transportation cargo war risks "by train")等附加险。

(一) 陆运险与陆运一切险

陆运险的承保责任范围与海洋运输货物保险条款中的"水渍险"相似。保险公司负责赔偿被保险货物在运输途中遭受暴风、雷电、洪水、地震等自然灾害,或由于运输工具遭受碰撞、倾覆、出轨,或在驳运过程中因驳运工具遭受搁浅、触礁、沉没、碰撞,或由于遭受隧道坍塌、崖崩或失火、爆炸等意外事故所造成的全部或部分损失。此外,被保险人对遭受承保责任内危险的货物采取抢救、防止或减少货损的措施而支付的合理费用,保险公司也负责赔偿,但以不超过该批被救货物的保险金额

为限。在投保陆运险的情况下，被保险人可根据需要加保一种或数种一般附加险。

陆运一切险的承保责任范围与海上运输货物保险条款中的"一切险"相似。保险公司除承担上述陆运险的赔偿责任外，还负责被保险货物在运输途中由于一般外来原因所造成的全部或部分损失。

以上责任范围均适用于火车和汽车运输，并以此为限。

陆运险与陆运一切险的除外责任与海洋运输货物险的除外责任相同。

陆上运输货物险的责任起讫也采用"仓至仓"责任条款。保险人负责自被保险货物运离保险单所载明的起运地仓库或储存处所开始运输时生效，包括正常运输过程中的陆上和与其有关的水上驳运在内，直至该项货物运达保险单所载目的地收货人的最后仓库或储存处所或被保险人用作分配、分派的其他储存处所为止。如未运抵上述仓库或储存处所，则以被保险货物运抵最后卸载的车站满 60 天为止。

陆上运输货物险的索赔时效为：从被保险货物在最后目的地车站全部卸离车辆后起算，最多不超过两年。

（二）陆上运输冷藏货物险

陆上运输冷藏货物险是陆上运输货物险中的一种专门保险。其主要责任范围除负责陆运险所列举的自然灾害和意外事故所造成的全部或部分损失外，还负责赔偿由于冷藏机器或隔温设备在运输途中损坏所造成的被保险货物解冻溶化而腐败的损失。但对于因战争、工人罢工或运输延迟而造成的被保险冷藏货物的腐败或损失以及被保险冷藏货物在保险责任开始时未能保持良好状况，整理、包扎不妥或冷冻不合规格所造成的损失则除外。一般的除外责任条款也适用本险别。

陆上运输货物保险还可加保罢工险和战争险。与海洋运输货物保险相同，在投保战争险前提下，加保罢工险不另收费。如仅要求加保罢工险，则按战争险费率收费。陆上运输罢工险的承保责任范围与海洋运输货物罢工险的责任范围相同。

二、我国航空运输货物保险险别与条款

根据 1981 年 1 月 1 日修订的我国《航空运输货物保险条款》规定，航空运输保险的基本险别分为航空运输险（air transportation risks）和航空运输一切险（air transportation all risks）两种。此外，还有航空运输货物战争险（air transportation cargo war risks）等附加险。

航空运输险的承保责任范围与海洋运输货物保险条款中的"水渍险"大致相同。保险公司负责赔偿被保险货物在运输途中遭受雷电、火灾、爆炸或由于飞机遭受恶劣天气或其他危难事故而被抛弃，或由于飞机遭受碰撞、倾覆、坠落或失踪等

自然灾害和意外事故所造成的全部或部分损失。

航空运输一切险的承保责任范围除包括上述航空运输险的全部责任外，保险公司还负责赔偿被保险货物由于一般外来原因所造成的全部或部分损失。

航空运输险和航空运输一切险的除外责任与海洋运输货物险的除外责任基本相同。

航空运输货物险的两种基本险的保险责任也采用“仓至仓”条款，但与海洋运输险的“仓至仓”责任条款不同的是：如货物运达保险单所载明的目的地而未运抵保险单所载明的收货人仓库或储存处所，则以被保险货物在最后卸载地卸离飞机后满 30 天保险责任即告终止。如在上述 30 天内被保险货物需转送到非保险单所载明的目的地时，则以该项货物开始转运时终止。

三、我国邮政包裹运输保险险别与条款

根据 1981 年 1 月 1 日修订的我国《邮包保险条款》规定，邮包保险基本险别分为邮包险(parcel post risks)和邮包一切险(parcel post all risks)两种。此外还有邮包战争险(parcel post war risks)、罢工险等附加险。

邮包险的承保责任范围是被保险邮包在运输途中由于恶劣天气、雷电、海啸、地震、洪水等自然灾害或由于运输工具搁浅、触礁、沉没、碰撞、出轨、倾覆、坠落、失踪，或由于失火和爆炸等意外事故所造成的全部或部分损失；另外，还负责被保险人对遭受承保责任内危险的货物采取抢救、防止或减少货损的措施而支付的合理费用，但以不超过该批被救货物的保险金额为限。

邮包一切险的承保责任范围除邮包险的全部责任外，还负责被保险邮包在运输途中由于一般外来原因所引起的全部或部分损失。

邮包险和邮包一切险的保险责任是自被保险邮包离开保险单所载起运地点寄件人的处所运往邮局时开始生效，直至被保险邮包运达保险单所载明的目的地邮局，自邮局签发到货通知书当日午夜起算满 15 天终止，但在此期限内邮包一经递交至收件人的处所时，保险责任即行终止。

第四节　伦敦保险协会海运货物保险条款

我国保险公司除按我国《海洋运输货物保险条款》外，也接受按照伦敦保险协会海洋运输保险条款办理保险业务。

伦敦保险协会历史悠久，它所制定的“协会货物条款”(Institute Cargo Clauses，简称 ICC)在世界上有较大影响，其于 1982 年 1 月 1 日修订并于次年 4 月 1 日起正式使用的新条款不再作“全部损失”和“部分损失”的划分；主要险别名称改用

英文字母表示，避免了旧条款名称与内容不一致的情形。

新条款一共有六种险别，它们是：

1. 协会货物(A)险条款(Institute Cargo Clauses A，简称 ICC—A)；
2. 协会货物(B)险条款(Institute Cargo Clauses B，简称 ICC—B)；
3. 协会货物(C)险条款(Institute Cargo Clauses C，简称 ICC—C)；
4. 协会战争险条款(货物)(Institute War Clauses—Cargo)；
5. 协会罢工险条款(货物)(Institute Strikes Clauses—Cargo)；
6. 恶意损害险条款(Malicious Damage Clauses)。

在六种险别中，ICC—A、ICC—B、ICC—C 三种险别都可以独立投保。ICC—A 的承保责任范围较广，不便一一列举，它采取"一切风险减除外责任"的方式，大体相当于旧条款的一切险。其除外责任有四：(1)一般除外责任。如因包装原因造成的损失；由船方责任造成的损失；使用原子或热核武器造成的损失。(2)不适航、不适货除外责任。如被保险人装船时已知不适航、不适货。(3)战争除外责任。(4)罢工除外责任。

ICC—B 险条款与原水渍险(W. P. A.)比较，增加了船舶搁浅和倾覆、陆上运输工具倾覆或出轨、地震或火山爆发、浪击入海等条款；对不属于共同海损行为中的抛货责任和因湖水、河水进入船舶、驳船、运输工具的风险也可负责。

ICC—C 险条款比原来的平安险责任范围要小，仅对"重大意外事故"(major casualties)风险负责，对非重大事故风险和 ICC—B 险中的自然灾害风险均不负责。与 ICC—B 险比较，免除了由于地震、火山爆发、雷电、浪击落海、海水、湖水或河水进入船舶、驳船等运输工具等造成的损失以及货物在装卸时落海或跌落造成的整件全损等，从而与旧条款的水渍险加大了差距。

协会新战争险和罢工险条款与旧条款相比差别不很大，但在需要时也可作为独立的险别进行投保。

恶意损失险是新增加的附加险别，它承保除被保险人以外的其他人(如船长、船员)的故意破坏行为所造成的被保险货物的灭失或损害。但把出于政治动机的人的行动除外。恶意损害的风险在 ICC—A 险中列为承保责任，但在 ICC—B 险和 ICC—C 险中均列为除外责任。因此，在投保 ICC—B 险或 ICC—C 险时，如欲取得这种风险的保险保障，应另行加保恶意损害险。

第五节　外贸企业办理货物运输保险的基本做法

外贸企业办理货物运输保险的做法视进口还是出口而有所不同，现分别简述如下。

一、出口货物保险

凡按CIF或CIP条件订立的出口合同，由我方负责投保。我出口企业在向当地的保险公司办理投保手续时，根据出口合同或信用证规定，在备妥货物、确定运输工具和装运日期后按规定格式填制投保单，具体列明被保险人名称、被保险货物名称、数量、包装方式、运输标志、起止地点、运输工具名称、开航日期、保险金额、投保险别、投保日期、赔款地点等，送交保险公司，交付保险费并取得保险单证。

投保人交付保险费，是保险合同生效的前提条件。保险费是保险公司经营保险业务的基本收入，也是保险公司所掌握的保险基金，即损失赔偿基金的主要来源。

保险费率是计收保险费的依据。不同险别有不同的费率。我国进出口货物运输保险费率是我国保险公司在货物损失率和赔付率的基础上，参照国际保险费率水平，结合我国对外贸易发展的需要制定的。

计收保险费的公式是：

$$保险费 = 保险金额 \times 保险费率$$

如按CIF或CIP价加成投保，则上述公式可改为：

$$保险费 = CIF(或\ CIP)价 \times (1 + 投保加成率) \times 保险费率$$

二、进口货物保险

凡按FOB、FCA、CFR、CPT条件订立的进口货物买卖合同，也由我方负责投保。我国外贸企业为了防止漏保和延误投保情况的产生，也为了简化手续，大都采用预约保险做法，即由我外贸企业与保险公司事先签订各种不同运输方式的进口预约保险合同(open cover)①。按照预约保险合同规定，外贸企业无需逐笔填送投保单，在货物进口时，只需以国外客户的装运通知送交保险公司即作为办理了投保手续，保险公司对该批货物自动负承保责任。

三、保险单据

保险单据或称保险单证是保险公司在接受投保后签发的承保凭证，是保险人(保险公司)与被保险人(投保人)之间订立的保险合同。在被保险货物受到保险凭证责任范围内的损失时，它是被保险人提赔和保险公司理赔的主要依据。在CIF和CIP合同中，保险单据是卖方必须向买方提供的主要单据之一。在国际贸易中，保险单据可以通过背书转让。

---

① 又称预约保单。

保险单据有多种，最常用的一种为保险单(insurance policy)，它是一种正规的保险合同，俗称大保单。保险单除载明被保险人名称、被保险货物的名称、数量或重量、唛头、运输工具、保险的起讫地点、承保险别、保险币制和金额、赔款偿付地点、出具保险单日期等项目外，在背面还印有保险人的责任范围以及保险人与被保险人的各自权利和义务等内容的详细条款。目前我国国内的保险公司均以出具保险单作为出口保险凭证。

在国际上还有一种叫做保险凭证(insurance certificate)的。保险凭证俗称小保单，是一种简化的保险合同，除背面未印详细条款外，其余内容与保险单相同，在法律效力上也与保险单相同。这种简化的保险合同，过去我国保险公司也有使用。

此外，在保险单已经出具以后，保险公司还可应投保人要求而签发修改保险内容的凭证，这种凭证称为批单(endorsement)，具有变更、补充原保险单内容的作用。保险单一经批改，保险公司需按批改后的内容承担责任。因此批单是保险单不可分割的组成部分。批单原则上应黏贴在保险单上，并加盖骑缝章。

第六节　合同中的保险条款

国际货物买卖合同中的保险条款，因采用不同的贸易术语而有所区别。如按FOB、FCA、CFR或CPT条件对外成交，在合同中只需规定：

保险由买方办理

Insurance to be covered by the Buyers

如按CIF或CIP条件成交，则需具体规定保险金额、保险险别和适用的保险条款。

保险金额(amount insured)是保险公司可能赔偿的最高金额，习惯上按发票金额加一成(10%)预期利润和业务费用。在出口业务中也可根据国外客户要求提高加成数，但要防止有些国外客户企图从高额投保中取巧。保险险别，如系海运货物，可按《海洋运输货物保险条款》的三种基本险，即平安险、水渍险和一切险，从中选保一种。在平安险或水渍险的基础上，视商品性质和目的港情况，必要时可加保一般附加险和/或特殊附加险。投保了一切险，还可加保特殊附加险。如采用陆、空、邮运输，则应选择适应各运输方式的险别。如使用多式联合运输方式运送货物，则应按所使用的不同的运输方式选择需要的险别均予投保。当然，保险金额的加成比例和保险险别的选择和适用的保险条款，都需在成交前由买卖双方商定，并在合同中作相应的规定。在CIF合同中，保险条款可作如下规定：

由卖方按发票金额的110%投保一切险和战争险按1981年1月1日中国人民保险公司海洋运输货物保险条款负责。

Insurance is to be covered by the sellers for 110% of the invoice value against All Risks and War Risk as per Ocean Marine Cargo Clauses of the People's Insurance Company of China dated Jan. 1, 1981.

如国外客户要求按伦敦保险协会的《协会货物条款》或我保险公司可以承保的其他保险条款投保，我出口企业可以接受，如接受，也应在合同的保险条款中明确规定。

思 考 题

1. 试简述国际货物运输保险在国际贸易中的作用。

2. 在海上货物运输保险中，风险是如何分类的？试分别概述其含义。

3. 何谓实际全损和推定全损？

4. 何谓共同海损？

5. 构成共同海损需具备哪些条件？

6. 我国海洋运输货物保险的基本险别有哪几种？这几种基本险别分别承保哪些风险损失？

7. 我国海洋运输货物保险的附加险别有哪几种？它们分别承保哪些风险损失？为什么投保了一切险以后就不必再加保一般附加险了？

8. 为什么对于采用 FOB、CFR 术语的出口合同，应当办理从货物离开储存处所直至装上船为止的国内运输段的货物保险？

9. 按中国保险条款，通过陆上、航空、邮政运输的货物保险，主要有哪些险别？

10. 按中国保险条款，保险公司的责任期限是如何规定的？

11. 现行伦敦保险业协会货物保险条款设有哪些险别？这些险别是否都能单独投保？

12. ICC 条款中的(A)、(B)、(C)三种险别的责任范围分别相当或接近于我国的什么险别？

13. 何谓预约保单？预约保险对投保人的好处何在？

14. 通过国际多式联合运输方式交运货物，应如何办理保险？

15. 采用不同贸易术语的国际货物买卖合同的保险条款订法不一，试举例说明。

第六章 货款的支付

在前文中曾提及，国际货物买卖是以卖方交付货物和买方支付货款进行的。按照合同规定，支付货款是买方履行合同的基本义务。在国际货物买卖中所使用的支付工具和支付方式有多种，买卖双方必须在交易磋商中作慎重的讨论，取得一致意见后在合同中作明确的规定，以利合同履行。货款支付条件与前文中所述的品质、数量、包装、价格和交货条件，构成订立货物买卖合同所不可缺少的六项主要交易条件。本章就货款支付中所使用的支付工具——票据，包括汇票、本票和支票，以及支付方式——汇付、托收和信用证，作较详尽的介绍。同时，在本章末节举例说明合同中支付条款的规定方法。

第一节 票 据

现代国际贸易很少使用现金，大都以票据作为支付工具。票据包括汇票、本票和支票三种，在国际贸易中，主要使用汇票，有时也使用本票和支票。

一、汇票

(一) 汇票的定义和内容

汇票是由一人签发给另一人的无条件书面命令，要求受票人见票时或于未来某一规定的或可以确定的时间，将一定金额的款项支付给某一特定的人或其指定的人，或持票人。

汇票是一种要式证券，所以必须要式齐全。所谓要式齐全，就是必须具备法定的形式要件，必须载明必要的法定事项，才能成为完整的汇票，具有票据的效力。

我国《票据法》规定：汇票必须记载下列事项：1.表明"汇票"的字样；2.无条件支付的委托；3.确定的金额；4.付款人名称；5.收款人名称；6.出票日期；7.出票人签章。汇票上未记载规定事项之一的，汇票无效。

从上述汇票的内容看，汇票有三个基本当事人，即出票人(drawer)、收款人(payee)和付款人(payer)。汇票的付款人又称受票人(drawee)。

(二) 汇票的种类

汇票可从不同角度进行分类：

1. 光票和跟单汇票。

按是否随附货运单据，汇票可分为光票(clean draft)和跟单汇票(documentary draft)。

光票是指不附带货运单据的汇票。光票的出票人和付款人都既可以是工商企业或个人，也可以是银行。光票的流通全靠出票人、付款人或出让人(背书人)的信用。在国际贸易结算中，一般仅限于货款尾数、超额包装费、运费、保险费、佣金等的收取或支付时使用。

跟单汇票是指附有货运单据的汇票。跟单汇票的付款以附交货运单据如提单、发票、保险单等为条件。汇票的付款人要取得货运单据提取货物，必须付清货款或提供一定的保证。跟单汇票体现了钱款与单据对流的原则，为进出口双方提供了一定的安全保障。因此，在国际货款结算中，大都以跟单汇票作为工具。

2. 银行汇票和商业汇票。

按出票人的不同，汇票可分为银行汇票(banker's draft)和商业汇票(commercial draft)。

银行汇票的出票人和付款人都是银行。银行汇票一般为光票，不随附货运单据。

商业汇票的出票人是工商企业或个人，付款人可以是工商企业或个人，也可以是银行。在国际贸易结算中，商业汇票通常是由出口人开立，委托当地银行向国外进口人或银行收取货款时所使用的汇票。商业汇票大都附有货运单据。

3. 即期汇票和远期汇票。

按付款时间不同，汇票可分为即期汇票(sight draft; demand draft)和远期汇票(time draft; usance draft)。

凡采用见票即付形式记载付款日期的汇票称为即期汇票。当即期汇票的持票人向付款人提示即付款人见票时，付款人应立即付款。凡采用定日付款、出票后定期付款、见票后定期付款等形式记载付款日期的汇票，均为远期汇票。远期汇票的收款人一般需先期向付款人提示承兑以明确付款人的付款责任，在见票后定期付款的情况下，还需凭以确定付款日期。

此外，按承兑人的不同，汇票又可分为由工商企业或个人承兑的商业承兑汇票(commercial acceptance draft)和由银行承兑的银行承兑汇票(banker's acceptance draft)。

(三) 汇票的流通和使用

以下扼要介绍汇票流通和使用过程中的主要环节：

1. 出票。

出票(to draw; to issue)，即票据的签发，是指汇票出票人写成汇票经签字后交付给收款人的行为。出票由两个动作组成：(1)出票人写成汇票并签字；(2)由出票人交付(deliver)给收款人。由于出票是设立债权债务的行为，所以，须经交付才能生效。出票的依据是出票人与受票人之间原有的契约关系，由受票人授权出票人以签发汇票的方式向其收款或委托其付款给收款人。

在出票时，对收款人(俗称抬头人)的写法通常有三种：

(1) 限制性抬头：例如“仅付××”(Pay … only)或“付给××，不准转让”(Pay …, not transferable)。这种写法的汇票不能自由转让。

(2) 指示式抬头：例如“付××或其指定人”(Pay … or order 或 Pay to the order of …)。这种抬头汇票可以经过背书转让。

(3) 持票人抬头，又称来人抬头，例如“付给来人”(Pay Bearer)。这种汇票可仅凭交付进行转让。

制作汇票时，汇票金额通常同时以文字和数字表示，两者应当相符。若有差异，按我国票据法，该汇票应被视为无效。有的国家认为有效，金额以文字为准。

出票人签发汇票后，即承担保证该汇票必被承兑和/或付款的责任，出票人在汇票得不到承兑或者遭拒绝付款即被拒付(dishonour)时，应当向持票人清偿拒绝付款的汇票金额和自到期日或提示付款日起至清偿日止的利息，以及持票人为获得清偿而支出的费用。

商业汇票通常需要签发一式两份，其中一份写明“正本”(original)或“第一份汇票”(first of exchange)，另一份则写明“副本”(duplicate)或“第二份汇票”(second of exchange)。两份汇票具有同等法律效力，但只对其中一份承兑和付款。一份被承兑或付款后，另一份随之失效。为防止出错，重复承兑和付款，两份汇票均分别写明“付一不付二”和“付二不付一”(second/first unpaid)字样。

2. 提示。

收款人或持票人将汇票提交付款人要求付款或承兑的行为，叫做提示(presentation)。付款人看到汇票，即为见票(sight)。提示可分为两种：

(1) 提示承兑(presentation for acceptance)。提示承兑是指远期汇票的持票人向付款人出示汇票，要求付款人承诺到期付款的行为。

(2) 提示付款(presentation for payment)。提示付款是指汇票的持票人向付款人或承兑人出示汇票要求付款的行为。

3. 承兑。

承兑(acceptance)是指汇票付款人承诺在汇票到期日支付汇票金额的行为。承兑也由写成与交付两个动作组成。即由付款人在汇票正面写上“承兑”(accepted)字样，注明承兑的日期，并由付款人签名，交还收款人或其他持票人。按票据法的一般规则，仅有付款人签名而未写“承兑”字样，也构成承兑。

即期汇票无须承兑；见票后定期付款的汇票须由持票人向付款人提示，要求承兑，以便从承兑日起计算，确定付款到期日，同时明确承兑人的付款责任；定日付款与出票后定期付款汇票也须提示承兑，以明确到期付款责任。

承兑对于付款人来说，就是承诺按票据文字付款的行为，因此，按各国票据法，汇票一经承兑，付款人即成为承兑人(acceptor)，同时成为汇票的主债务人，而出票人便降为从债务人，或称次债务人。

4. 付款。

汇票付款人向持票人按汇票金额支付票款的行为称为付款(payment)。票据权利是一种金钱权利，所以必须支付金钱而不能用其他物品代替，而且支付的货币必须与汇票载明的币别相一致。汇票由付款人足额付款后，汇票上的一切债权债务即告结束。付款人如在付款后发现有误，没有向收款人索取票款或追偿的权利。持票人在获得票款后，应当在汇票上签收，并将汇票交给付款人作为收据存查。付款人也可要求持票人另外出立一份收款凭证。

5. 背书。

汇票可通过背书(endorsement)或仅通过交付进行流通转让。所谓背书，就是由汇票的收款人或持票人在汇票的背面记载有关事项并签章的票据行为。背书是转让票据权利的一种书面手续，其具体做法是由收款人或其他持票人即背书人(endorser)在汇票的背面签上自己的名字，或者再加上受让人(transferee)即被背书人(endorsee)的名称，并把汇票交给受让人。所以，背书如同出票也包括两个动作：(1)持票人在汇票的背面签名或再加上受让人的名称；(2)交付给受让人。背书行为也必须经过交付才完成。汇票经过背书后，收款的权利就转让给了受让人，被背书人取得了汇票的所有权。

背书的方式主要有三种：

(1) 限制式背书(restrictive endorsement)。

限制式背书即不可转让背书，是指背书人对支付给被背书人的指示带有限制性的词语。例如：

仅付××公司(Pay to … Co. only)

付给××银行不可转让(Pay to … bank not transferable)

付给××银行不得流通(Pay to … bank not negotiable)

凡作成限制式背书的汇票，只能由指定的被背书人凭票向付款人提示付款，而不能把汇票权利再行转让或流通。

(2) 特别背书(special endorsement)。

特别背书又称记名背书、正式背书或完全背书。作记名背书时，背书人先作被背书人记载，然后再签字。例如：

付交××公司或其指定人(Pay to the order of … Co.)

(3) 空白背书(endorsement in blank)。

空白背书又称无记名背书。空白背书的背书人只需在票据背面签字即可转让,而不记明被背书人名称。指示抬头的汇票作了空白背书之后就与来人抬头汇票相同,因为此时受让人可以不经背书仅凭交付转让票据权利。

背书是背书人对被背书人即受让人的一种担保行为。对于受让人来说,所有在他以前的背书人以及原出票人都是他的"前手"(prior party),而对于出让人来说,所有在他让与以后的受让人都是他的"后手"(subsequent party),前手对后手负有担保汇票必然会被承兑或付款的责任。汇票持有人经过背书转让给受让人主要是为了在汇票到期日付款人付款前先取得票款,受让人(一般为银行)受让时扣除从转让日起到汇票付款日为止的利息后将票款付给持有人。这种行为又可称为"贴现"(discount)。

当汇票在提示时,遭到付款人拒绝付款或拒绝承兑,统称为"拒付"(dishonour)。按照法律,汇票所列付款人的付款义务,并非由于出票人对他开立了汇票,而是由于在出票前双方已经确立的债权债务关系以及事先商定用开立汇票的办法收取款项。因此,当付款人拒付汇票时,出票人要根据原有契约而不是根据汇票进行交涉。但是,付款人一经在汇票上承兑后,他就确认了汇票主债务人的身份,承担起对汇票到期付款的责任。

按照各国票据法的规定,汇票的各债务人(包括出票人、背书人)对持票人负连带责任。所以倘若汇票经过转让,当被付款人或承兑人拒付时,最后的持有人有权向所有"前手"中一人或数人或全体行使追索权,一直追索到出票人。持有人为了行使追索权,应及时办理拒绝证书(protest)。拒绝证书一般由付款地的公证人或其他依法有权作这种证书的机构,如法院、银行公会等所作出的付款人拒付证件,以此作为向其"前手"进行追索的法律依据。按照我国《票据法》,持票人行使追索权时,应当提供被拒绝承兑或者被拒绝付款的有关证明。持票人提示承兑或者提示付款被拒绝的,承兑人或者付款人必须出具拒绝证明,或者出具退票理由书。未出具拒绝证明或者退票理由书的,应当承担由此产生的民事责任。持票人不能出示拒绝证明、退票理由书或者未按照规定期限提供其他合法证明的,丧失对其前手的追索权。但是,承兑人或者付款人仍应对持票人承担责任。

二、本票和支票

在我国外贸货款支付中,除主要使用汇票外,有时也使用本票和支票。

(一) 本票

本票(promissory note)是出票人签发的,承诺自己在见票时无条件支付确定的金额给收款人或者持票人的票据。

由于本票是出票人向收款人签发的书面承诺，所以，本票的基本当事人只有两个，即出票人和收款人，本票的付款人就是出票人本人。因此，本票的出票人在任何情况下都是主债务人，在持票人提示见票时，出票人必须承担付款的责任。

按照我国《票据法》，本票只能由银行或其他金融机构签发，工商企业和个人不能签发本票。而且本票出票人的资格须经中国人民银行审定。外国一般无此规定。

本票只能一式一份，不能多开。

（二）支票

支票(cheque; check)是出票人签发，委托办理支票存款业务的银行在见票时无条件支付确定的金额给收款人或者持票人的票据。出票人在签发支票时，应在付款银行存有不低于票面金额的存款，如存款不足，支票持有人在向付款银行提示支票要求付款时，就会遭到拒付。在我国出口贸易中采用票汇方式付款时，偶尔也有收到国外进口商寄来的支票作为付款凭证的。

支票的基本当事人有三个：出票人、付款人和收款人。支票的出票人必定是在银行设有往来存款账户(current account)的存户(depositor)，而付款人必定是该存户设有账户的银行。这种银行即为支票的付款银行(paying bank)。

支票都是即期的。我国《票据法》明确规定：支票限于见票即付，不得另行记载付款日期。有些支票虽有时被称为期票，但只是填迟日期(post-dated)，那个日期实际上应被视为出票日期，对那个日期来说，支票仍是见票即付的即期支票。因为，付款人照例是不能在出票日期前支付支票金额的。"期票"一词除用于填迟出票日期的支票外，也可理解为其他的远期票据。

在我国，支票可按不同用途分为普通支票、现金支票和转账支票三种。我国《票据法》明确规定："支票可以支取现金，也可以转账，用于转账时，应当在支票正面注明。支票中专门用于支取现金的，可以另行制作现金支票，现金支票只能用于支取现金。支票中专门用于转账的，可以另行制作转账支票，转账支票只能用于转账，不得支取现金。"

但在国际上就收款人是否可以直接提取现金，将支票分为划线支票(crossed check)和未划线支票(uncrossed check)。

划线支票是在支票正面划两道平行线的支票。一般的未划线支票既可以委托银行收款入账，也可以由持票人自行凭以向付款人支取现金，而划线支票则只能委托银行收款入账，不能由持票人自行向付款人支取现金。使用划线支票的主要目的是防止在遗失时被人冒领，即使被冒领，也有可能通过银行收款线索予以追回。

支票可以由付款银行加"保付"(certified to pay)字样并签字，成为保付支票(certified cheque)。付款银行保付后就像汇票的承兑人一样，必须在收款人提示时付款。保付后的支票身价提高，有利于流通。

第二节 支付方式

在国际货物买卖中，货款的支付方式主要有汇付、托收和信用证三种。

一、汇付

汇付(remittance)或称汇款，是债务人或付款人通过银行，将款项汇交债权人或收款人的支付方式。如前所述，在汇付业务中所用的支付工具(汇款通知单、票据)的传送与资金的流动方向相同，属顺汇。

(一) 汇付方式的当事人

汇付方式一般有四个当事人，汇款人、收款人、汇出行与汇入行。

1. 汇款人(remitter)。即债务人或付款人，通常为进口人。

2. 收款人(payee)。即债权人，通常为出口人。

3. 汇出行(remitting bank)。即受托汇出款项的银行，通常为进口人所在地的银行。

4. 汇入行(paying bank)。即受汇出行委托，解付汇款的银行，通常为出口人所在地的银行。

汇款人在委托汇出行办理汇款时要出具汇款申请书。这种申请书是汇款人和汇出行之间的一种契约，汇出行一经接受申请并收到汇款人交付的款项和汇费后，就有义务按汇款人在申请书中的指示发出付款委托书，通过其代理行即汇入行解付汇款给指定的收款人。

在汇出行和汇入行之间的委托和接受委托，均按事先订立的代理协议办理。汇入行按代理协议和付款委托书规定承担解付汇款的义务。为便于业务进行和证实付款凭证的真实性，银行之间建立代理关系时，均须约定“密押”(test key)与交换“签字样本”(authorized signature specimen)，以供鉴别委托真伪之用。

(二) 汇付方式的种类

汇付方式有电汇、信汇和票汇三种。

1. 电汇(telegraphic transfer, T/T)。电汇是由汇款人委托汇出行用电讯工具通知收款人所在国的汇入行并委托它将款项解付给指定收款人的一种汇款方式。电汇的优点是交款迅速，在三种汇款方式中，最受收款人欢迎。目前，在实践中，基本都采用这种方式。

2. 信汇(mail transfer, M/T)。信汇与电汇相类似，只是它用的信汇委托书(M/T advice)或支付通知书(payment order)是通过邮政信件通知汇入行的。由于信汇的到达时间较晚，现已很少使用。

图 6.1 为电汇、信汇收付程序示意图。

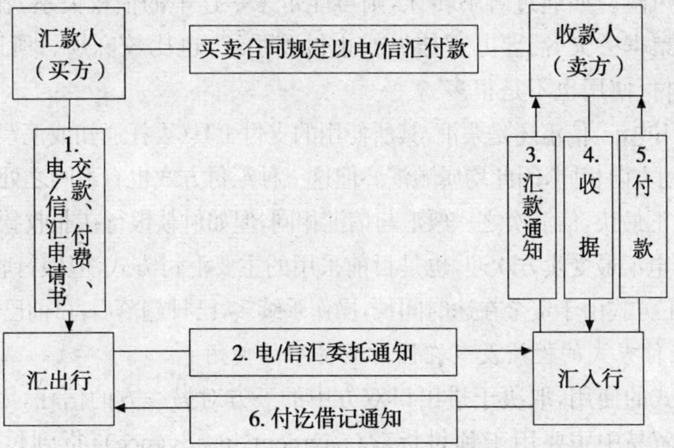

图 6.1 电汇/信汇收付程序

3. 票汇(remittance by banker's demand draft, D/D)。票汇是以票据作为结算工具的一种汇款方式。一般是指汇出行应汇款人的申请开立以其分行或代理行为付款人的银行即期汇票,列明收款人名称、汇票金额等,交由汇款人自行寄给收款人,径向付款行取款。

票汇除使用银行即期汇票作为结算工具外,也有使用其他票据作为结算工具的,例如本票、支票等。图 6.2 是票汇收付程序示意图。

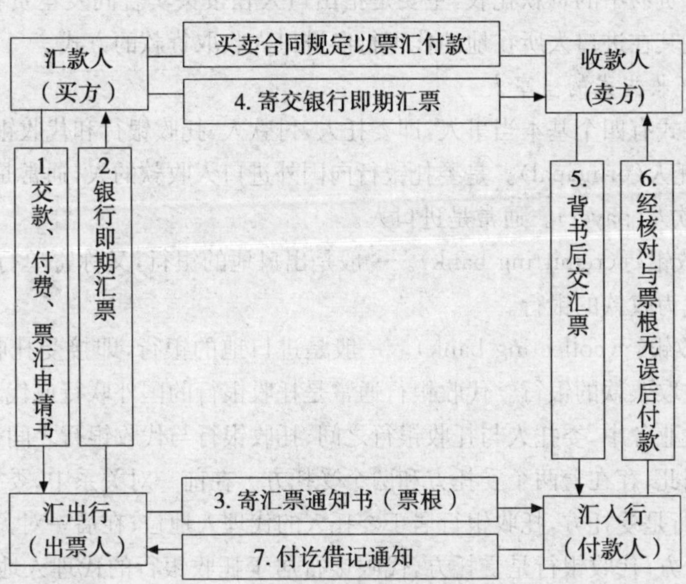

图 6.2 票汇收付程序

票汇比较灵活简便，也适合邮购或支付各种费用或当作礼券馈赠亲友，但有丢失和损毁的风险。如通过背书转让，则可能带来一连串的债权关系，容易陷入票据纠纷。一旦票据丢失，需要办理挂失或止付等手续，也比较麻烦。所以，作为国际间的货款支付，使用也不是很多。

无论采用电汇、信汇还是票汇，其所使用的支付工具(委托通知或汇票)的传送方向与资金的流动方向相同，因此均属顺汇。但这三种汇付方式也有不同之处，例如在付款速度上，以电汇最快，信汇次之。票汇与信汇相同，但如付款银行在非收款人所在国，则最慢。所以，电汇最受卖方欢迎，也是目前采用的主要汇付方式，但银行收取的费用也最高。而信汇方式由于资金在途时间长，操作手续多，已日趋落后，目前已较少使用。

(三) 汇付方式的性质及其在国际贸易中的使用

汇付方式的使用，取决于进出口双方中的一方对另一方的信任，因此属商业信用。在国际贸易中主要用于预付货款(payment in advance)、货到付款(C. O. D. 即 cash on delivery)、随订单付现(C. W. O. 即 cash with order)、记账交易(open account trade)、支付定金、分期付款、延期付款、小额交易的货款支付、货款的尾数以及佣金等费用或费用差额的支付等。

二、托收

托收(collection)是较为常用的支付方式。在托收业务中，作为支付工具的汇票的传送与资金的流动呈相反方向，故属逆汇。

在出口贸易中的货款托收，主要是指出口人在按买卖合同发运货物后委托当地银行转托其在进口人所在地的代理行向进口人收取货款的方式。

(一) 托收方式的当事人

托收方式有四个基本当事人，即委托人、付款人、托收银行和代收银行。

1. 委托人(principal)。是委托银行向国外进口人收款的人，通常是出口人。

2. 付款人(payer)。通常是进口人。

3. 托收银行(remitting bank)。一般是出口地的银行，又称寄单行，即接受委托人委托代为收款的银行。

4. 代收银行(collecting bank)。一般是进口地的银行，即接受托收银行委托向付款人收取票款的银行。代收银行通常是托收银行的国外联行或代理行。

在托收业务中，委托人与托收银行之间、托收银行与代收银行之间都是委托代理关系。因此，存在着两个委托方和两个受托方。在前一对关系中，委托人是委托方，托收银行是受托方，托收银行居于委托人的代理人地位；在后一对关系中，托收银行是委托方，代收银行是受托方，代收银行居于托收银行的代理人地位，同时也是委托人的间接代理人。

(二) 托收的种类

托收可分为光票托收和跟单托收两类。光票托收(clean collection)是指不附有货运单据的托收;跟单托收(documentary collection)是指附有货运单据的托收。以汇票作为收款凭证时,前者使用光票;后者使用跟单汇票。在国际贸易中,光票托收主要使用于小额交易货款、部分预付货款、分期支付货款以及贸易从属费用的收取。对于票据托收,则多用于票汇方式的货款和费用的支付。

在国际贸易货款收付采用托收方式时,通常都是跟单托收。其中的单据很重要,尤其是代表货物所有权的运输单据,更是不能轻易脱手。按照向进口人交付货运单据的不同条件,跟单托收又可分为付款交单和承兑交单两种。对出口人来说,两者都存在较大的收不到款的风险,但后者的风险远较前者为大。

1. 付款交单(documents against payment—D/P)。付款交单是指出口人的交单以进口人的付款为条件,即出口人在委托银行向进口人收款时,指示银行只有在进口人付清货款时,才能向进口人交出货运单据。按付款时间的不同,付款交单又可分为即期付款交单和远期付款交单两种。

(1) 即期付款交单(documents against payment at sight—D/P sight)。即期付款交单是由出口人按照买卖合同发运货物后开具即期汇票连同货运单据,通过银行向进口人提示时,进口人在审核单据无误后,即须全数付款,进口人在付清货款后向银行领取货运单据。这种票款和单据两讫的手续,就进口人来说,通称付款赎单。

图 6.3 是即期付款交单的业务程序示意图。

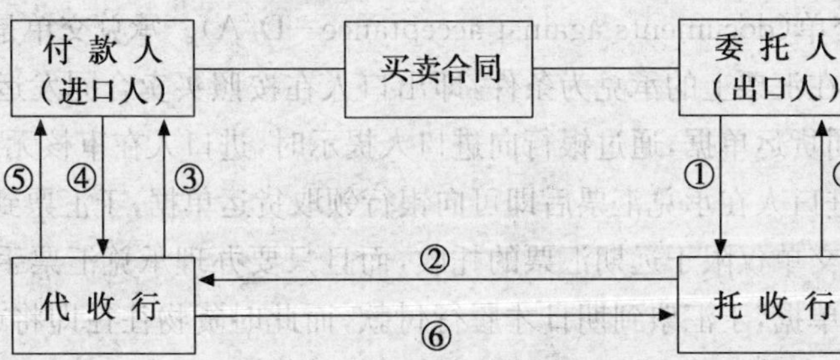

说明:① 出口人按买卖合同规定装货后,填写托收申请书,开立即期汇票,连同货运单据(或不开立汇票,仅将货运单据)交托收行委托代收货款。

② 托收行根据托收申请书缮制托收委托书,连同汇票(或没有汇票)、货运单据寄交进口地代收银行委托代收。

③ 代收行按照委托书的指示向进口人提示汇票与单据(或仅提示单据)。

④ 进口人审单无误后付款。

⑤ 代收行交单。

⑥ 代收行办理转账并通知托收行款已收妥。

⑦ 托收行向出口人交款。

图 6.3 即期付款交单业务程序

(2) 远期付款交单(documents against payment after sight—D/P after sight)。远期付款交单是由出口人在发货后开具远期汇票,连同货运单据通过银行向进口人提示,进口人在审核无误后先在汇票上承兑,于汇票到期日付清货款后再领取货运单据。具体业务程序见图 6.4。

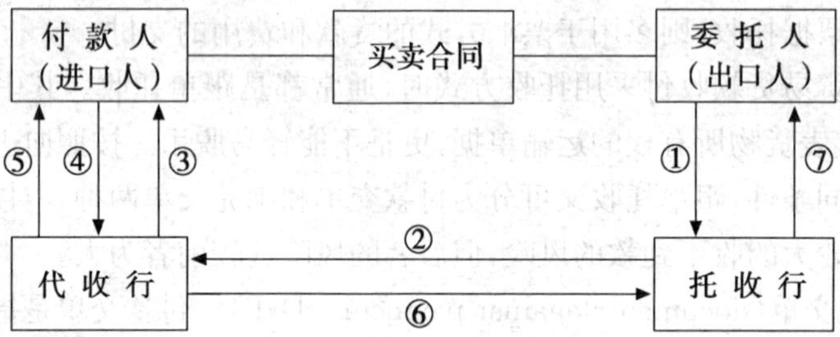

说明:① 出口人按买卖合同规定装货后填写托收申请书,开立远期汇票,连同货运单据交托收行,委托代收货款。

② 托收行根据托收申请书缮制托收委托书,连同汇票、货运单据寄交代收行委托代收。

③ 代收行按照委托书的指示向进口人提示汇票与单据,进口人经审核无误在汇票上承兑后,代收行收回汇票与单据。

④ 进口人到期付款。

⑤ 代收行交单。

⑥ 代收行办理转账,并通知托收行:款已收到。

⑦ 托收行向出口人交款。

图 6.4 远期付款交单业务程序

2. 承兑交单(documents against acceptance—D/A)。承兑交单是指出口人的交单以进口人在汇票上的承兑为条件,即出口人在按照买卖合同发运货物后开具远期汇票,连同货运单据,通过银行向进口人提示时,进口人在审核无误后,应即在汇票上承兑,进口人在承兑汇票后即可向银行领取货运单据,于汇票到期日再行付款。由于承兑交单仅限于远期汇票的托收,而且只要办理承兑汇票手续后进口人即可取得货运单据,于汇票到期日才履行付款,而此时货物往往即将或已经到达,因此,使用承兑交单方式,进口人有可能做到完全利用出口人的资金进行买卖。如果进口人凭货运单据提取货物后到期拒不付款,出口人就有可能蒙受钱货两空的损失。收付程序见图 6.5。

(三) 托收统一规则

为明确托收业务有关各方的权利义务和责任,减少纷争,国际商会于 1958 年就曾草拟一套有关托收的统一规定,建议各银行采用"以便成为被普遍采用和遵守"的惯例。以后随着业务的发展,针对实践中的情况变化和存在的问题,先后经过三次修改,现行的版本称为《托收统一规则》(Uniform Rules for Collection),即

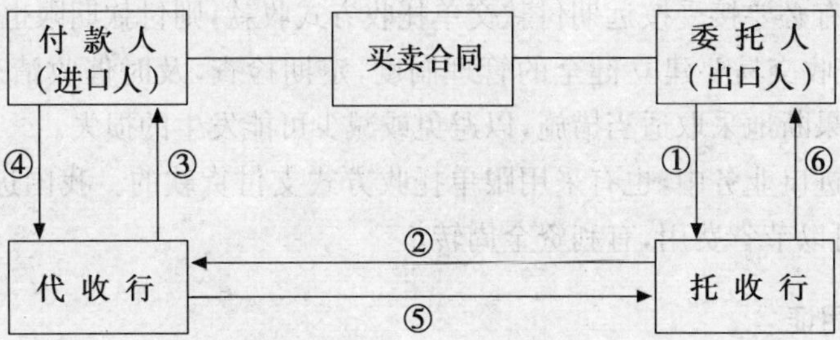

说明：① 出口人按买卖合同规定装货后填写托收申请书，开立汇票，连同货运单据交托收行，委托代收货款。
② 托收行根据托收申请书缮制托收委托书，连同汇票、货运单据寄交代收行委托代收。
③ 代收行按照托收委托书的指示，向进口人提示汇票和单据，进口人在汇票上承兑，代收行在收回汇票的同时，将货运单据交给进口人。
④ 进口人到期付款。
⑤ 代收行办理转账并通知托收款已收到。
⑥ 托收行向出口人交款。

图 6.5　承兑交单收付程序

国际商会第 522 号出版物，简称"URC522"。其中最主要的内容是，银行只接受委托并核实所收到的单据在表面上与托收委托书所列内容一致。在托收方式下，银行只按委托书的指示办事，对于出口人提交的单据的真伪、货款能否收到概不负责。据此，出口人能否安全及时地收到货款，完全取决于进口人的信用。

（四）跟单托收在出口贸易中的使用

在国际贸易中，采用托收方式收取货款，能否收到，完全取决于进口人的信用。因此，托收方式同汇付方式一样也属商业信用性质。又由于托收方式对进口人的安全用汇和资金周转，较之预付货款和信用证方式有利得多。因此，对出口人来说，就能增强出口商品的竞销能力，促进成交，扩大出口，在我国的出口贸易中，也时有使用。但由于这种收付方式对出口企业有较大风险，所以，必须在加强调查研究的基础上，根据不同商品、不同对象以及不同国家和地区的习惯，适当和慎重地使用。在出口业务中，特别要注意以下各点：

1. 经常调查和考察进口人的资信情况和经营作风，据此，对不同进口人的具体情况确定不同的授信额度，并根据情况的变化，及时加以调整。

2. 对于进口管制和外汇管制较严的国家的出口交易，原则上不使用托收方式。

3. 应尽可能争取采用由我方办理运输和保险的贸易术语如 CIF、CIP 成交，以避免进口人不付款而货物被运走，货物中途遇险但因进口人未办保险而失去理赔保障的风险。

4. 每批托收的金额不宜太大。对于承兑交单方式，除非确有把握，一般不予接受。如确有必要接受按远期付款交单托收方式收款，则付款期限也不宜太长。

5. 对托收交易要建立健全的管理制度，定期检查，及时催收清理，发现问题时，应迅速、果断地采取适当措施，以避免或减少可能发生的损失。

我国在进口业务中，也有采用跟单托收方式支付货款的。我国进口企业使用托收方式，可以节省费用，有利资金周转。

三、信用证

（一）概说

信用证(letter of credit，简称 L/C)是随着国际贸易的迅速发展，逐渐形成的一种由银行信用代替商业信用的支付方式。信用证的出现，大大促进了国际贸易，至今仍被贸易界人士广泛应用。

按国际商会制定的《跟单信用证统一惯例》2007 年修订本(以下简称"UCP600")第二条所下的定义：信用证是一项不可撤销的安排，这项安排构成开证行对相符的交单予以付款的确定承诺。具体说来，信用证是开证银行根据开证人的请求和指示，或为其自身需要，向受益人开立的，在符合信用证条款的条件下，凭规定的单据保证付款的凭证。这里所说的"条件"就是受益人必须提交符合信用证条款所规定的各种单据。

信用证有 6 个基本当事人：

1. 开证人(opener)，又称开证申请人(applicant)，是指向银行申请开立信用证的人，一般为进口人。

2. 开证银行(opening bank; issuing bank)，是指接受开证人委托或为其本身开立信用证的银行，一般是进口人所在地的银行。

3. 通知银行(advising bank; notifying bank)，是指受开证银行的委托，将信用证通知受益人的银行。通知银行一般是出口人所在地的银行，它们通常是开证银行的代理行。

4. 受益人(beneficiary)，是指信用证上所指定的有权使用该证的人，一般为出口人。

5. 议付银行(negotiating bank)，又称押汇银行，是指愿意买入或贴现受益人交来跟单汇票的银行。议付银行可以是由开证银行在信用证条款中指定的银行，也可以是非指定的银行。

6. 付款银行(paying bank; drawee bank)，是指信用证指定的付款银行。一般就是开证银行，有时是接受开证银行委托代为付款的另一家银行。这种银行又称代付银行(paying bank agent)。

信用证并无统一的格式和措词。国际商会虽然专门设计了跟单信用证的标准格式，也只是供各银行参考，不是法定的格式。信用证大致包括以下项目：

1. 对信用证本身的说明：如信用证的编号、种类、金额、开证日期、到期日和到期地点、当事人的名称和地址、使用本信用证的权利是否可以转让等。

2. 汇票的出票人、付款人、期限(tenor)和出票条款(drawn clause)。

3. 货物的名称、品质规格、数量、包装、运输标志等要求。

4. 货物的价格。

5. 对运输的要求：如装运期限、装运港(地)和目的港(地)、运输方式、运费应否预付以及关于分批装运和中途转运的规定等。

6. 对单据的要求：包括单据的名称、内容和份数等。

7. 其他事项。

随着国际电讯事业的发展，目前在国际上被广泛使用的按环球银行金融电讯协会(Society for Worldwide Interbank Financial Telecommunication)，简称(SWIFT)设计的格式开立的信用证，其内容也大体相同。

(二) 信用证方式的收付程序

由于类别的不同，信用证方式的收付程序也有所差异，但一般均须通过申请、开证、通知、议付、索偿、付款、赎单等环节。在利用信用证方式支付货款的情况下，支付工具(如汇票)与资金流向相反，故与托收方式同属逆汇。以下就最为常见的即期跟单议付信用证的收付程序和各环节的基本内容作简要说明：

1. 订立买卖合同。

国际货物买卖合同是信用证的基础，所以，进出口人首先就买卖货物的交易条件通过磋商达成协议后订立国际货物买卖合同，在合同中订明进口人以开立即期跟单议付信用证的方式支付货款。

2. 申请开证。

在买卖合同规定的期限内由进口人向当地银行递交开证申请书请求开证。开证申请书除明确提出请按所列条件开立信用证的要求以及受益人的名称和地址、信用证的种类、到期日与到期地点外，主要是两方面内容：一是要求开证行在信用证上列明的条款，其基本内容与买卖合同条款相一致。这些条款也就是凭以付款的依据；二是开证人向开证银行的保证与声明。开证人在申请书中承认在其付清货款前，银行对单据及其所代表的货物拥有所有权，必要时可以出售货物以抵付申请人的欠款；承认开证行有权接受“表面上合格”的单据。保证单据到达后如期付款赎单，否则，开证行有权没收开证申请人交付的押金，以充当开证人应付价金的一部分。

申请人申请开证时应向开证行交付一定比例的押金(margin)或其他担保品。比例的大小视申请人的资信、与银行的关系、市场动向和商品销售的滞畅而定。

3. 开证。

开证银行接受申请后按开证申请书指示向受益人开立信用证，通过受益人所在地的代理银行，即通知行传递或者通知受益人。开证方式有信开（open by airmail）和电开（open by telecommunication）之分。两者区别在于传递方法，前者使用航函，后者使用加注密押的电讯工具。目前，在实践中，已越来越多地被 SWIFT 方式所替代。

4. 通知受益人。

通知行在收到信用证并证实无误后，必须尽快将信用证转交或通知受益人。

5. 交单、议付。

受益人收到信用证后，必须及时认真地进行审查。如果发现其中所列条款有差错或与买卖合同不符而又不能接受照办的，或者存在概念不清、词义不明、数字或期限有误等情形，均需尽快电告开证人，要求改正。如开证人同意修改，就应向开证银行递送修改申请书，如开证行接受修改申请，应立即据以做成修改通知通过通知行核实后转知受益人。修改通知的传递方式如同开立信用证。

受益人收到信用证经审查无误，或经修改认可后，即可据以发运货物。在货物装运完毕后，缮制并向有关单位取得信用证规定的全部单据、票据，在信用证规定的交单期内，递交通知行或其他往来银行或信用证限定的银行办理议付。

“议付”（negotiation）是指由议付银行向受益人购进其汇票及所附单据，俗称“买单”，属“出口押汇”（outward documentary bills）性质。议付行办理议付，实际是对受益人的垫款，因此要扣除垫付期利息后将款项交付给受益人，而且议付需以受益人提交符合信用证条款的单据为前提。①办理议付后，议付行就成为汇票的善意持票人，如遇开证行拒付，有向前手出票人即信用证受益人追索的权利。

6. 索偿。

议付行根据信用证规定，凭受益人提交的单据向开证行或其代付行请求偿付。索偿时议付行须按信用证要求将单据连同汇票和索偿证明（证明单证相符）分次以航邮寄给开证行或其指定的代付行。如信用证指定偿付行，则在把单据分次直接寄给开证行的同时，向偿付行发出索偿书（reimbursement claim），说明已按有关信用证规定进行议付并请按指定方法进行偿付。

7. 偿付。

偿付（reimbursement）就是开证行、代付行或偿付行向议付行付款。

开证行或被指定的代付行收到汇票和单据后，经审核确认与信用证规定相符，应立即将票款偿付给议付行。偿付的方法按信用证规定和议付行在索偿时的指

---

① 参见 UCP 600 第 2 条对议付所作的定义。

示。如发现单证不符，可以拒付，但必须在收到单据的次日起的5个营业日内通知议付行表示拒绝接受单据，同时提出单据是否退回或代为保管，听候处理。如超过上述期限不提异议，即作为默认接受，必须立即付款。如有拖延，应加付利息。在付款以后，如发现单据有误，不能要求议付行退款。

如信用证指定偿付行，偿付行在收到索偿书后，只要索偿金额不超过开证行授权金额就应立即按索偿书指定的方法向议付行付款。按照《跟单信用证统一惯例》规定，如开证行未及时向偿付行提供适当的指示和授权，或者由于其他原因，偿付行未能按信用证规定偿付，或未能在索偿行首次索偿时偿付，则开证行仍应负包括应付款项以及索偿行由此产生的利息和费用的偿付之责。

8. 开证人付款赎单。

开证行偿付后，应立即向开证申请人展示单据，开证申请人核验单据认可后即办理付款。如申请开证时，曾交付押金，付款时可予扣减。开证人付款后即可从开证行取得单据。俟货物到达时凭运输单据向承运人提取货物。

以下是信用证方式的一般收付程序简图：

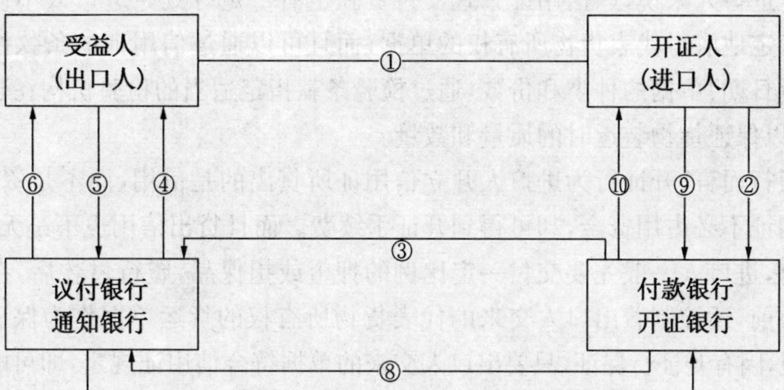

说明：

① 进口人(开证人)与出口人订立买卖合同规定以信用证方式支付货款。
② 进口人填写开证申请书，交纳押金或提供其他担保，要求开证银行开证。
③ 开证银行根据开证申请书内容，用信函或电讯工具向出口人(受益人)开出信用证，发给出口人所在地的代理行(通知银行)请其通知受益人。
④ 通知银行核对签字印鉴(或密押)无误后将信用证通知受益人。
⑤ 受益人审核信用证认可后，按信用证规定装运货物，并备齐各项货运单据，开立汇票，在信用证有效期内，送交当地银行(议付银行)请求议付。
⑥ 议付银行按信用证条款审核单据无误后，按照汇票金额扣除利息，把货款垫付给受益人。
⑦ 议付银行将汇票和/或货运单据寄开证银行或其指定的代付银行或偿付行索偿。
⑧ 开证银行或其指定的代付银行核对单据无误后，付款给议付银行。
⑨ 开证银行通知开证人付款赎单，开证人验单无误后付款。
⑩ 开证银行将单据交给开证人。

图 6.6 信用证方式的一般收付程序

(三) 信用证方式的性质及其在国际贸易中的作用

在国际贸易中，存在着买卖双方互不信任的情形。为此，建立在商业信用基础上的汇付和托收方式的使用有较大的局限性，不能适应国际贸易发展的需要，于是便出现了银行保证付款的信用证方式。采用信用证方式支付货款时，只要受益人按信用证要求提交货运单据，银行即保证付款，由于银行承担保证付款责任，所以，信用证方式的性质属银行信用。而一般说来，银行信用优于商业信用，较易为出口人所接受。但是，进口人开立了信用证并不等于已经付了款，他的最后付款责任并不因开立了信用证而消失。因此，实际情况是：采用信用证方式是在商业信用保证之上增加了银行信用保证。除此以外，出口人在收到买方开来的信用证时，往往容易取得银行的资金融通，例如货物装运前，受益人以信用证作为抵押向当地议付银行申请低于信用证金额的贷款，习称"打包贷款"(packing credit)，用以购置、加工、生产出口货物或对出口货物进行包装之花费。再有，在进口国实施外汇管制的条件下，信用证方式可使出口人收取外汇得到保障。因为银行开立信用证一般只在外汇管理当局已批准给予外汇之后才能办理。

对于进口人来说，以信用证方式支付货款也有一定好处。进口人不仅在付款后可以肯定地取得代表货物所有权的单据，而且可以通过信用证的条款控制出口人的交货日期、单据的种类和份数，通过检验条款指定适当的检验机构在装运前检验，还可以保证货物装运时的质量和数量。

就银行而言，开证行为进口人开立信用证所贷出的是信用，而不是资金，银行开立信用证不必占用资金，却可得到开证手续费。而且贷出信用也不是无条件的，在开证时，进口人一般先要交付一定比例的押金或担保品，履行付款后，在进口人付款赎单前，还控制着出口人交来的代表货物所有权的货运单据作为保证。就议付行来说，因有开证行保证，只要出口人交来的单据符合信用证规定，即可购进汇票叙做押汇，然后向开证行或其指定的其他银行要求付款，获得利息好处。此外，无论开证、通知、修改、议付、保兑，均可收取费用。因此，银行也乐于承办信用证业务。

综上所述，就贸易而言，信用证的作用可以概括为以下两个主要方面：

1. 基本解决了进出口人双方互不信任的矛盾。而且，由于信用证的银行保证作用，使那些彼此不熟悉或互相并不十分了解的买卖双方，特别是一些资力和声誉一般的中小进出口企业，也能够比较顺利地进行交易。

2. 便利了进出口人向银行融通资金，有利于他们的资金周转，扩大贸易额。除了上述出口人可以利用信用证向当地银行申请打包贷款，通过议付做出口押汇外，在远期付款的情况下，进口人也可向开证银行以出立信托收据借单的办法做进口押汇，向当地银行融通资金。

总之，信用证是资本主义信用危机的产物，它一方面是国际贸易发展的必然结果，另一方面，它也对国际贸易的发展和扩大起到了促进和保证作用。

但是，应当指出，信用证方式使用于国际贸易货款的收付，并不是完全没有风险。例如，出口人可能遇到进口人不办理开证或不如期办理开证，或开证行资信不好和倒闭的风险；进口人可能遭到出口人不交货或以伪劣货物、伪造单据进行诈骗的风险；开证行可能遭到进口人破产倒闭或无理挑剔拒收单据的风险。因此，在实际业务中使用信用证方式收付货款时，仍须加强对国外客户和银行的资信和偿付能力的调查，以保证在出口业务中安全及时地收回货款，在进口业务中能如期收到我方所需要的单据和货物。

（四）跟单信用证统一惯例

20 世纪初，跟单信用证在国际贸易中已被广泛应用。为了减少和避免在使用中的纠纷和争议，亟需制订一套能为各方共同遵守的统一、明确的信用证规则。在此情况下，国际商会于 1933 年 2 月颁布了第一个跟单信用证统一惯例，定名为《商业跟单信用证统一惯例》国际商会第 82 号出版物。其后，随着国际贸易的发展，国际商会对其作过多次修改。自 1962 年起，该惯例改为《跟单信用证统一惯例》(Uniform Customs and Practice for Documentary Credits，简称 UCP)ICC 第 222 号出版物。以后又于 1974 年、1983 年和 1993 年分别以第 290、400 和 500 号出版物颁布了第 3、4 和 5 个修订本。2003 年 5 月国际商会授权银行技术和实务委员会(银行委员会)对 UCP 500 作修订。在修订工作之初，银行委员会所作的多次全球调查显示，有多达 70％的单据在首次提交时因被发现与信用证条款不符，而遭银行拒收。如任凭此种情况继续下去，势将对作为支付工具的信用证带来负面影响，使这一久被承认并被广泛应用的国际贸易结算方法，难以维持和增加其在市场中的应用份额。在上述调查中，银行委员会同时发现，在信用证业务的单据审核中，有些不符点是含糊的和不实在的。这反映在跟单信用证实务中，单据审核的标准有待进一步改进和明确。为此，银行委员会在修订 UCP 500 过程中，投入大量工作于制订一份作为 UCP 600 的伴侣性文件——《跟单信用证单据审核国际标准银行实务》(ISBP)ICC 第 645 号出版物。该出版物的最新版本将于 2007 年 7 月 UCP 600 正式实施时问世。国际商会期望，国际金融和贸易界如能充分和正确地应用 UCP 600 和 ISBP(645)，将有利于提高单据审核的质量，从而促进跟单信用证在国际贸易中被更广泛地应用。在国际范围内向各有关方征询意见的基础上，银行委员会花了三年时间，对修订稿作反复修改，终于在 2006 年 11 月颁布《跟单信用证统一惯例》(2007 年修订本)ICC 第 600 号出版物，并定于 2007 年 7 月 1 日起实施。新版本英文全称为 Uniform Customs and Practice for Doctmentary Credits(2007 Revision)ICC Publication No. 600(UCP 600)(本书附录四)。

国际商会制订的《跟单信用证统一惯例》至今已为世界上绝大多数国家和地区

的银行和银行公会所采用,并已成为处理信用证业务公认的国际惯例。而更为重要的是,目前各国法院几乎都已把它作为裁决跨国信用证纠纷的“法律准则”。但是,《跟单信用证统一惯例》毕竟不是各国共同制订的法律,只是一项国际贸易惯例。因此,要得到这个“法律准则”的保护,必须在信用证上注明:“本信用证受《跟单信用证统一惯例》国际商会第 600 号出版物的约束”(This credit is subject to UCP, ICC Publication No. 600)。

(五) 信用证方式的特点

信用证方式有以下三个基本特点:

1. 开证银行负第一性付款责任。

信用证方式是一种银行信用,由开证银行以自己的信用作出付款保证。所以,作为一种银行保证文件的信用证,开证银行对之负第一性的付款责任。“UCP 600”第 2 条明确规定:“信用证是指任何安排(arrangement),不论其如何命名或描述,该安排是不可撤销的,从而构成开证行承付相符交单的确定承诺。”按此规定,在所提交的单据符合信用证条款的情况下,开证银行向受益人进行付款,或承兑受益人开立的汇票,并在承兑到期日付款;或在延期付款信用证下,承诺延期付款并在承诺付款到期日付款。可见,信用证的开证银行是首先付款人,出口人(信用证受益人)可凭信用证直接向开证银行或其指定银行凭单取款,而无须先找进口商(信用证的开证申请人)。在信用证业务中,开证银行对受益人的付款责任不仅是第一性的,而且是一种独立的责任。

2. 信用证是一项自足文件。

信用证是独立于有关契约以外的约定。信用证虽以买卖合同为基础,进口人根据合同规定,按时向银行申请开出信用证,其中所列条款,理应与合同规定相一致,但信用证一经开立,就成为独立于买卖合同以外的另一种约定。买卖合同是进出口人之间的契约,只对进出口人双方有约束力。而信用证则是开证银行与受益人(出口人)之间的约定。开证银行与受益人以及参与信用证的其他银行应受信用证的约束,但开证银行和其他参与银行与买卖合同完全无关,也不受买卖合同的约束。“UCP 600”第 4 条明确指出:“信用证按其性质是一项与凭此开立信用证的销售合同或其他合同不相连的交易。即使信用证中援引这类合同,银行也与之毫无关系并不受其约束。因此,银行对承付、议付或履行信用证下任何其他义务的承诺,不受申请人提出的因其与开证行之间或与受益人之间的关系而产生的索赔或抗辩的约束。”可见,信用证是一项自足文件,有关银行只按信用证条款的规定办事,而不问作为其基础的买卖合同或其他合同的规定。

3. 银行所处理的是单据。

信用证业务是一种纯粹的单据业务。“UCP 600”第 5 条规定:“银行所处理的是单据，而不是与单据有关的货物、服务或履约。”在信用证业务中，只要受益人或其指定人能提交符合信用证条款的单据，开证银行就应对受益人开立的汇票承担付款、承兑并支付或议付的责任，开证申请人就有义务接受单据并对已经承付或议付的银行进行偿付。如果单据符合，开证人付了款，但收到货物后发现不符要求，只能由开证申请人根据买卖合同向受益人进行交涉。反之，即使货物相符，而单据与信用证条款规定不符，银行和开证人也有权拒绝付款。可是，按照“UCP 600”第14、34条规定，银行虽有义务审核一切单据，但这种审核只是用以确定单据表面上(on their face)是否显示构成相符交单①，只有当银行确定交单是相符时才承付或议付。同样，申请人也根据表面上符合信用证条款的单据承担接受单据并对履行上项责任的银行进行偿付的义务。所以，“银行对于任何单据的格式、完整性、准确性、真实性、伪造或法律效力，以及单据上规定的或附加的一般或特殊条件概不负责；对于任何单据所代表的货物、服务或其他履约的描述、数量、重量、质量、状态、包装、交货、货物、服务或其他履约的价值或存在，对发货人、承运人、货运商、收货人、货物的保险人或任何其他人的诚信、行为、疏漏、清偿能力、履约能力或资信情况，也不负责。”

应当特别指出，银行虽然只根据表面上符合信用证条款的单据付款、承兑或议付，但这种符合的要求却十分严格，在表面上决不能有丝毫差异。这就是通常所说的在信用证业务中的“严格符合的原则”(doctrine of strict compliance)。这个原则也是信用证方式区别于其他支付方式的基本特征。

（六）信用证的种类

按照UCP 600第3条的解释：即使未作明示，信用证也是不可撤销的。在此基础上，信用证可从不同角度进行分类，现择要分述如下：

1. 跟单信用证和光票信用证。

(1) 跟单信用证(documentary credit)：是指凭跟单汇票或仅凭单据付款的信用证。这里所指的单据，是指代表货物所有权的单据（例如海运提单、多式联运单据），或证明货物已经发运的单据（例如铁路运单、航空运单、邮包收据）以及其他的商业单据，如发票、保险单等。在国际贸易结算中，大都使用跟单信用证。

(2) 光票信用证(clean credit)：是指仅凭光票(clean draft)付款的信用证。这种汇票不需随附货运单据。

2. 保兑信用证和非保兑信用证。

(1) 保兑信用证(confirmed credit)：是指开出的信用证由开证银行授权或要求对信用证加具保兑的信用证。这一家加具保兑的银行称为保兑银行(confir-

① 这里“表面上”一词的含义是指单据的叙述与信用证对单据的叙述相符。

ming bank)。保兑银行通常是通知银行,也可能是其他第三者银行,其对受益人的责任和开证行相同。

(2) 非保兑信用证(unconfirmed credit):是指未经第三者银行保兑的信用证,即一般的信用证,由开证银行单独向受益人负责。

3. 即期付款信用证、延期付款信用证、承兑信用证与议付信用证。

(1) 即期付款信用证(sight payment L/C):是指采用即期兑现方式的信用证,证中通常注明"付款兑现"(available by payment)字样。即期付款信用证的付款行有的就是出口地的通知行,也可以是开证行自己或指定的出口地的其他银行或第三国银行。付款行一经付款,对受益人无追索权。

(2) 延期付款信用证(deferred payment L/C):是指不需汇票,仅凭受益人交来的单据,经审核单证相符,确定银行承担延期付款责任起延长一段时间至到期日付款。确定到期日的方法有:①固定的将来某一天;②交单后若干天;③装运日后若干天。开证行及保兑行(如有的话),对这种信用证承担到期付款责任。

(3) 承兑信用证(acceptance L/C):是指需出具汇票的远期信用证。汇票的付款人在收到符合信用证规定的汇票和单据时,先在汇票上履行承兑手续,俟汇票到期再行付款。

承兑信用证的汇票付款人可以是开证行或其他指定的银行。不论汇票的付款人是谁,开证行均负责该汇票的承兑及到期付款。

承兑信用证一般使用于远期付款交易。然而,有时进口人为了融资方便,或利用银行承兑汇票以取得比银行一般贷款利率为低的优惠贴现率,在与出口人达成即期付款的交易后,开立承兑信用证,证中规定:远期汇票可即期付款,所有贴现和承兑费用由买方负担(The usance draft is payable on a sight basis, discount charges and acceptance commission are for buyer's account)。由于这种信用证的贴现费用由买方负担,因此,又称之为"买方远期信用证"(buyer's usance L/C),在我国习称"假远期信用证"(usance L/C payable at sight)。使用这种信用证,对受益人来说,能够即期十足收款,但要负汇票到期前因付款银行倒闭等原因拒付汇票而可能被追索的风险。开证申请人则可在承担利息和承兑费用的条件下,于远期汇票到期时才向银行付款。所以,这种信用证实际上是银行对进口人的资金融通。

(4) 议付信用证(negotiation L/C)是指开证行在信用证里邀请其他银行(不是以付款行的身份)买入汇票与单据的信用证。议付信用证一般都注明"议付兑现"(available by negotiation)字样。议付信用证又可按是否限定议付行分为两种,凡限定由某一银行议付的,称为限制议付信用证(restricted negotiation L/C);任何银行均可议付的信用证称为公开议付信用证(open negotiation L/C)或自由议付信用证(Freely negotiation L/C)。

“议付”与“付款”的主要区别之一还在于议付行如因开证行无力偿付等原因而未能收回款项时，可向受益人追索，而开证行或指定付款行一经付款就无权向受款人及其前手进行追索。

4. 即期信用证与远期信用证。

(1) 即期信用证(sight L/C)：是指开证行或指定的付款行收到符合信用证条款的即期汇票及/或单据即予付款的信用证。由于即期信用证可使受益人通过银行即期付款或议付取得货款，因而在国际贸易实践中使用最广。

(2) 远期信用证(usance L/C; time L/C)：是指开证行或其指定付款行收到远期汇票及/或单据后，在规定的期限内保证付款的信用证。其主要作用是便于进口人的资金融通。远期信用证主要包括上述承兑信用证和延期付款信用证两种。

5. 可转让信用证与不可转让信用证。

(1) 可转让信用证(transferable credit)：是指受益人有权将信用证的全部或部分金额转让给第三者(即第二受益人)使用的信用证。按 UCP 600 第 38 条规定，只有明确注明“可转让”的方可转让，而且只能转让一次。如信用证允许分批装运，只要累计不超过信用证金额，可分成几个部分分别转让给几个第二受益人。信用证只能按原证规定的条款转让，但信用证金额和单价可以减少；装运期、最迟交单期、到期日可以提前；保险金额加成可以增加；可以用第一受益人名称替换原证申请人名称；第一受益人可以用自己的发票(和汇票)去替换第二受益人的发票(和汇票)，并在信用证项下支取其发票与第二受益人发票之间差额作为其所得利润。进口人开立可转让信用证，意味着他同意将交货、交单转让给出口人指定的其他人履行，但并不等于买卖合同也已被转让。如发生第二受益人不能交货，或交货不符合同、单证不符、单据不符合同要求时，原出口人仍须负买卖合同的卖方责任。

(2) 不可转让信用证(non-transferable credit)：凡信用证上未注明“可转让”字样的均为不可转让信用证，只限于受益人本人使用。

6. 银行保证书和备用信用证。

除信用证外，银行还可开立其他信用凭证，其中银行保证书和备用信用证是目前国际贸易中常见的两种。

(1) 银行保证书(letter of guarantee, L/G)：又称保函，是指保证人根据委托人的申请向受益人开立的担保委托人履行某项义务的书面文件。凡由银行开立的称为银行保证书，或称银行保函，属银行信用。银行保证书按其用途不同也可分为若干种。它与信用证的主要区别在于：信用证的银行付款责任是第一性的，其付款依据是单据，使用于正常履行国际货物买卖合同的场合；而银行保函的银行付款责任在多数情况下是第二性的，如另有规定，也可以是第一性的，通常用于被保证一方违反基础合同(不限于货物买卖)的场合。其付款依据是被保证一方的违约事实。

(2) 备用信用证(standby letter of credit，standby L/C)：是在有些国家不准银行开立保证书的情况下，为适应国际经济贸易往来的实际需要而产生的。所以，它的用途几乎与银行保证书相同。但备用信用证的开证银行的付款责任总是第一性的。

第三节　合同中的支付条款

在国际货物买卖中，支付货款涉及买卖双方的切身利益，因此，买卖双方必须通过磋商一致在合同中就货款的支付作出具体明确的规定。国际货物买卖合同中的支付条款一般包括支付货币、金额、时间和方式等内容。其中支付方式是支付条款中最重要的内容。现对在我国出口业务中常用的支付条款按不同的支付方式举例如下。

一、汇付

在使用汇付方式时，应在合同中明确规定汇付的时间、具体的汇付方式和汇付金额等。例如：

买方应不迟于12月15日将100%的货款由电汇预付并抵达卖方。

The buyers shall pay 100% of the sales proceeds in advance by T/T to reach the sellers not later than Dec. 15.

二、托收

托收有光票托收和跟单托收两种。跟单托收又有付款交单与承兑交单之分；而付款交单方式又有即期付款交单和远期付款交单之别。在远期付款交单方式中，对于汇票的付款日期又有"见票后××天付款"(at … days' sight 或 at … days after sight)、"提单日后××天付款"(at … days after date of bill of lading)和"出票日后××天付款"(at … days after date of bill 或 at … days after date of draft)三种规定方法。所以，在磋商和订立合同条款时，对此均需按具体情况予以明确规定。兹分别举例如下：

付款交单—即期：

买方应凭卖方开具的即期跟单汇票，于见票时立即付款，付款后交单。

Upon first presentation the Buyers shall pay against documentary draft drawn by the Sellers at sight. The shipping documents are to be delivered against payment only.

付款交单—远期：

买方对卖方开具的见票后××天付款的跟单汇票，于提示时应即予承兑，并应于汇票到期日即予付款，付款后交单。

The Buyers shall duly accept the documentary draft drawn by the Sellers at … days' sight upon first presentation and make payment on its maturity. The shipping documents are to be delivered against payment only.

买方应凭卖方开具的跟单汇票，于提单日后××天付款，付款后交单。

The Buyers shall pay against documentary draft drawn by the Sellers at … days after date of B/L. The shipping documents are to be delivered against payment only.

买方应凭卖方开具的跟单汇票，于汇票出票日后××天付款，付款后交单。

The Buyers shall pay against documentary draft drawn by the Sellers at … days after date of draft. The shipping documents are to be delivered against payment only.

承兑交单：

买方对卖方开具的见票后××天付款的跟单汇票，于提示时应即承兑，并应于汇票到期日即予付款，承兑后交单。

The Buyers shall duly accept the documentary draft drawn by the Sellers at … days' sight upon first presentation and make payment on its maturity. The shipping documents are to be delivered against acceptance.

买方对卖方开具的跟单汇票，于提示时承兑，并应于提单日后(或出票日后)××天付款，承兑后交单。

The Buyers shall duly accept the documentary draft drawn by the Sellers upon presentation and make payment at … days after date of B/L(or: after date of draft). The shipping documents are to be delivered against acceptance.

在实际业务中，合同中的托收条款，有时往往订得比较简单。例如：

将即期付款交单简写为：

D/P 即期

D/P at sight 或 D/P sight

远期付款交单，如系见票后 30 天付款，简写为：

D/P 见票后 30 天

D/P at 30 days' sight 或 D/P at 30 days after sight

承兑交单，如系见票后 60 天付款，简写为：

D/A 见票后 60 天

D/A at 60 days' sight 或 D/A at 60 days after sight

如客户与我业务往来较大，对各种托收方式的含义和做法，以及对上述托收条款的简化订法，与我理解完全一致，则在合同中作上述简化的规定，也未尝不可。但是，如对新客户或对某些进口地区按当地习惯对 D/P、D/A 有特殊解释者，例如把 D/P、D/A 分别解释为货到目的地后的"付款交货"(delivery against payment)和"承兑交货"(delivery against acceptance)，则除了应在交易磋商时向对方明确说明各种托收方式的具体含义和做法外，在书面合同中也应作详细的规定，以防事后发生争议。

三、信用证方式

在出口业务中，如采用信用证支付方式，通常应在合同中就信用证的开到时间、开证银行、信用证种类、金额、装运期、有效期等作明确规定。

1. 开证时间：在信用证支付条件下，按时开立信用证，是买方在买卖合同中的主要义务。所谓按时开证，是指按合同规定的时间开证，以便卖方有充分时间作备货、装运、制单等工作。如买方不按时开证并送达卖方，即构成违约，卖方有权要求损害赔偿。为了明确国外买方的开证责任，应在出口合同中具体规定开证和送达卖方的时间，其订法一般有以下几种：

在装运月份前××天开到卖方

to be opened to reach the sellers … days before the month of shipment

不迟于×月×日开到卖方

to be opened to reach the sellers not later than …(month)…(day)

接卖方货已备齐的通知后××天内开证

to be opened within … days after receipt of the sellers' advice that the goods are ready for shipment

前两种是常用的订法。第三种只是在特殊需要时才使用，而按此订法，买方开证以接到卖方通知为前提，如卖方不发出通知，买方就没有开证义务。

2. 开证银行：为保证收汇安全，在销售合同中，有时还应对开证行的资信地位作必要的规定。例如，规定信用证应"通过为卖方可接受的银行"(through a bank acceptable to the Seller)。

3. 信用证种类：信用证种类繁多，且随着具体交易的不同情况，对信用证种类的要求也有不同。因此，每份合同均须明确订定信用证的类别。

4. 支付时间：信用证的支付时间有即期、远期之分。凡是远期付款的信用证，还有不同确定付款时间的方法。对此，均须作出具体规定。例如：

不可撤销信用证见票后××天付款

Irrevocable Credit at … days' sight (at … days after sight)

不可撤销信用证提单日后××天付款

Irrevocable Credit at … days after the date of B/L

不可撤销信用证出票日后××天付款

Irrevocable Credit at … days after the date of draft

5. 金额:信用证金额,一般规定为发票价值的100%。但如果涉及额外费用需在信用证金额外支付者,则必须在合同中明确有关信用证应作相应的规定,以免影响收汇。

又如在出口合同中对装运数量订有“约”数或“溢短装条款”的,则应要求买方在信用证内注明“约”数或规定装运数量多交或少交的百分率,同时,对信用证金额也应作相应规定,以利于货物溢装时收足货款。

6. 到期日和到期地点:到期日(expiry date)又称有效期,是指受益人将符合信用证规定的单据提交给开证行或指定银行的最后日期,因此又称交单截止日。UCP 600 第 6 条 d. i 款规定:“信用证必须规定一个交单到期日,所规定的承付或议付的到期日将被视为交单到期日。”信用证通常还规定一个到期地点,即在何地的银行接受交单予以承付或议付的地点。UCP 600 第 6 条 d. ii 款又规定:可在其兑付的银行的所在地即为交单地点。为便于掌握时间交单议付或收款,出口合同一般应争取规定在我国到期。例如:

在上海议付有效至……

valid for negotiation in Shanghai until …

以上系关于合同中信用证支付条款所涉及的一些主要内容。现将出口合同中信用证支付条款的具体订法,择常用的举例如下:

即期信用证支付条款:

买方应通过卖方可接受的银行于装运月份前××天开立并送达卖方不可撤销即期信用证,有效至装运月份后第 15 天在中国议付。

The Buyers shall open through a bank acceptable to the Sellers an Irrevocable Sight Letter of Credit to reach the Sellers … days before the month of shipment, valid for negotiation in China until the 15th day after the month of shipment.

远期信用证支付条款:

买方应通过可为卖方所接受的银行于装运月份前××天开立并送达卖方不可撤销见票后 30 天付款的信用证,有效至装运月份后第 15 天在上海议付。

The Buyers shall open through a bank acceptable to the Sellers an

Irrevocable Letter of Credit at 30 days' sight to reach the Sellers … days before the month of shipment, valid for negotiation until the 15th day after the month of shipment.

像托收支付条款一样，信用证支付条款在出口合同中也有简化订法，例如：

凭不可撤销即期信用证付款

Payment by Irrevocable Sight Credit

凭不可撤销即期跟单信用证付款

Payment under Irrevocable Documentary Sight Credit

凭不可撤销信用证见票后 30 天付款

By Irrevocable Credit at 30 days' sight

凭不可撤销信用证提单日后 60 天付款

By Irrevocable L/C at 60 days after the date of B/L

使用上述简化订法，必须以买卖双方对合同条款中已被简化的内容有一致的理解为前提。

四、不同支付方式的结合使用

在国际贸易中，对买卖双方来说，绝对安全的支付方式是不存在的，而不同的支付方式，又各有优劣。所以，在实际业务中，虽然一笔交易通常只使用一种支付方式，但必要时，也可以把两种或多种方式结合起来使用。不同方式的结合使用，往往可以起到取长补短、相辅相成的作用，在较大程度上提高收汇和用汇的安全性，同时也有利加快资金周转，方便成交和扩大贸易。现今较为常见的是信用证与托收相结合。

信用证与托收相结合是指不可撤销信用证与付款交单(D/P)托收两种支付方式的结合。其具体做法是一笔交易的部分货款以信用证方式支付，其余货款以托收方式支付。所以，又称"部分信用证、部分托收"。在实践中，必须坚持托收是付款交单方式，出口人在收到信用证经审核无误并装运货物后，要签发两张汇票，一张用于信用证项下部分的货款凭光票支付，另一张随附全部规定的货运单据，按即期或远期付款交单托收。

这种做法对进口人来说，可减少开证金额，少付开证押金，少垫资金；对出口人来说，对托收部分虽有一定风险，但因有部分信用证的保证，而且货运单据在信用证内规定跟随托收汇票，开证行须俟全部货款付清后方能向进口人交单。所以，托收部分货款的收款也能得到保证。

为了防止信用证项下的部分货款收取后，进口人拒付托收款项而单据已被取走的风险，在出口合同中应明确规定如下条款：

买方须在装运月份前××天开立不可撤销信用证并送达卖方，规定××%

发票金额凭即期光票支付，其余××%金额用跟单托收方式(即期或远期)付款交单。全套货运单据附于托收项下，在买方付清发票的全部金额后交单。如果买方不能付清全部发票金额，则货运单据须由开证行掌握，凭卖方指示处理。

Payment by Irrevocable Letter of Credit to reach the sellers … days before the month of shipment stipulating that … %of the invoice value available against clean draft, while the remaining … % against the draft at sight on collection basis. The full set of shipping documents shall accompany the collection draft and shall only be released after full payment of the invoice value. If the buyers fail to pay the full invoice value, the shipping documents shall be held by the issuing bank at the seller's disposal.

思 考 题

1. 解释下列名词：汇票、本票、支票、出票、提示、承兑、背书、拒付、追索权、贴现、拒绝证书。

2. 简述出票人、背书人和承兑人的责任。

3. 试简述商业汇票和银行汇票的主要区别和用途。

4. 光票和跟单汇票的主要区别在哪里？

5. 试比较商业汇票与商业承兑汇票、银行汇票与银行承兑汇票的不同。

6. 试比较汇票、本票与支票的异同。

7. 试写出 T/T、M/T、D/D、D/P、D/A、T/R、D/A 的英文全名、中文译名及其含义。

8. 对卖方来说，汇付是最安全的一种收汇方式吗？

9. 托收共有哪几种？试分别指出其特点。

10.《托收统一规则》(国际商会第 522 号出版物)的主要内容有哪些？

11. 在出口业务中采用托收支付货款，应注意哪些问题？

12. 何谓信用证？试简述其一般的收付程序。

13. 信用证方式的性质及其在国际贸易中的作用，主要表现在哪些方面？

14. 试简述 UCP 600 在信用证业务中的重要性。

15. 试简述使用信用证支付方式的主要特点。

16. 何谓银行保证书和备用信用证？试分别说明其在国际贸易中的用途和两者的主要区别。

17. 在出口业务中，采用部分信用证、部分托收相结合的方式支付货款时，应特别注意什么问题？

第七章　争议的预防和处理

在前几章中所述的货物的品质、数量、包装、价格、交货和支付，是国际货物买卖的主要交易条件。但就高质量地订立买卖合同而言，合同当事人仅就主要交易条件达成协议是不够的。因为，在实际业务中，并非每一项合同都能顺利得到履行，有时会由于一方当事人不履行或不完全履行合同而发生争议。为了预防争议和便于处理可能发生的争议，谨慎的买卖双方在交易磋商和订立合同时，除了以上主要交易条件外，还应对货物的检验、索赔、不可抗力和仲裁等其他交易条件达成协议，并在合同中作出具体规定。

第一节　检　　验

货物的检验(inspection of goods)，或称商品检验(commodity inspection)，是国际贸易买卖双方在交接货物过程中不可缺少的业务环节。为明确责任和维护各自的合法权益，买卖双方应视商品性质和不同的交易情况，在合同中对检验条款作适当的规定。

一、检验的时间和地点

在国际贸易中，买卖合同的货物在什么时间和什么地点进行检验，这不仅关系到买卖双方的权利和义务，而且涉及有关国际贸易惯例和法律的规定。根据惯例和有关国家法律，除买卖双方另有约定外，卖方履行交货之后，买方有权对货物进行检验，如发现所交货物不符合同规定，且确属卖方责任范围者，买方有权要求损害赔偿，或同时拒绝接受货物。因此，买方收到货物后，必须进行检验，然后才能表示对货物的接受或拒收。

英国《货物买卖法》规定：当卖方向买方交货时，卖方应向其提供一个检验货物的合理机会，以便能确定其是否符合合同规定；如买方以前未曾对该货进行过检验，则除非等到其有一个合理的机会加以检验，不能认为买方已接受了货物。

《联合国国际货物销售合同公约》对货物的检验也作了如下规定：买方必须在按实际情况可行的最短时间内检验货物或由他人检验货物。如果合同涉及货物的运输，检验可推迟到货物到达目的地后进行。还规定：卖方对风险移转到买方时所存在的任何不符合同情形，负有责任，即使这种不符合同情形在该时间后方始明显。

我国《合同法》也规定，买方收到货物时应当在约定的检验期间内检验，没有约定检验期间的，应当及时检验。还规定，当事人约定检验期间的，买方应当在检验期间内将不符合约定的情形通知卖方。当事人没有约定检验期间的，买方应当在发现或者应当发现货物的数量或者质量不符合约定的合理期间内通知卖方。

以上国内外法律都认为，买方有权对自己所购买的货物进行检验。但是，必须指出，买方对货物的检验权并不是表示对货物接受的前提条件，买方对收到的货物可以进行检验，也可以不进行检验，假如买方没有利用合理的机会对货物进行检验，就是放弃了检验权，他也就丧失了拒收货物的权利。

确定货物检验的时间和地点，实际上就是确定买卖双方中哪一方行使对货物检验权，也就是以哪一方提供的检验证书为准的问题。对此，在国际贸易中，基本上有三种做法：

1. 离岸品质、重量(shipping quality and weight)：买卖合同规定货物在装运港(地)装运前由卖方委托出口地的商品检验机构(通常是双方同意的机构)对货物的品质和重量进行检验和衡量，出具检验证书，并以所出具的检验证书作为最后依据。在货到目的港(地)后，买方即使委托当地商检机构进行复验，但无权向卖方对品质或重量提出异议。

2. 到岸品质、重量(landing quality and weight)：买卖双方约定，货物的品质和重量应在目的港(地)卸货后进行检验、衡量，以目的港(地)商检机构签发的检验证书作为决定货物品质和重量的最后依据。按此做法，买方可凭上述证书向卖方提出对到货品质或重量的异议。这种做法显然对买方有利。

3. 以装运港(地)的检验证书为收付货款的依据，货到目的港(地)后，允许买方对货物进行复验：按此规定方法，卖方既可在装运时，由装运地商检机构出具检验证书，作为卖方用托收方式或用信用证方式收取或议付货款时的凭证之一，又允许买方于货到目的港(地)后，对货物进行复验。经复验后，如发现货物品质、质量与合同不符，并确属卖方责任时，买方可凭目的港(地)检验机构所出具的检验证书向卖方提出异议。这种做法在一般情况下较为公平合理，也符合国际贸易习惯和法律规则，因此在我当前进出口业务中较为常用。

二、检验机构

在国际贸易中，除买卖双方自行对货物作必要的检验外，买方和卖方为保障各自的利益，分清对所交货物的责任，往往委托一个公正的第三者对货物进行检验。该“第三者”是指一个有资格的、有权威性的、独立于贸易关系人之外的商品检验专业机构。

国际上的进出口商品检验机构有各种类型，名称也多种多样，大致可分为官方的、非官方的和半官方的三种类型。

官方的检验机构是由国家或地方政府设置的，根据国家颁布的有关法令，对特定的进出口商品执行强制的检验、检疫和监督管理。国外的官方机构大都只对某一方面或若干类商品执行检验管理。例如，美国的食品药物管理局（FDA）、日本的负责对工业品和纤维制品检验的产业检查所。

国外的非官方检验机构是由具备专业检验鉴定技术业务能力和国际法律知识的社团法人或私人办理的，称检验公司、公证行或鉴定公司。例如，英国劳埃氏公证行（Lloyd's Surveyor）、瑞士日内瓦通用鉴定公司（Societe Generale de Surveillance S. A. —SGS）。

国外的半官方检验机构是一些有一定权威、由国家政府授权其代表政府行使某项商品或某一方面的检验管理工作的民间检验机构。例如，日本谷物鉴定协会、美国保险商试验室（Underwriters Laboratory—UL）。

我国于建国后成立了国家商品检验部门——中华人民共和国商品检验局，1982年改名为中华人民共和国国家进出口商品检验局，并在各地设立进出口商品检验局及其分支机构。此外，我国各有关部门还设立了专门从事动植物、食品卫生、药物、船舶、飞机、计量器具等检验或检疫的检验机构，例如，动植物检疫局、卫生检疫局、药品检验局（所）、船舶检验局等。1980年建立了中国进出口商品检验总公司，并在各地设立中国进出口商品检验分（子）公司，专门从事进出口商品检验、进出口商品鉴定业务及其他服务业务。

改革开放以来，我国商检机构在一些国家或地区设立了独资或合资的检验机构，与不少国家或地区的检验机构建立了委托代理业务关系或达成了长期或短期的合作协议。同时，经国家质检总局审核同意，外国可以在中国境内设立进出口商品检验鉴定机构，这些机构可以在指定的范围内接受委托办理进出口商品检验、鉴定业务，并接受国家质检总局的监督管理。

为了加强质量监督和检验检疫执法，国务院于2001年4月决定将原国家质量技术监督局和国家出入境检验检疫局合并，成立中华人民共和国国家质量监督检验检疫总局，简称国家质检总局。国家质检总局是主管全国出入境卫生检验、动植物检疫、商品检验、鉴定、认证和监督管理的行政执法机构。

为适应入世要求，2002年4月，九届人大审议通过了《中华人民共和国进出口商品检验法修正案》（以下简称新《商检法》），新《商检法》已于2002年10月1日起正式施行。

根据我国新《商检法》，国家质检总局主管全国进出口商品检验工作，国家质检总局设在各地的出入境检验检疫局（以下简称商检机构）负责管理其所辖地区内的进出口商品检验工作。

新《商检法》规定,在进出口商品检验方面商检机构的基本任务有三项:对进出口商品实施法定检验;办理进出口商品检验鉴定业务;对进出口商品的质量和检验工作实施监督管理。

法定检验是指商检机构根据国家法律法规,对规定的进出口商品或有关的检验检疫项目实施强制性的检验或检疫。属于法定检验的出口商品,未经检验合格的,不准出口;属于法定检验的进口商品,未经检验的,不准销售、使用。

我国对进出口商品实施法定检验的主要目的是保护人类健康和安全、保护动物或者植物的生命和健康、保护环境、防止欺诈行为、维护国家安全。

实施法定检验的范围是指列入《必须实施检验的进出口商品目录》(以下简称《目录》)的进出口商品的检验以及法律、行政法规规定实施检验的进出口商品或者检验项目。《目录》由国家质检总局制定和调整,并公布实施。

法定检验的内容是指确定列入目录的进出口商品是否符合国家技术规范的强制性要求的合格评定活动。合格评定程序包括:抽样、检验和检查;评估、验证和合格保证;注册、认可和批准以及各项的组合。

除法定检验外,我国对部分产品①还实施强制性产品认证。强制性产品认证制度,是各国政府为保护广大消费者人身和动植物生命安全,保护环境、保护国家安全,依照法律法规实施的一种产品合格评定制度,它要求产品必须符合国家标准和技术法规。强制性产品认证,是通过制定强制性产品认证的产品目录和实施强制性产品认证程序,对列入《强制性产品认证目录》中的产品实施强制性的检测和审核。凡列入该目录内的产品,没有获得指定认证机构的认证证书,没有按规定加施认证标志,一律不得进口、出厂销售或在经营服务场所使用。

国家认证认可监督管理委员会(简称国家认监委)是负责全国强制性产品认证工作的机构,其主要职能是:拟定、调整《强制性产品认证目录》,并与国家质检总局共同对外发布;拟定和发布《强制性产品认证目录》内产品认证实施规则;制定并发布认证标志;指定承担认证任务的认证机构、检测机构和检查机构;指导地方质检机构对强制性产品认证违法行为的查处等。

强制性产品认证是由指定机构(如中国质量认证中心、中国电磁兼容认证中心、中国安全技术防范认证中心等)实施具体产品的强制性认证活动并向获证产品及相关企业颁发强制性产品认证证书。地方质检机构(即地方质量技术监督部门和地方出入境检验检疫部门)只是负责对所辖区内列入强制性产品认证目录的产

---

① 例如,电线电缆、电动工具、低压电器、安全玻璃、医疗器械产品、安全技术防范产品、溶剂型木器涂料等。自 2007 年 6 月 1 日起,将对童车、电玩具等六大类玩具实施强制性产品认证。

品实施监督，并对强制性产品认证违法行为进行查处。

强制性产品认证制度，是依据《中华人民共和国产品质量法》、《中华人民共和国进出口商品检验法》、《中华人民共和国标准化法》、《中华人民共和国进出口商品检验法实施条例》、《中华人民共和国产品质量认证管理条例》等法律、法规建立的。强制性产品认证的管理和实施的主要文件有《强制性产品认证管理规定》、《强制性产品认证标志管理办法》、《第一批实施强制性产品认证的产品目录》、《强制性产品认证实施规则》(47份)、《强制性产品认证收费规定》和《强制性产品认证制度实施安排的有关规定》等。

国家强制性产品认证标志的名称为“中国强制认证”(China Compulsory Certification)，英文缩写为“CCC”，也可简称“CCC”标志。因此强制性产品认证也可简称为“3C认证”。

三、检验证书

检验检疫机构对进出口商品检验检疫或鉴定后，根据不同的检验结果或鉴定项目签发的各种检验证书、鉴定证书和其他证明书，统称为检验证书。

目前，我国检验检疫机构签发的检验证书主要有：

1. 品质检验证书(Inspection Certificate of Quality)。
2. 重量或数量检验证书(Inspection Certificate of Weight or Quantity)。
3. 包装检验证书(Inspection Certificate of Packing)。
4. 兽医检验证书(Veterinary Inspection Certificate)；凡加上卫生检验内容的，称兽医卫生检验证书(Veterinary Sanitary Inspection Certificate)。
5. 卫生检验证书(Sanitary Inspection Certificate)，亦称健康检验证书(Inspection Certificate of Health)。
6. 消毒检验证书(Inspection Certificate of Disinfection)。
7. 熏蒸证书(Inspection Certificate of Fumigation)。
8. 温度检验证书(Certificate of Temperature)。
9. 残损检验证书(Inspection Certificate on Damaged Cargo)。
10. 船舱检验证书(Inspection Certificate on Tank/Hold)。
11. 货载衡量检验证书(Inspection Certificate on Cargo Weight & Measurement)。
12. 价值证明书(Certificate of Value)。

四、合同中的检验条款

国际货物买卖合同中的检验条款一般包括下列内容：有关检验权的规定、检验

（复验）时间和地点、检验机构、检验证书等。现举例如下：

买卖双方同意以装运港（地）中国出入境检验检疫局签发的质量和重量（数量）检验证书作为信用证项下议付所提交的单据的一部分，买方有权对货物的质量和重量（数量）进行复验，复验费由买方负担。假如质量和/或重量（数量）被发现与合同规定不符，买方有权向卖方索赔，并提供经卖方同意的公证机构出具的检验报告。索赔期限为货物到达目的港（地）后××天内。

It is mutually agreed that the Certificate of Quality and Weight (Quantity) issued by the China Entry-Exit Inspection and Quarantine Bureau at the port/place of shipment shall be part of the documents to be presented for negotiation under the relevant L/C. The Buyers shall have the right to reinspect the quality and weight (quantity) of the cargo. The reinspection fee shall be borne by the Buyers. Should the quality and/or weight (quantity) be found not in conformity with that of the contract, the Buyers are entitled to lodge with the Sellers a claim which should be supported by survey reports issued by a recognized surveyor approved by the Sellers. The claim, if any, shall be lodged within … days after arrival of the goods at the port/place of destination.

第二节　索　　赔

索赔（claim）或称“要求损害赔偿”，是指买卖合同的一方当事人由于不履行或不完全履行其合同义务，致使另一方当事人遭受损害，受损方要求给予损害赔偿的行为。违约的一方当事人对索赔进行处理，则为理赔。在对外贸易中，索赔和理赔是一项维护国家和企业的权益和信誉的重要工作，必须根据国际贸易惯例和适用的法律，在认真调查研究的基础上，弄清事实，分清责任，实事求是地进行处理。

索赔是处理违约最常用的一种补救措施。此外，还可按具体情况，采用其他补救措施，例如，退货、换货、修理、减价、延迟履行、替代履行、解除合同（或称“宣告合同无效”）等。按照惯例和法律的一般规则，在采取其他违约补救措施时，都不影响受损害的一方当事人向违约方提出索赔的权利。但受损害方向违约方提出索赔时可否同时要求解除合同，则需视违约的具体情况而定。

一、根本违反合同和非根本违反合同

根据各国法律规定，受损害的一方有权采取的补救措施随不同的违约情况而有所不同。有的国家的法律把违约分为根本违反合同（fundamental breach）与非

根本违反合同(non-fundamental breach)两种。凡违约行为属于根本违反合同时，受损害方才有权宣告合同无效并要求损害赔偿；如违约行为属于非根本违反合同时，受损害方只能要求损害赔偿而不能宣告合同无效。《联合国国际货物销售合同公约》也有相同的规定，并对根本违约作了如下定义："一方当事人违反合同的结果，如使另一方当事人蒙受损害，以致实际上剥夺了他根据合同规定有权期待得到的东西，即为根本违反合同。"①

鉴于国际上对违约行为的分类，以及随之而来的受损害方得以采取的补救措施的法律规定有所不同，在磋商和签订销售合同时，对有可能产生争议的问题，在合同中应作出明确的规定，以防患于未然。

二、约定索赔期限和法定索赔期限

索赔期限是指受损害方有权向违约方提出索赔的期限。对索赔期限的意义，应从两方面来理解：一方面它给予受损害方在期限内得以提出索赔的权利；另一方面它限制受损害方，只能在期限内索赔，逾期索赔无效。

索赔期限有约定与法定之分。约定索赔期限是指买卖双方协议一致并在合同中作明确规定的期限。法定索赔期限，是指根据有关法律受损害方有权向违约方提出索赔(要求损害赔偿)的期限。

约定索赔期限可长可短，视买卖货物的性质而定。在我出口合同中，一般规定为："货到目的港(地)后 60 天内"。对某些容易变质或鲜活易腐货物，应规定得短一些。但有些货物，如机械设备，因安装调试费时，则可适当予以延长。法定索赔期限较长，例如，我国《合同法》规定：因国际货物买卖合同争议提起诉讼或者仲裁的期限为四年，自当事人知道或者应当知道其权利受到侵犯之日起计算。《联合国国际货物销售合同公约》第 39 条则规定，"如果买方未在实际收到货物之日起两年内将货物不符合同情形通知卖方，他就丧失声称货物不符合同的权利，除非这一时限与合同规定的保证期限不符"。由于约定索赔期限的效力可超越法定索赔期限，因此在合同中按货物性质规定适当的、合理的索赔期限是十分重要的。

三、索赔金额的确定

确定索赔的具体金额，通常是处理索赔案件的中心问题和发生纠纷时的争议焦点。按照法律和国际惯例正确确定索赔金额，不仅涉及企业的经济权益和对外声誉，也关系到争议的解决和日后业务的发展，所以，对此必须认真对待。

按照多数国家的法律和国际贸易实践，确定索赔金额应符合以下三项原则：

① 参见《联合国国际货物销售合同公约》第 25 条。

(1)赔偿金额应与因违约造成的损失相等；(2)赔偿金额应以可预料的合理损失为限；(3)由于受损害方未采取合理措施使有可能减轻而未减轻的损失，应在赔偿金额中扣除。

四、合同中的索赔条款

在合同中规定索赔条款的方法，通常是订立"异议和索赔"条款。这一条款主要是针对卖方交货的品质、数量或包装不符合同规定而订立的。例如，

异议与索赔(Discrepancy and Claim)：

买方对于装运货物的任何异议，必须于货物运抵提单所列明的目的港60天内提出，并须提供经卖方认可的公证机构出具的检验报告。

Any claim by the Buyers regarding the goods shipped shall be filed within 60 days after the arrival of the goods at the port of destination specified in the relative Bill of Lading and supported by a survey report issued by a surveyor approved by the Sellers.

这一条款中所规定的买方索赔期限(或称"索赔通知期限")，实际上就是前述"检验条件"中所提到的允许买方于货物运抵目的港后进行复验的期限。因此，有的合同把"检验"和"索赔"结合起来订立，称为"检验与索赔"(Inspection and Claim)条款。

第三节　不可抗力

合同一经订立，买卖双方必须严格按照合同的规定履行各自的义务，任何一方不履行或不按合同规定履行，都将构成违约，并须承担损害赔偿的责任。但是，有时合同订立后，不是由于任何一方当事人的过失或疏忽，而是由于当事人在订立合同时不能预见的、对其发生和后果不能避免并不能克服的不可抗力(force majeure)事件，致使合同无法履行，有关当事人得适当变更合同或解除合同而免负损害赔偿的责任。不可抗力事件的范围，可以在合同中作出规定。

一、不可抗力事件的原因

不可抗力事件的原因大体可分自然原因和社会原因两种。

自然原因是指水灾、火灾、暴风雨、闪电、雪灾、地震等。社会原因则有战争、罢工、政府封锁禁运和禁止进出口、国际航道封闭、交通阻塞等。

二、不可抗力事件的处理

根据法律原则，合同订立后，由于不可抗力事件的阻碍而不能履行合同义务的

一方当事人得变更合同或解除合同，并对由此而给另一方当事人造成的损害免负赔偿责任。所谓变更合同，是指由一方当事人提出并经另一方当事人同意，对原订合同的条件或内容作适当的修改，包括延期或分期履行、替代履行和减量履行。如变更合同尚不能达到合理的结果时，则可采取解除合同的办法。至于在什么情况下可以变更合同，在什么情况下可以解除合同，则应视不可抗力事件对合同所造成的影响程度而定。

至于诸如买方由于无力偿付货款或汇率变化以及市场价格波动等情况而不履约者，均不能作为不可抗力事件的原因而免除履约的责任。因为，这种情况在实际业务中是经常可能发生的，是可以预见和预防的，也不是不能避免的，不应认为这是不能履行合同的障碍。

三、通知的责任

不可抗力事件发生后，不能履约的一方当事人必须将不可抗力事件及其对他履行合同义务能力的影响，及时通知另一方。如果该项通知在不能履行义务的一方已经知道或理应知道这一事件后的一段合理时间内仍未为另一方收到，则不能履约一方对由于另一方未收到通知而造成的损害应负赔偿责任。例如，订约后，卖方所在国政府宣布禁止有关合同货物出口，卖方应立即将禁止出口的事实通知买方，并商定解决办法，如卖方不及时通知买方，致使买方遭受更大的损失，则卖方将对此负损害赔偿责任。

一方接到对方关于不可抗力事件的通知和/或下文所述的证明文件后，无论同意与否，均应及时给予答复，否则，将被视作默认。

四、必要的证明文件

因发生不可抗力事件，致使合同不能履行时，不履行义务的一方当事人除应迅速通知对方外，在一般情况下，还应向对方提供必要的证明文件。这种证明文件通常有：当地工商组织(例如商会)出具的证明；对方国家驻在不履行义务一方当事人所在地的领事出具的证明；报导有关不可抗力事件的报纸；其他具有证明效力的证明文件。

在我国出口业务中，如需我方提供证明时，一般由中国国际贸易促进委员会(即中国国际商会)出具；如由对方提供时，则大都由当地商会或经登记的公证人出具。

法律原则和贸易实践一般都承认因发生不可抗力事故而不能履约的一方当事人得免除责任，但发生不可抗力事故的原因，名目繁多，究竟包括哪些，在国际上并没有公认的统一的认识。因此，为了明确责任和避免事后发生争议，在买卖合同中应订立不可抗力条款。

五、合同中的不可抗力条款

国际货物买卖合同中不可抗力条款的内容，除不可抗力事件的范围外，还包括事件发生后通知对方的期限和方式，以及出具事件证明的机构等。其规定方法有概括式、列举式和综合式三种。现分别举例如下：

1. 概括式。

如由于不可抗力的原因，致使卖方不能全部或部分装运，或延迟装运合同货物，卖方对于这种不能装运，或延迟装运本合同货物不负有责任。但卖方须以电讯方式通知买方，并须在×天内，以航空挂号信件向买方提交由中国国际贸易促进委员会（中国国际商会）出具的证明此类事件的证明书。

If the shipment of the contracted goods is prevented or delayed in whole or in part due to Force Majeure, the Seller shall not be liable for non-shipment or late shipment of the goods of this contract. However, the Seller shall notify the Buyer by teletransmission and furnish the latter within … days by registered airmail with a certificate issued by the China Council for the Promotion of International Trade (China Chamber of International Commerce) attesting such event or events.

2. 列举式。

如由于战争、地震、水灾、火灾、暴风雨、雪灾的原因，致使卖方不能全部或部分装运或延迟装运合同货物，卖方对于这种不能装运或延迟装运本合同货物不负有责任。但卖方须以电讯方式通知买方，并须在×天以内，以航空挂号信件向买方提交由中国国际贸易促进委员会（中国国际商会）出具的证明此类事件的证明书。

If the shipment of the contracted goods is prevented or delayed in whole or in part by reason of war, earthquake, flood, fire, storm, heavy snow, the Seller shall not be liable for non-shipment or late shipment of the goods of this contract. However, the Seller shall notify the Buyer by teletransmission and furnish the latter within … days by registered airmail with a certificate issued by the China Council for the Promotion of International Trade (China Chamber of International Commerce) attesting such event or events.

3. 综合式。

如由于战争、地震、水灾、火灾、暴风雨、雪灾或其他不可抗力的原因，致使卖方不能全部或部分装运或延迟装运合同货物，卖方对于这种不能装运或延迟装运本合同货物不负有责任。但卖方须以电讯方式通知买方，并须在×天内以航空挂号信件向买方提交由中国国际贸易促进委员会(中国国际商会)出具的证明此类事件的证明书。

If the shipment of the contracted goods is prevented or delayed in whole or in part by reason of war, earthquake, flood, fire, storm, heavy snow or other causes of Force Majeure, the Seller shall not be liable for non-shipment or late shipment of the goods of this contract. However, the Seller shall notify the Buyer by teletransmission and furnish the latter within … days by registered airmail with a certificate issued by the China Council for the Promotion of International Trade (China Chamber of International Commerce) attesting such event or events.

第四节　仲　裁

在国际贸易中,买卖双方在合同履行中发生争议是难以完全避免的。处理争议,可通过友好协商、调解、仲裁和诉讼四种途径。双方友好协商是解决争议最妥善的方法。如果双方协商不成,有时采取调解的方法。调解(conciliation)是指邀请第三者居间调停。虽然调解人可以提出解决争议的意见供买卖双方考虑采纳,但调解仍属协商性质,其解决办法需经买卖双方一致同意。但有时由于争议所涉及的金额巨大、性质严重,双方各执己见无法消除分歧,因此,不得不在后两种方式中选择解决。司法诉讼(litigation)费用高、耗时久,往往造成当事人之间的关系紧张,且跨国诉讼,执行判决较为困难。仲裁(arbitration)则是买卖双方达成协议,自愿将有关争议交付双方所同意的仲裁机构进行裁决的方式。它具有花钱少、费时不长、不致影响或较少影响双方之间正常业务关系、执行裁决较有保证等特点。所以,在国际贸易中,仲裁一般能为买卖双方所接受。

一、仲裁的形式和机构

仲裁有临时仲裁和机构仲裁两种。

临时仲裁,是指当事人根据仲裁协议将争议提交给由临时组成的仲裁庭进行仲裁。这种临时仲裁庭是为审理某一具体案件根据当事人之间的约定而特地组成的;仲裁审理终结,作出了裁决,仲裁庭即自动解散。

机构仲裁,是指当事人根据仲裁协议将争议提交给双方约定的常设仲裁机构进行仲裁。所谓常设仲裁机构,是指根据一国的法律或有关规定设立的,有固定名称、地址、仲裁员设置和具备仲裁规则的仲裁机构。仲裁规则是规定进行仲裁的程序和具体做法,它为仲裁机构、仲裁员和争议双方当事人提供一套进行仲裁的行为准则。常设仲裁机构一般是民间机构，并非政府机构或国家司法机构；它通常附设于有影响的、有权威的商会组织及某些非政府间的国际组织或专业协会之下。由于常设仲裁机构能为仲裁工作提供必要的服务和便利，有利于仲裁工作的顺利进行，因此，当前国际商事仲裁绝大部分采用机构仲裁。

世界上很多国家、地区和一些国际性、区域性组织设有从事国际商事仲裁的常设机构。例如：瑞典斯德哥尔摩仲裁院、瑞士苏黎世商会仲裁院、英国伦敦国际仲裁院、美国仲裁协会、日本国际商事仲裁协会、新加坡国际仲裁中心、中国香港国际仲裁中心以及设在巴黎的国际商会仲裁院等。

我国常设的涉外商事仲裁机构是中国国际经济贸易仲裁委员会，又称中国国际商会仲裁院，隶属于中国国际贸易促进委员会（中国国际商会）。仲裁委员会总会设在北京，在深圳、上海、天津和重庆分别设有华南分会、上海分会、天津国际金融中心和西南分会。中国国际经济贸易仲裁委员会受理案件的范围是：国际的或涉外的争议案件；涉及香港、澳门两个特别行政区或台湾地区的争议案件；国内争议案件。

此外，上海等部分省市设立的综合性的地方仲裁委员会也可以受理涉外仲裁案件。

二、仲裁协议

（一）仲裁协议的作用

发生争议的双方中任何一方申请仲裁时必须提出双方当事人订立的仲裁协议，它的作用是：(1)表明是双方当事人自愿提交仲裁的。(2)作为仲裁机构受理争议案件的法律依据。仲裁机构只能受理当事人有仲裁协议的案件，这是仲裁的基本原则。(3)可排除法院对于争议案件的管辖权。法院不受理争议双方订有仲裁协议的争议案件。

（二）仲裁协议的形式

仲裁协议必须是书面的，它有两种形式：

一种是合同中的仲裁条款（Arbitration Clause）。它是在争议发生之前，合同当事人双方在买卖合同或其他经济合同中订立的仲裁条款。

另一种是在争议发生之后，双方当事人达成的提交仲裁的协议（Submission Agreement 或 Arbitration Agreement）。此种协议必须是双方以书面形式订立的，包括通过往来信件、数据电文（包括电报、电传、传真、电子数据交换和电子邮件）等方式达成的提交仲裁协议。

以上两种形式具有同等的法律效力。

三、选定仲裁员

争议被提交给仲裁机构仲裁后，双方当事人应按仲裁机构的仲裁规则指定仲裁员。根据2005年1月11日修订并通过，自2005年5月1日起实施的《中国国际经济贸易仲裁委员会仲裁规则》，双方当事人在仲裁委员会的仲裁员名册中各自选定一名仲裁员。如当事人对仲裁员人选不熟悉，可委托仲裁委员会主任指定。然后，双方当事人应共同选定或委托仲裁委员会主任指定第三名仲裁员担任首席仲裁员。为了贯彻尊重当事人意思自治原则，上述2005年版《仲裁规则》规定：当事人可约定在仲裁委员会仲裁员名册外选定仲裁员。当事人选定的人士经仲裁委员会主任依法确认后可以担任仲裁员和首席仲裁员。由三名仲裁员组成仲裁庭，通过合议的形式对争议案件进行审理和裁决。有必要指出，双方当事人各自选定的仲裁员根据适用的法律公正地审理案件，他们并非选定一方当事人的代理人。当事人可以委托代理人办理有关仲裁程序事项和代表出庭。按上述《仲裁规则》，双方当事人也可在仲裁委员会仲裁员名册中或名册外共同选定或者共同委托仲裁委员会主任指定一名仲裁员作为独任仲裁员，成立仲裁庭，单独审理案件。

四、仲裁裁决的承认和执行

仲裁裁决的承认是指法院根据当事人的申请，依法确认仲裁裁决具有可予执行的法律效力；仲裁裁决的执行是指法院根据一方当事人的申请依法强制另一方当事人执行裁决事项。

仲裁裁决一经作出，就具有法律效力，对双方当事人都有约束力，当事人应当自动履行裁决。裁决书写明期限的，应在规定的期限内自动履行，如未写明期限的，应当立即履行。[①]在实践中，败诉方拒不履行裁决的情况并不少见。由于仲裁机构和仲裁员本身无强制执行的权力，如果败诉方拒绝履行，胜诉方可向法院申请强制执行。但是，国际商事仲裁有可能发生另一种情况，即在甲国进行仲裁，而败诉方在乙国，这样胜诉方在向外国的法院申请强制执行时，有可能存在困难。

为了解决各国在承认和执行外国仲裁裁决问题上所存在的分歧，联合国经济和社会理事会于1958年6月在纽约召开国际商事仲裁会议，通过了《承认和执行外国仲裁裁决公约》(Convention on the Recognition and Enforcement of Foreign Arbitral Awards)(简称《1958年纽约公约》)，该公约成为有关承认和执行外国仲裁裁决的一个最重要的国际公约，有一百多个国家批准参加了这个公约。我国于1987年1月22日批准加入该公约，并于1987年4月22日生效。《1958年纽约公约》的主要内容是要求所有缔约国承认当事人之间订立的书面仲裁协议(包括合同中的仲裁条款)在法律上的效力，并根据该公约的规定和申请执行地的程序，承认和执行外国仲裁裁决。

---

① 参见《中国国际经济贸易仲裁委员会仲裁规则》(2005)第49条。

我国仲裁机构作出的涉外仲裁裁决，其强制执行分为国外执行和国内执行两种。由于我国已加入《1958 年纽约公约》，我国仲裁机构的涉外仲裁裁决可以在世界上已加入该公约的国家和地区得到承认和执行；此外，我国政府与外国政府签订的贸易协定、航海协定和其他双边协定，一般也都订有互相承认和保证执行仲裁裁决的条款，我国企业在与这些协定对方国家的当事人发生争议时，也可据以办理。至于对方所在国既未参加《1958 年纽约公约》，又未与我国签订双边条约，只要对方所在国执行外国仲裁裁决无特殊限制的，当事人也可以直接向外国有管辖权的法院申请承认和执行，一般也可获得执行。如在国内执行，则可根据我国法律的规定，向败诉方所在地或者财产所在地的中级人民法院申请执行。

至于外国仲裁机构的裁决，需要我国法院承认和执行的，一方当事人可直接向被执行人住所地或者其财产所在地的中级人民法院申请。我国法院依照我国缔结或参加的国际条约，或者按照互惠的原则办理。

五、合同中的仲裁条款

我进出口贸易合同中的仲裁条款，一般规定仲裁地点、仲裁机构、仲裁规则和裁决的效力等内容。

仲裁地点的选择是双方当事人都十分关心的问题，任何一方由于对其本国仲裁机构和有关程序规则比较了解，所以大都希望在其本国进行仲裁。我外贸企业对仲裁地点的选择，一般可争取在我国仲裁；经过协议，也可规定在被申请人①所在国仲裁。有时根据业务的实际需要，也可规定在双方同意的第三国或对方国仲裁。

我进出口合同中仲裁条款的具体规定方法主要有下列三种：

1. 规定在我国仲裁。

凡因本合同引起的或与本合同有关的任何争议，均应提交中国国际经济贸易仲裁委员会，按照申请仲裁时该会现行有效的仲裁规则进行仲裁。仲裁裁决是终局的，对双方均有约束力。

Any dispute arising from or in connection with this Contract shall be submitted to China International Economic and Trade Arbitration Commission for arbitration which shall be conducted in accordance with the Commission's arbitration rules in effect at the time of applying for arbitration. The arbitral award is final and binding upon both parties.

---

① 根据《中国国际经济贸易仲裁委员会仲裁规则》，提出仲裁申请的一方当事人称"申请人"(claimant)，另一方当事人称"被申请人"(respondent)。

买卖双方也可约定将其争议提交仲裁委员会在北京进行仲裁，或者约定将其争议提交仲裁委员会华南分会或上海分会在深圳或在上海进行仲裁。如仅订明由中国国际经济贸易仲裁委员会进行仲裁，而未订明地点的，则由申请人选择，可提交在北京的仲裁委员会进行仲裁，或者提交华南分会在深圳进行仲裁，或者提交上海分会在上海进行仲裁；作出选择时，以首先提出选择为准；如有争议，则由仲裁委员会作出决定。此外，由中国国际经济贸易仲裁委员会或其分会受理的案件，通常应分别在北京或其分会所在地进行审理。但经仲裁委员会秘书长或分会秘书长批准，也可在我国其他地点进行审理。①

2. 规定在被申请一方所在国仲裁。

凡因执行本合同所发生的或与本合同有关的一切争议，双方应通过友好协商解决。如果协商不能解决，应提交仲裁。仲裁在被申请一方所在国进行。如在中国，则由中国国际经济贸易仲裁委员会根据该会仲裁规则进行仲裁。如在××（国家），由××（仲裁机构）根据该机构仲裁规则进行仲裁。仲裁裁决是终局的，对双方都有约束力。

All disputes arising out of the performance of, or relating to this contract, shall be settled amicably through friendly negotiation. In case no settlement can be reached through negotiation, the case shall then be submitted for arbitration. The location of arbitration shall be in the country of the domicile of the defendant. If in China, the arbitration shall be conducted by the China International Economic and Trade Arbitration Commission in accordance with its rules of arbitration. If in …, the arbitration shall be conducted by … in accordance with its rules of arbitration. The arbitral award is final and binding upon both parties.

3. 规定在双方同意的第三国仲裁。

凡因执行本合同所发生的或与本合同有关的一切争议，双方应通过友好协商解决。如果协商不能解决，应提交××（国）××（地）××（仲裁机构），根据该仲裁机构的仲裁规则进行仲裁。仲裁裁决是终局的，对双方都有约束力。

All disputes arising out of performance of, or relating to this contract, shall be settled amicably through friendly negotiation. In case no settlement can be reached through negotiation, the case shall then be submitted to … for arbitration, in accordance with its rules of arbitration. The arbitral award is final and binding upon both parties.

---

① 参见《中国国际经济贸易仲裁委员会仲裁规则》(2005)第31、32条。

思 考 题

1. 试简述检验、索赔、不可抗力、仲裁条款在国际货物买卖合同中的重要性。

2. 在国际货物买卖中，买方收到货物，是否即意味着买方已接受货物？为什么？

3. 何谓“法定检验”？其目的何在？

4. 何谓“强制性产品认证”？试写出国家强制性产品认证标志的中文名称、英文名称及其缩写。

5. 在我出口贸易中，我出口企业在合同中一般如何规定货物检验的时间和地点？为什么？

6. 何谓“根本违反合同”和“非根本违反合同”？受损害的一方当事人可分别主张何种权利？

7. 何谓“约定索赔期限”和“法定索赔期限”？为什么我出口企业应在合同中规定索赔期限？

8. 何谓“不可抗力事件”？

9. 按法律原则，发生不可抗力事件后，对合同可作如何处理？

10. 不可抗力事件发生后，由此而不能履约的一方当事人应采取哪些步骤？为什么？

11. 在国际贸易中，处理争议的方法有哪几种？

12. 何谓“仲裁”？为什么通过仲裁解决争议的方法一般能为买卖双方所接受？

13. 何谓仲裁协议？其作用何在？

14. 仲裁协议有哪几种形式？何种较好？为什么？

15. 我出口合同中的仲裁条款主要包括哪些内容？对于仲裁地点的规定，哪一种对我较为有利？

第八章　国际货物买卖合同的磋商和签订

合同磋商(contract negotiation),又称交易磋商(business negotiation),是指买卖双方为购销某项货物就各项交易条件进行洽商,以期达成协议的过程。合同磋商是以成立合同为目的的,一旦双方对各项交易条件协商一致,买卖合同即告成立,交易双方都要受合同的约束。因此,做好磋商工作,不仅关系到交易成败和经济效益,而且还决定着达成的合同是否符合我国对外贸易的方针政策和企业的权益。由此可见,合同磋商是全部对外贸易业务活动中的一个最为重要的环节,必须认真对待。

合同磋商是一项政策性、策略性、技术性都很强的工作,这就要求从事此项工作的人员具有较高的政策水平、外贸专业知识、外贸外语特别是英语水平,并具有高度的责任心和认真踏实的工作作风。只有这样,才能质高量好地对外组织成交。

第一节　合同磋商的形式和内容

合同磋商的形式有口头和书面之分。口头磋商是由我方人员与外商当面或电话洽谈,包括我外贸企业邀请国外客户来访,参加各种商品交易会(如广交会、小交会),以及由我方派遣业务人员、贸易代表团,或委托驻外机构、海外企业代为在当地洽谈等面对面的磋商。书面磋商系使用信件和数据电文(包括电报、电传、传真、电子数据交换和电子邮件)进行磋商。

合同磋商的内容,以货物的品质、数量、包装、价格、交货和支付条件为主要内容,但通常也涉及检验、索赔、不可抗力和仲裁条件等其他内容。之所以说货物的品质等前六项为主要内容或主要交易条件,是由于这六项条件是成立买卖合同所不可缺少的交易条件,买卖双方欲达成交易、订立合同,必须至少就这六项交易条件进行磋商并取得一致意见。至于其他交易条件,特别是检验、索赔、不可抗力和仲裁,虽非成立合同所不可缺少的内容,但是为了提高合同质量,防止和减少争议的发生以及便于解决可能发生的争议,买卖双方在合同磋商时也不容忽视。

为了简化合同磋商内容、加速磋商的进程,并节省磋商的时间和费用,精明的进出口商往往在正式进行磋商交易之前,先与对方就"一般交易条件"达成协议。

所谓"一般交易条件"(general terms and conditions),是指由出口商为出售或进口商为购买货物而拟订的对每笔交易都适用的一套共性的交易条件。出口商所拟订的一般交易条件,有的称为"一般销售条件"(general conditions of sales);进口商所拟订的一般交易条件,有的称为"一般购货条件"(general conditions of purchase)或"订购条件"(conditions of order)。名称不同,实质则一。

一般交易条件应按所经营的商品大类(如轻工业品、粮油食品、机械等)或按商品品种(如棉布、呢绒、真丝织物、人造丝织物等),分别予以拟订。因此,有的外贸企业由于其所经营的商品范围较广,而有必要按不同大类/品种拟订数套一般交易条件。一般交易条件的内容,虽各有不同,但就我出口企业所拟订的一般交易条件而言,通常包括以下几方面:(1)有关预防和处理争议的条件(如关于货物检验、索赔、不可抗力和仲裁的规定);(2)有关主要交易条件的补充说明(如品质机动幅度、数量机动幅度、允许分批/转运、保险金额、险别和适用的保险条款、信用证开立的时间和到期日、到期地点的规定);(3)个别的主要交易条件(如通常采用的包装方法、凭不可撤销即期信用证支付的规定)等。

一般交易条件大都印在由进口商或出口商自行设计和印制的销售合同或购货合同格式的背面或格式正面的下部。有的则将其拟订的一般交易条件单独印制成文,以供分发给可能与之交易的客户之用。因此,一般交易条件也称格式条款。

为了使一般交易条件能适用于日后所订立的所有合同,我出口企业通常在与国外客户建立业务关系之初,将印有一般交易条件的销售合同(确认书)格式或单独印制的文件送交有关客户,要求其阅读,并以书面确认同意在今后交易中采用我方的一般交易条件。只有在实际交易前,事先得到对方对由我方提出的一般交易条件的确认,才能对双方日后订立的合同具有约束力。如果事先不取得对方的同意,在具体交易达成后,再向对方提出我方所拟订的一般交易条件,将有可能被对方以我方提出新的、额外的交易条件为由而加以拒绝,甚至否定已成立合同的有效性,并由此而引起争议甚至造成经济损失。

印制在合同(确认书)格式上的一般交易条件,经对方确认后,虽可适用于所有合同,但并不是说在日后具体交易中,不得对一般交易条件的任何规定作任何变更。应该注意的是:我外贸企业与国外客户磋商具体交易时,是可以根据交易的实际需要,作出与一般交易条件不同的规定的。在此情况下,双方在具体交易中洽商同意的条件,其效力将超越一般交易条件中所规定的条件。这是有法律原则可以依据的:事后协议可改变或否定事先协议;合同中的书写条款(written clauses)可改变或否定印刷条款(printed clauses)。

第二节　合同磋商的一般程序

在外贸业务中，合同磋商的一般程序可概括为"询盘"、"发盘"、"还盘"和"接受"四个环节。

一、询盘

询盘(enquiry)，又称询价，是指买方或卖方为了购买或销售货物而向对方提出关于交易条件的询问。其内容可只询问价格，也可询问其他一项或几项交易条件，甚至要求对方发盘。

询盘对于询盘人和被询盘人均无法律上的约束力，而且不是合同磋商的必经步骤，但它往往是交易的起点，故应予以重视，作及时和适当的处理。

二、发盘

发盘(offer)，又称发价，是买方或卖方向对方提出各项交易条件，并愿意按照这些条件达成交易、订立合同的一种确定的表示。在实际业务中，发盘通常是一方在收到对方的询盘后作出的，但也可不经对方询盘而径向对方发盘。

由卖方作出的发盘，称销售发盘(selling offer)；由买方作出的发盘，称购买发盘(buying offer)，习称"递盘"(bid)。

发盘在其有效期内，发盘人不得任意取消或修改其内容。发盘一经受盘人在有效期内表示无条件地接受，发盘人将承担按发盘条件与受盘人建立合同关系的法律责任。

三、还盘

还盘(counter-offer)，又称还价，是受盘人对发盘条件不完全同意而提出变更的表示。还盘实际上是由原受盘人所作出的一项新的发盘。还盘后，如另一方对还盘条件不同意，可再还盘。一笔交易有时不经过还盘即可达成，有时则要经过还盘，甚至往返多次还盘才能达成。

四、接受

接受(acceptance)是买方或卖方同意对方在发盘中提出的各项交易条件，并愿按这些条件达成交易、订立合同的一种确定的表示。一方的发盘经另一方接受，交易达成，合同即告成立；双方就应各自履行其所承担的合同义务。

以上所述是在业务上合同磋商一般需经过的程序。但在实际业务中，询盘并非每笔交易的达成所不可缺少的环节，买方或卖方都可不经对方询盘而直接向对方作出发盘。还盘也非合同磋商的必经环节，如受盘人对发盘立即表示接受，那么也不存在还盘；即使受盘人作出还盘，它实际上是一项新的发盘；被还盘人的再还盘也是对还盘拒绝后所作出的一项新的发盘。因此，在法律上，发盘和接受是合同成立所不可缺少的两个基本环节。

第三节 发盘和接受

如上所述，国际货物买卖合同是经过发盘和接受两个基本环节成立的。发盘和接受也是国际上为各国法律所普遍承认的合同成立必须具备的法律程序或交易程序(bargaining process)。《中华人民共和国合同法》(以下简称《合同法》)第 13 条规定："当事人订立合同，采取要约、承诺方式。"[①]第 25 条规定："承诺生效时合同成立。"《联合国国际货物销售合同公约》(以下简称《公约》)第 23 条规定："合同于按照本公约规定对发价[②]的接受生效时订立"。可见我国法律关于合同订立程序的原则与《公约》的有关规定是一致的。鉴于我国已经批准加入该公约以及批准参加该公约的国家越来越多的事实，我外贸企业在与国外企业磋商交易、订立出口或进口合同时，可以参照该公约关于合同订立的规定行事。

以下将参照《公约》、我国《合同法》和某些国家的法律规定，并联系我国外贸实际，进一步介绍关于发盘和接受的法律规则，及其在实际业务中的应用。

一、发盘

(一) 发盘的定义和构成发盘的必备条件

《公约》第 14 条(1)款对发盘作了如下定义："向一个或一个以上特定的人提出的订立合同的建议，如果十分确定并且表明发价人在得到接受时承受约束的意旨，即构成发价。一个建议如果写明货物并且明示或暗示地规定数量和价格或规定如何确定数量和价格，即为十分确定。"我国《合同法》第 14 条也有类似规定。《公约》第 15 条(1)款和我国《合同法》第 16 条又规定：发价于送达被发价人时生效。据此，构成一项法律上有效的发盘必须具备以下四个条件：

1. 向一个或一个以上特定的人提出。

发盘必须向一个或一个以上特定的人(specific persons)作出。所谓"特定的人"，是指在发盘中指明个人姓名或企业名称的受盘人。这一规定的目的是为了将

---

① "要约"和"承诺"是我国法律上的用辞，它们分别指"发盘"和"接受"。

② 《联合国国际货物销售合同公约》中文本原文均用"发价"这一名称，而不用"发盘"的名称；两者的英文名称均为"offer"。

向特定对象作出的发盘与在报刊上刊登广告、向国外客商寄发商品目录、价目单和其他宣传品的行为区分开来。在后一种情况下，广告的对象是广大社会公众，商品目录、价目单和宣传品是普遍寄发给为数众多的客商的。这些对象都不属特定的人。因此，这类行为一般不能构成发盘，而仅能视为发盘邀请。但是，如果广告内容十分具体、明确和肯定，在一定事实情况下，也可能成为一项发盘，一旦见到广告的人作出接受的行为，该刊登广告者即须按广告中所提出的条件，履行其诺言。①至于向国外众多客商大量寄发商品目录、价目单等宣传品，谨慎的出口商往往在这些宣传品上注明"所列价格仅供参考"(The prices stated are for reference only)。

2. 表明承受约束的意旨。

一项发盘必须明示或默示地表明当受盘人作出接受时发盘人承受约束的意旨。所谓"承受约束"，即承担按发盘的条件与受盘人订立合同的责任。明示地表明，例如，说明是"发盘"、"发实盘"、"递盘"、"递实盘"、"定货"、"订货"或规定"有效至××(日期)"等。但是否使用上述词句，并不是辨别一方当事人是否具有"得到接受时承受约束的意旨"的唯一依据。"承受约束的意旨"也可默示地表明，那就要分析对方所作出的表示的整个内容，并应适当地考虑到与事实有关的一切情况：包括谈判情形、当事人之间确立的任何习惯做法、惯例和当事人其后的任何行为。②

在实际业务中，如果对另一方当事人所作出的表示存在疑问(即难以确定是否具有"承受约束的意旨")，一方当事人通常可采用快速通讯的方法加以澄清，而不宜任意猜测。

3. 内容必须十分确定。

发盘的内容必须十分确定。③只有内容确定的发盘，才能经接受而成立合同。所谓发盘内容的确定，是指发盘的条件是完整的、明确的和终局的(complete, clear and final)。

一项条件完整的发盘，按照我国外贸实践，通常应包含有关买卖货物的品质、数量、包装、价格、交货和支付等主要交易条件。但是，在实际业务中，一项发盘往往不是以上述所有主要交易条件完整的形式出现的。其所以如此，是由于发盘中在表面上所缺少的某些主要交易条件，在一定情况下可以从其他方面予以确定。

发盘的主要交易条件表面上不完整而实际上是完整的，有以下三种背景情况：

(1) 买卖双方事先订有"一般交易条件"的协议。如在业已经对方确认的"一般交易条件"中包含了某些主要交易条件，那么，发盘的内容可予简化，表面上看来缺少了某些主要交易条件，实际上并不影响发盘主要交易条件的完整性。例如，在

---

① 参见《联合国国际货物销售合同公约》第 14 条(2)款和《中华人民共和国合同法》第 15 条。

② 参见《联合国国际货物销售合同公约》第 14 条(1)款和《中华人民共和国合同法》第 14 条(二)款。

③ 参见《中华人民共和国合同法》第 14 条(一)款。

“一般交易条件”中已订明“支付方式:凭不可撤销即期信用证”,除了拟作改动者外,就可在发盘中不列明上述支付条件。

(2)援引来往函电及先前的合同。在交易磋商中:发盘人在发盘时往往援引双方之间在过去或这一过程中来往的函电,或说明某些条件与先前订立的某一合同相同,借以省略发盘的内容。在这种情况下有关发盘的主要交易条件,在表面看来是不完整的,而实际上却是完整的。

(3)买卖双方在先前业务交往中已形成的某些习惯做法。买卖双方之间对某些主要交易条件虽未作为“一般交易条件”的内容取得协议在先,但在先前业务交往中已形成了习惯做法,为双方所熟知。这样,在双方具有共同理解的基础上,发盘人在发盘中即使不列明这些条件,也不影响主要交易条件的完整性。

值得注意的是,《公约》第14条(1)款规定,一项订立合同的建议“如果写明货物并明示或暗示地规定数量和价格或规定如何确定数量和价格,即为十分确定”。据此,一项仅写明货物,规定数量和价格或如何确定数量和价格的发盘,在得到接受而成立合同时,合同的其余条件按惯例或按《公约》第三部分关于货物销售的条款来决定。《公约》关于发盘仅需明示或默示地规定货物、数量、价格,以及甚至可不规定价格[①]的做法,虽然在法律上是可行的,但是,在实际业务中则往往是不可取的。

发盘内容的确定性,还表现在发盘中的交易条件是明确的。所谓明确,是指交易条件不是含糊的、模棱两可的。如果,对价格的规定,注明“参考价”(reference price)或“指示性价格”(price indication),或对交货期规定为:“大约9月份”(about September)等,这些交易条件都是不明确的,从而使发盘成为不确定。

一项确定的发盘,还要求对其所规定的各项交易条件是终局的,即没有任何诸如“以我方确认为准”(subject to our confirmation)、“以未售出为准”(subject to prior sale)、“不受约束”(without engagement)等保留条件或限制性的条件。也就是说,发盘人对发盘条件承担肯定的责任,一经受盘人接受,发盘人即按发盘条件与受盘人建立合同关系。

4. 送达受盘人。

发盘必须送达受盘人(An offer must be communicated to the offeree)。《公约》第15条规定:“发价于送达被发价人时生效”。据此规定,发盘在未被送达受盘人之前,即使受盘人已由某一途径获悉该发盘,他也不能接受该发盘。所谓“送达”(reach)对方,是指将发盘内容通知对方或送交对方本人,或其营业地或通讯地址,如无营业地或通讯地址,则送交对方惯常居住地。

---

① 参见《联合国国际货物销售合同公约》第55条。

我国《合同法》第十六条规定："要约到达受要约人时生效。采用数据电文形式订立合同，收件人指定特定系统接收数据电文的，该数据电文进入该特定系统的时间，视为到达时间；未指定特定系统的，该数据电文进入收件人的任何系统的首次时间，视为到达时间。"

（二）发盘的有效期

发盘的有效期是指可供受盘人对发盘作出接受的期限。凡是发盘，都是有有效期的。发盘人对发盘的有效期可作明确规定，也可不作明确规定。明确规定有效期的发盘，从发盘被送达受盘人时开始生效到规定的有效期届满为止。不明确规定有效期的发盘，在一段合理时间内有效。按《公约》第 18 条(2)款规定，确定具体的合理时间须适当地考虑到交易的情况，包括发价人所使用的通讯方法的迅速程度。

在我出口业务中，常见的明确规定有效期的方法主要有：

1. 规定最迟接受的期限。发盘人在发盘中明确规定受盘人表示接受的最迟期限。例如："发盘限 15 日复"(offer subject reply fifteenth)。这种有效期的规定方法，存在一个问题，即该截止期(15 日)是指受盘人在他的所在地发出接受通知的期限，还是接受通知必须送达发盘人(reach the offeror)的期限，不够明确。如果受盘人用信件或电报表示接受，那么，信件投邮(posted)或电报交发(handed in for despatch)与该信件或电报送达发盘人，其间有一段时间间隔。在此情况下，究竟是以受盘人在其所在地将表示接受的信件投邮或将电报交发时，接受即生效，还是以信件或电报送达发盘人时，接受始生效，可能引起疑问。对此问题，将在下文"接受"一节内作进一步阐述。为了明确发盘的截止期，在规定最迟接受的期限时，可同时限定以接受通知送达发盘人或以发盘人所在地的时间为准。例如："发盘限 15 日复到"(subject reply reaching here fifteenth)；"发盘限我方时间 15 日复"(offer subject reply fifteenth our time)；"发盘有效至我方时间星期五"(offer valid until Friday our time)。

2. 规定一段接受的期间。发盘人也可规定发盘在一段期间(a period of time)内有效。例如："发盘有效三天"(offer valid three days)；"发盘七天内复"(offer reply in seven days)。

采用这种规定有效期的方法，存在一个如何计算"一段接受时间"的起讫问题。根据《公约》第 20 条规定：发盘人在电报或信件中订定的一段接受期间，从电报交发时刻或信上载明的发信日期起算。如信上未载明发信日期，则从信封上所载日期起算。发盘人以电话、电传或其他可立即传达到对方的通信方法订定的一段接受期间，从发盘到达受盘人时起算。[①]在计算一段接受期间时，这段期间内的正式

---

① 参见《中华人民共和国合同法》第 24 条。

假日或非营业日应计算在内。但是，如果接受通知在接受期间的最后一天未能送达发盘人的地址，因为那天在发盘人的营业所在地是正式假日或非营业日，则这段期间应顺延至下一个营业日。

发盘人对发盘明确规定有效期，其期限究竟应多长，并无定则。一般说来，发盘有效期的长短取决于商品的种类、市场情况和交易额等诸因素。如所买卖的商品属新、小商品，市价稳定且交易额不大，有效期可规定得较长些，例如5—7天，甚至更长一些。假如买卖商品系大宗商品、原料性商品或初级产品，国际市况波动频繁，交易额较大者，则可规定得短些，例如：2—3天，有时甚至可短至1天，以至限几小时内答复到达有效。对于大宗、市场敏感性商品的发盘有效期，通常应从短掌握，如果规定过长，或轻率予以展延，将让国外客商坐待时机，势必给我方增加风险，甚至造成损失。

如前所述，发盘如不明确规定有效期，则应理解为在合理时间内有效。①但“合理时间”在国际上并无统一明确的解释。因此，在实际业务中，我外贸企业在对外发盘时，如所涉及的交易金额较大，还是以明确规定发盘有效期为妥。

《公约》第18条(2)款还规定：“对口头发价必须立即接受，但情况有别者不在此限。”②所谓“立即接受”，可理解为：在双方口头磋商时当场有效，受盘人不在磋商当场表示接受，发盘随即失效。对“情况有别者”，则可理解为：发盘人在口头发盘时，明确规定了有效期，例如“有效三天”，则该发盘不在“立即接受”之列。

（三）发盘的撤回

发盘的撤回(withdrawal)是指发盘人将尚未为受盘人收到的发盘予以取消的行为。按《公约》第15条(2)款规定：“一项发价，即使是不可撤销的，得予撤回，如果撤回通知于发价送达被发价人之前或同时，送达被发价人。”③这一规定是建立在发盘尚未生效的基础上的。对一项尚未被收到的还未生效的发盘，原定的受盘人无权向发盘人提出任何主张，因为根本不存在法律应予保护的“可期待之物”(expectations)。可见“撤回”的实质是阻止发盘生效。在实际业务中，发盘的撤回只有在使用信件或电报向国外发盘时，方可适用。因为，使用信件或电报发盘，从信件投邮或电报交发到信件或电报送达收件人有一段时间间隔。这样，如发盘信件投邮或电报交发后，发盘人发现市场情况有重大变化或发盘内容有误，可采用快速通信方法（如电话、电传、电子邮件），在发盘信件或电报送达前，通知受盘人撤回发盘。如果发盘系使用电话、电传或电子邮件等数据电文作出者，因这些信息随发随到，就不存在撤回发盘的可能性。

---

① 参见《中华人民共和国合同法》第23条(二)款。
② 参见《中华人民共和国合同法》第23条(一)款。
③ 参见《中华人民共和国合同法》第17条。

(四) 发盘的撤销

发盘的撤销(revocation)是指发盘人将已经为受盘人收到的发盘予以取消的行为。

对于一项已送达受盘人的发盘是否得予撤销,各国法律的规定存在较大差异。其关键在于,一项已生效的发盘对发盘人是否具有约束力。

大陆法主张:发盘原则上对发盘人具有约束力。一项发盘一经送达受盘人,即生效后,就不得撤销,除非发盘人在发盘中注明不受约束。

按英美法的传统观点,发盘在被接受之前得予撤销。即使发盘人在发盘中明确规定了可供接受的期间,该发盘对发盘人也不具约束力,除非受盘人为使该发盘保持可供接受(remain open for acceptance)而付出某种"对价"(consideration),例如,支付一定金额或作出其他行为或给付了一定物品。

《公约》第16条对大陆法和英美法在此问题上的分歧,进行了协调并作出折中的规定:已为受盘人收到的发盘,如果撤销的通知在受盘人发出接受通知前送达受盘人,可予撤销。但是,在下列情况下不得撤销:(1)发盘是以规定有效期或以其他方式表明为不可撤销的;或(2)如受盘人有理由信赖该项发盘是不可撤销的,并已本着对该发盘的信赖采取了行动。①

《公约》的以上规定,在实质上是倾向于大陆法的规则。也就是说,已为受盘人收到的发盘基本上是不得撤销的。因此,在我国外贸实践中,我外贸企业在对外发盘时,必须认真对待,审慎从事,谨防差错,以免造成难以挽回的损失。

(五) 发盘的终止

发盘的终止(termination)是指发盘法律效力的消失。它含有两方面的意义:一是发盘人不再受发盘的约束;二是受盘人失去了接受该发盘的权利。发盘终止的原因很多,归纳起来,主要有下列几种情况:

1. 在有效期内未被接受而过时。发盘可由于时间的流逝(lapse of time)而失效。明确规定有效期的发盘,在有效期内如未被受盘人接受,即终止有效。未明确规定有效期的发盘,在合理时间内未被接受而失效。如口头发盘,受盘人当场未予接受,离开现场,发盘即失效。②

2. 被受盘人拒绝或还盘。发盘一经受盘人拒绝或还盘,发盘立即终止有效。③如果受盘人反悔又表示接受,即使在原先发盘的有效期之内,合同也不能成立,除非原发盘人对该"接受"(实际上是原受盘人作出的一项新发盘)予以确认。

3. 发盘人在受盘人作出接受前对发盘进行了有效的撤销。④

---

① 参见《中华人民共和国合同法》第19条。

② 参见《公约》第18条(2)款和《中华人民共和国合同法》第20条(三)款。

③ 参见《公约》第17条、19条(1)款和《中华人民共和国合同法》第20条(一)、(四)款。

④ 参见《公约》第16条(1)款和《中华人民共和国合同法》第20条(二)款。

4. 法律的适用。发盘还可因出现了某些特定情况，按有关法律的适用(application of law)而终止。例如，如发盘人或受盘人为自然人，在发盘被接受前丧失行为能力(如死亡或精神失常)；如发盘人为法人(例如公司)，在发盘被接受前，该法人被依法宣告破产，并将有关破产的书面通知送达受盘人；特定的标的物毁灭，如一件珍贵的独一无二的、不可替代的艺术品，发盘作出后在火灾中焚毁；发盘中的商品被出口国或进口国政府宣布禁止出口或进口。在以上任一情况下，发盘将依据法律而终止有效。

(六) 区分发盘和发盘邀请

发盘是一项肯定的订约建议(a definite proposal for concluding a contract)。它具备上述构成发盘的四项条件，特别是"表明订立合同的意旨"和"内容十分确定"这两项条件。而发盘邀请则是一项不肯定的订约建议。它不具备构成发盘所必需的四项条件，特别是它不具备前述两项条件。虽然发盘邀请也可向一个或一个以上的特定的人作出，并送达对方，但作出发盘邀请的一方不承担与对方订立合同的确定责任，即使对方立即无条件同意发盘邀请中所提出的全部条件。发盘邀请的内容也不是"十分确定"的。它所含的交易条件可能是不完整的，或者是不明确的，或者即使是完整和明确的，却不是终局的。此外，对发盘邀请不应规定有效期，否则，有可能被视作发盘处理。

二、接受

(一) 接受的定义和构成接受的条件

《公约》第 18 条(1)款对接受作了如下定义："被发价人声明或做出其他行为表示同意一项发价，即是接受。缄默或不行动本身不等于接受。"①根据这个定义以及《公约》第 18 条(2)、(3)款和第 19 条的规定，构成一项法律上有效的接受，必须具备以下四个条件：

1. 接受必须由特定的受盘人作出。如上所述，一项有效的发盘必须是向一个或一个以上特定的人作出的。因此，对发盘表示接受，也必须是发盘中所指明的特定的受盘人，而不能是其他人。如果其他人通过某种途径获悉非向他作出的发盘，而向发盘人表示接受，该"接受"只是其他人向原发盘人作出的一项发盘，除非原发盘人表示同意，合同不能成立。

2. 接受必须表示出来。接受必须由受盘人以某种方式向发盘人表示出来。如果受盘人在思想上愿意接受对方的发盘，但默不作声或不作出任何其他行动表示其对发盘的同意，那么，在法律上并不存在接受。正如《公约》所规定的："缄默或不行动(silence or inactivity)本身不等于接受。"这里所说的"不等于接受"意即"不能构成接受"。

---

① 参见《中华人民共和国合同法》第 21 条。

按《公约》第18条(1)款的规定，受盘人表示接受的方式有两种：

(1) 用“声明”(statement)作出表示。即受盘人用口头或书面形式向发盘人表示同意发盘(indicating assent to an offer)。这是国际贸易中最常用的表示方法，如受盘人用词简明，例如“接受”或“确认”(accept, accepted 或 confirm, confirmed)，则可明确地表达受盘人同意发盘的意思。

(2) 用“做出行为”(performing an act)来表示。所谓用做出某种行为来表示接受，通常是指由卖方发运货物或由买方支付价款(包括汇付货款和开立信用证)来表示，也可以用做出其他任何行为来表示，诸如开始生产所买卖的货物、为发盘人采购有关货物等。在用行为表示接受时，必须注意，这种表示接受的方式是根据该发盘的要求或依照当事人之间确立的习惯作法或惯例而行事的，而且该行为必须在发盘明确规定的有效期之内，或在合理时间之内(如发盘未规定有效期)做出方为有效。值得注意的是，我国在批准参加《公约》时对《公约》承认合同可以书面以外形式订立的规定声明保留。[①]因此，在实际业务中，我外贸企业应以书面通知的形式表示对发盘的接受。

3. 接受必须在发盘的有效期内传达到发盘人。根据法律的一般要求，接受必须在发盘的有效期内被传达到发盘人方能生效。在当面口头谈判、通过电话谈判或用电子邮件磋商交易时，由于一方作出的接受可立即被传达到对方，所以，在发盘有效期内作出的接受在发盘有效期内传达到发盘人，是不成问题的。可是，在用信件或电报方式进行磋商以及用行动表示接受时，接受的表示不能立即传达到发盘人，对此，接受应于何时生效，各国法律解释不同。

《公约》采用“到达生效”原则，它在第18条(2)款中规定：接受于到达发盘人时生效。如果接受在发盘的有效期内，或者，如发盘未规定有效期，在合理时间内未到达发盘人，接受即为无效。对口头发盘必须立即接受，但情况有别者不在此限。我国《合同法》第23、26条对此也有类似规定。

4. 接受必须与发盘相符。如要达成交易，成立合同，根据传统的法律规则，受盘人必须无条件地、全部同意发盘的条件。也就是说，接受必须是绝对的、无保留的，必须与发盘人所作出的发盘的条件完全相符。根据英美法的“镜像规则”(mirror-image rule)，接受必须像照镜子一样照出发盘。大陆法也采取类似的原则，它要求接受必须“纯净”(pure)并与发盘“完全相符”(totally conform)。因此，如对发盘表示接受但附有添加、限制或其他更改的答复，即为拒绝该项发盘，并构成还盘。[②]

但是，在国际贸易的实际业务中，受盘人在表示接受时，往往对发盘作出某些

---

① 参见《公约》第12条。

② 参见《联合国国际货物销售合同公约》第19条(1)款。

添加、限制或其他更改。为了适应现代商业的需要，尽量促进交易的达成，不要因为受盘人在接受时对发盘作出任何添加、限制或更改即影响合同的成立，《公约》将接受中对发盘的条件所作的变更分为两类：在实质上变更发盘的条件，即实质性变更（material alteration）；在实质上并不变更发盘的条件，即非实质性变更（non-material alteration）。凡对货物的价格、付款、质量和数量、交货地点和时间、赔偿责任范围或解决争端等的添加、限制或更改，均视为实质上变更发盘的条件。

表示接受但含有实质性变更，无疑构成还盘。发盘人对此不予确认，合同不能成立。至于非实质性变更，例如，要求提供重量单、装箱单、商检证和产地证等单据，要求增加提供装船样品或某些单据的份数，要求分两批装运，或要求在包装上刷制指定的标志等，附有这类非实质性变更的接受，除发盘人及时向受盘人表示反对其间的差异外，仍构成接受，合同得以成立，并且合同的条件以该项发盘的条件以及在接受中所载的变更为准。①

（二）逾期接受

如果接受通知超过发盘规定的有效期限，或发盘未具体规定有效期限而超过合理时间才传达到发盘人，这就成为一项逾期接受（late acceptance），或称迟到的接受。逾期接受在一般情况下无效。但是，按《公约》规定，如果发盘人于收到逾期接受后，毫不迟延地通知受盘人，确认其为有效，则该逾期接受仍有接受的效力。②另一种情况是，一项逾期接受，从它使用的信件或其他书面文件表明，在传递正常的情况下，本能及时送达发盘人，由于出现传递不正常的情况而造成了延误，这种逾期接受仍可被认为是有效的，除非发盘人毫不迟延地用口头或书面形式通知受盘人，他认为他的发盘已经失效。③

（三）接受的撤回

接受于表示同意的通知送达发盘人时生效。因此，在接受通知送达发盘人之前，受盘人可随时撤回接受，即阻止接受生效，但以撤回通知先于接受或与接受通知同时到达发盘人为限。④

接受通知一经到达发盘人即不能撤销。因为，接受一经生效，合同即告成立，如要撤销接受，在实质上已属毁约行为，是另一性质的问题了。

比较《中华人民共和国合同法》第二章与《联合国国际货物销售合同公约》第二部分关于合同订立的规定，两者除了在文字表述上有所不同外，其实质内容是基本一致的。

① 参见《联合国国际货物销售合同公约》第 19 条（2）、（3）款和《中华人民共和国合同法》第 30、31 条。
② 参见《联合国国际货物销售合同公约》第 21 条（1）款和《中华人民共和国合同法》第 28 条。
③ 参见《联合国国际货物销售合同公约》第 21 条（2）款和《中华人民共和国合同法》第 29 条。
④ 参见《联合国国际货物销售合同公约》第 22 条和《中华人民共和国合同法》第 27 条。

第四节　合同磋商应注意的几个问题

外贸合同磋商是达成一笔进出口交易所必不可少的重要环节。凡有关交易的各项条件，都要通过磋商确定下来，也就是说，买卖双方在一笔交易中的权利和义务均需通过磋商来加以确定。经磋商达成的有关货物买卖的协议，对买卖双方均具有法律约束力，任何一方不得擅自变更或取消。所以，磋商的结果如何，直接关系到交易的成败和企业的利益，有时还会影响国家的对外信誉和在国际上的形象。实践证明，在磋商过程中犯下的错误或留下的隐患，很难在事后得到补救，从而使我外贸企业遭受重大经济损失。因此，可以说，合同磋商是全部外贸业务活动中的一个最为重要的环节。

在实际业务中，由于买卖双方立场不同，追求的目标也不一。所以，在磋商过程中通常充满矛盾和利害冲突。如何使这些矛盾得以统一和解决，并取得预期的结果，不仅要按照法律和国际贸易惯例，正确和灵活地运用磋商的各个具体环节，而且还应注意谈判的策略和技巧，使双方的分歧经过磋商，往返折中，最后达成一个双方都能接受的协议。以下是做好合同磋商应予注意的几个问题。

一、坚持平等互利和友好协商的原则

在一般情况下，交易双方既是对手，又是伙伴。就双方都想通过磋商做成一笔交易而言，双方是合作的伙伴，都有合作的愿望。但是，在合作中必然涉及各自的权利、义务和责任、风险的分担等问题，这就决定双方之间必然存在尖锐的矛盾和冲突。要解决这些矛盾和冲突，取得双方意思一致，达成交易，只有在磋商中坚持平等互利的原则才有可能。当然，在实践中，要做到的“平等互利”只能是相对的；不可能做到绝对的平等。因为双方所处的地位有优有劣，商品的供求情况，市场的畅滞，以及销售渠道和推销能力是否畅通有力，都可决定谈判者在磋商中所处地位的强弱。处于优势地位的一方，往往可赢得较为有利的交易条件；而处于劣势地位的一方则相反。因此，争取在谈判中的优势地位至关重要。

其次，在磋商中，还须坚持友好协商的原则。只有在友好合作、相互谅解的气氛下，才有可能对双方的分歧和不同意见通过磋商取得协议。在此需特别指出的是，决不能为了在经济上争取对方让步，而在政治上予以迁就。既不能允许在对方趾高气扬、以势压人的情形下被迫接受有损于企业或国家尊严或违反我国外贸政策的条件，也不能借优势地位盛气凌人、轻视对方。对待谈判对手，必须坚持“不卑不亢，以礼相待”的态度。

总之，在外贸合同磋商中，需要掌握的基本原则应当是：坚持在平等的基础上，进行友好协商；在不损害我国主权、保护我国利益的前提下，做到对双方都有利；订

立合同一定要做到符合法律和国际贸易惯例的规定和要求。

二、制订磋商方案

为保证在磋商中取得预期效果，必须在磋商开始前做好充分的准备，而事先制订好磋商方案则是最为重要的准备工作。

磋商方案原则上应根据既定的商品经营方案并针对不同谈判对手和当时市场情况来制订。由于磋商方案对谈判成败关系重大，事先必须做好对谈判对手和国际市场的调查研究，诸如谈判对手的资信情况和经营作风，有关商品的国际市场供求情况和当前的价格水平，各国以及不同集团和经营者在市场上的竞争态势和力量对比的消长变化等。在此基础上，还应对今后一段时期内的供需变化和价格趋势作比较科学的预测，并依此拟订进入市场的时机和理想的价格水平，再结合自身的购销意图确定包括最高价和最低价在内的谈判幅度。

磋商方案的内容一般包括：磋商的方针和策略；交易条件；价格幅度等。

三、组织谈判班子

合同磋商是一项政策性、策略性和技术性都很强的工作，因此，组织好谈判班子，至关重要。

谈判班子由哪些人员参加，多少人参加，应视不同交易而定。参加谈判的人数少则一二人，多则五六人。一般商品的交易磋商，通常由主管业务人员担任，重大的交易应由企业经理或有关业务领导人员主谈。对于成套设备、大型机械等技术性较强，合同条款比较复杂的交易，除领导人员亲自主持外，一般应有有关业务、生产或用货部门的技术人员参加，必要时，还应有法律工作者和财务人员参加，组成谈判小组，在统一领导下，分工负责，协同工作。在这类交易的谈判中，一般由业务人员负责商务方面的谈判，由技术人员负责技术谈判，法律工作者负责涉及法律和惯例方面的把关和咨询，参与合同条款的拟订和审定，财务人员负责经济效益核算和外汇、资金方面的调配和审查。

参加谈判的人员，应当熟悉我国外贸方针政策以及我国政府颁布和有关部门制定的涉外法律和行政法规；熟悉各种有关的业务知识，诸如商品知识、生产知识、市场知识、金融和外汇知识等；熟悉国际贸易法律、惯例和国际上有关行业和商品买卖的习惯做法。此外，最好能熟练地掌握外语，以便能直接用外语与对方进行交谈，起草和阅读往来磋商函电，拟制合同。

总之，应当尽可能选择和组织具有较高政策水平、业务能力，能正确、灵活运用谈判策略和技巧的人员，参加谈判小组或主持谈判工作，以保证更好地实现磋商方案的要求，并取得最佳的结果。

第五节　书面合同的签订

在合同磋商过程中，一方发盘经另一方接受以后，交易即告成立，买卖双方就构成了合同关系。双方在磋商过程中的往返函电，即是合同的书面证明。但根据国际贸易习惯，买卖双方还要签订书面合同(written contract)①，以进一步明确双方的权利和义务。

一、签订书面合同的意义

如前所述，合同的成立取决于一方的发盘和另一方对发盘的接受的程序。买卖双方为达成交易所交换的载有发盘和接受内容的函电可以构成有效的书面合同。成交后，另行签署一份合同书或确认书不是合同有效成立的必备条件。各国法律都承认书面合同。《公约》第 11 条也规定："销售合同无须以书面订立或书面证明，在形式方面也不受任何其他条件的限制。销售合同可以用包括人证在内的任何方法证明。"但是，在国际贸易实践中，在当事人双方经过磋商一致，达成交易以后，一般均须另行签订一份具有一定格式的书面合同。因为签订书面合同具有以下重要意义：

1. 合同成立的证据。

根据法律要求，凡是合同必须能得到证明，提供证据，包括人证和物证。在用信件、电报或电子邮件磋商时，书面证明自不成问题。但是，通过口头磋商成立的合同，举证就难以做到。因此，口头磋商成立的合同，如不用一定的书面形式加以确定，就将由于不能被证明而不能得到法律的保障，甚至在法律上成为无效。我国法律一贯认为涉外经济合同是重要的合同，应当采用书面形式。《中华人民共和国合同法》第 10 条虽然允许合同的订立可采用口头形式和其他形式②，但它同时规定："法律、行政法规规定采用书面形式的，应当采用书面形式。当事人约定采用书面形式的，应当采用书面形式。"1986 年 12 月我国政府在向联合国交存对《公约》的核准书时，对《公约》第 11 条、第 29 条及有关规定提出了保留，即我国不同意国际货物买卖合同采用书面以外的形式订立、更改或终止。因此，我国外贸企业在与国外客户订立买卖合同时，应当采用书面形式。如果交易是通过口头磋商达成的，双方签署一份书面合同更是必不可缺的。

---

① 书面合同有广义和狭义之分。广义的书面合同是指由一定的书面文件形成的合同，它可以是一份由买卖双方签署的有一定格式的书面合同，也可以是买卖双方为磋商成立合同而往来的信件和数据电文，包括电报、电传、传真、电子数据交换和电子邮件。狭义的书面合同，仅指前一种有一定格式的书面合同。本节所述的"书面合同"系指狭义的，即由买卖双方签署的有一定格式的书面合同，例如合同书和确认书。

② 订立合同的形式主要有书面形式和口头形式两种。此外，还有以行为表示来订立合同的形式。参见《公约》第 18 条(3)款。

2. 合同生效的条件。

书面合同虽不拘泥于某种特定的名称和格式，但是，假如在买卖双方磋商时，一方曾声言以签订书面合同为准时，即使双方已对交易条件全部协商一致，在书面合同签订之前，合同不能生效。在此情况下，签订书面合同就成为合同生效的条件。按照我国法律，当事人采用合同书包括确认书形式订立合同的，自双方当事人签字或者盖章时合同成立。签字或者盖章不在同一时间的，最后签字或者盖章时合同成立。[①]此外，按规定须经一方或双方所在国政府审核批准的合同，也必须是有一定格式的书面合同。

3. 合同履行的依据。

在国际贸易中，货物买卖合同的履行涉及企业内外的众多部门和单位，过程也很复杂。口头合同，如不形成书面，几乎无法履行。即使通过信件、电报或电子邮件达成的交易，虽然双方在磋商过程中交换的信件、电报或电子邮件可作为合同成立的证据，但是，如不将分散于多份函电中的双方协商一致的条件，集中归纳到一份有一定格式的书面合同上来，也将难以得到准确的履行。所以，不论通过口头或是书面形式磋商达成的交易，均须把协商一致的交易条件综合起来，全面、清楚地列明在一份有一定格式的书面合同上，这对进一步明确双方的权利和义务，以及为合同的准确履行提供更好的依据，具有重要意义。

二、书面合同的形式

在国际上，对货物买卖合同的形式，没有特定的限制。从事进出口贸易的买卖双方，可采用正式的合同书、确认书、协议，也可采用备忘录等形式。此外，还有意向书、订单和委托订购单等。

（一）合同书和确认书

在实际工作中，我外贸企业所采用的书面合同的形式，主要是合同书[销售合同（sales contract）和购货合同（purchase contract）]和确认书[销售确认书或售货确认书（sales confirmation）和购货确认书（purchase confirmation）]。我外贸企业一般都印有固定的格式，于成交后，由业务员按双方谈定的交易条件逐项填写即可。合同书和确认书虽然在格式、条款项目的设立和措词上有所不同，但作为合同主体的双方协议一致的交易条件，都应完整、明确地加以订定。经买卖双方签署的合同书和确认书，都是法律上有效的文件，对买卖双方有同样的约束力。

（二）协议

“协议”或“协议书”（agreement），在法律上是“合同”的同义词。因为合同本身

---

① 参见《中华人民共和国合同法》第 33 条。

就是当事人为了设立、变更或终止民事权利义务关系而达成的协议。[①]书面合同如冠以"协议"或"协议书"的名称,只要它的内容对买卖双方的权利和义务已作了明确、具体和肯定的规定,它就与合同书一样对买卖双方有约束力。

(三) 备忘录

备忘录(memorandum)也可作为书面合同的形式之一,虽然在我外贸实际工作中较少使用。如果买卖双方商定的交易条件,明确、具体地在备忘录中一一作了规定,并经双方签字,那么,这种备忘录的性质与合同书无异。但是,如双方经洽谈后,只是对某些事项达成一定程度的理解或谅解,并将这种理解或谅解用"备忘录"的形式记录下来,作为双方今后交易或合作的依据,或作为初步协议供将来进一步洽谈的参考,这种备忘录可冠以"理解备忘录"或"谅解备忘录"(memorandum of understanding)的名称,它在法律上不具有约束力。

(四) 意向书

在交易磋商尚未最后达成协议前,买卖双方为了就达成某项交易,将共同争取实现的目标、设想和意愿,有时还包括初步商定的部分交易条件,记录于一份书面文件上,作为今后进一步谈判的参考和依据。这种书面文件可称之为"意向书"(letter of intent)。意向书只是双方当事人为了达成某项协议所作出的一种意愿的表示(expression of intentions),它不是法律文件,对有关当事人没有约束力。但根据意向书,有关当事人彼此负有道义上的责任,在进一步洽谈时,一般不应与意向书中所作的规定偏离太远。

(五) 订单和委托订购单

订单(order)是指由进口商或实际买户拟制的货物订购单。委托订购单(indent)是指由代理商或佣金商拟制的代客购买货物的订购单。在出口业务中,我外贸企业于交易达成后,都主动缮制销售合同或确认书正本一式两份,经签署后寄送国外客户,要求其签署后退回一份,以备存查。国外客户也往往将他们拟就的订单或委托订购单寄来一份,以便我方据以履行交货和交单等合同义务;有的还寄来正本一式两份,要求我方签署后退回一份。这种经磋商成交后寄来的订单或委托订购单,实际上是国外客户的购货合同或购货确认书。但是,有时,事先并未与我进行过磋商,国外客户径自寄来订单或委托订购单。对这类订单或委托订购单,我方就得按照其具体内容区别其为发盘还是发盘邀请,认真研究其内容后,决定是否与之交易,并及时答复对方。如果国外客户是在与我达成交易、订立合同后寄来的订单或订购单,我方即使不予签退,也应仔细审阅其内容。若发现其中有些条款与双方磋商协议一致的条件不符或另有添加、更改的,则应分别情况予以处理。若不符

---

① 参见《中华人民共和国合同法》第2条。

或添加、更改的情况并不严重、性质轻微，我方可以接受的，是一种；涉及实质性改变、出入较大，我方不能接受的，又是一种。遇到后一种情况，就应及时向对方明确提出异议，而不能保持沉默，置之不理。否则，就会被对方认为我方已默认其订单或订购单中所列的条款。所以，遇有订单或订购单中列有为我方所不能接受的添加、修改或其他不符原协议的情形，必须及时向对方提出异议，以维护我方权益。有些国外商人签发的订单或订购单上还列有：限期提出异议，逾期不提出异议作为同意论的条款。对这种订单或订购单，如我方审阅后发现问题，更应在限期内尽速提出异议，以免造成被动。

三、书面合同的内容

在进出口贸易中，书面合同的内容一般包括三个部分：约首、本文和约尾。约首，即合同的首部，包括合同名称、合同编号、合同签订的日期和地点、订约双方名称和地址等。本文是合同的主要组成部分，是对各项交易条件的具体规定。约尾，即合同的尾部，通常载明合同使用的文字及其效力、合同正本的份数、附件及其效力，以及有正当权限的双方当事人代表的签字。

书面合同的内容必须符合政策，并做到内容完备、条款明确、文字严密、前后一贯，与交易磋商的内容相一致。书面合同一经签订即成为约束双方当事人的法律文件，我外贸业务人员在缮制和签订过程中，必须十分认真，严肃对待，谨防错漏。

书面合同示例，参见本书附件一：售货确认书。

思　考　题

1. 为什么说，合同磋商是对外贸易中最重要的业务环节？
2. 试简述合同磋商的一般程序，及其各环节的含义。
3. 根据法律，订立一项有效合同，哪些磋商环节是不可缺少的？为什么？
4. 合同磋商的主要内容（或主要交易条件）有哪些？为什么说，这些内容是主要的、不可缺少的？
5. 何谓“一般交易条件”？它包括哪些内容？其主要作用何在？
6. 构成一项法律上有效的发盘必须具备哪些条件？
7. 什么叫“发盘的有效期”？如何规定发盘的有效期？试举例说明。
8. 没有具体规定有效期的发盘可否为对方接受而订立合同？为什么？
9. 发盘在哪些情况下失效？
10. 发盘经受盘人拒绝或还盘后，在发盘原来规定的有效期届满前，受盘人可否重新对原发盘表示接受而成立合同？为什么？

11. 发盘发出后，如发生意外情况或发现内容有误，发盘人能否撤销或撤回发盘？分别说明理由和法律依据。

12. 如何区分发盘和发盘邀请？

13. 一项有效接受必须具备哪些条件？

14. 逾期接受在何种情况下仍具有接受效力？

15. 接受通知到达发盘人后，可否撤销？为什么？接受在何种情况下可以被撤回？

16. 在国际贸易中，买卖双方经口头或书面磋商达成交易后，为什么还需签订一份具有一定格式的书面合同？在我进出口业务中，通常采用的书面合同有哪些形式？其基本内容是什么？

17. 上海环球贸易有限公司——Shanghai Universal Trading Co.，Ltd.（address：27 Chuang Shan Road，Eastern 1，Shanghai，China）与加拿大 James Brown & Sons(address：304—310 Jalan Street，Toronto，Canada)为买卖陶瓷餐具进行交易磋商，双方交换下列 e-mail 11 则。

（1）试指出下列 e-mail 中，哪些是发盘？

（2）填制售货确认书一份。

（注：按买卖双方于建立业务关系之初达成的协议：除非在交易中另有约定，在 CIF 交易中，保险按 CIF 发票价值 110％投保 CIC 海运货物保险条款“一切险”和“战争险”；货物运输不准分批、不准转运；买方应通过一家为卖方所接受的银行开立不可撤销的即期信用证，该证须于装运月份前 15 天开抵卖方，在中国议付有效至装运日后 15 天。以上均需于售货合同/确认书中，作明文规定。）

Sept. 2

Outgoing e-mail

Referring to your enquiry of Aug. 1，we're pleased to inform you that we've replenished our stock of 16 pcs. Dinner Ware MH85216. We expect to receive your order for this article at an early date，so that it may be met with our better entertainment.

Sept. 4

Incoming e-mail

Glad to have received your e-mail of Sept. 2. We're bidding to buy Dinner Ware with the terms as below：

16 pieces Dinner Ware MH85216 300 Sets，packed in cartons of 2 sets each(to be transported in 20' container)，USD 57 per set CIF Toronto. Shipment during Oct.. Payment by irrevocable credit at 30 day's sight This bid is valid until Sept. 9.

Sept. 7

Outgoing e-mail

Thanks for your bid of Sept. 4. We wish to draw your attention to the fact that the demand for 16pcs. Dinner Ware from American and European customers is great. We counter-offer USD 59, shipment during Nov. , payment by Sight credit. Please reply before Sept. 10.

Sept. 8

Incoming e-mail

Referring to your e-mail of Sept. 7, we've to advise that competitors are quoting similar quality at USD57. 50. Please reply immediately.

Sept. 9

Outgoing e-mail

Your e-mail of Sept. 8 to hand. We renew our offer of Sept. 7 subject to your reply Sept. 12.

Sept. 11

Incoming e-mail

Being your faithful customer for several years, we ask for a favorable price at USD58. Awaiting your early reply.

Sept. 12

Orders for Dinner Ware MH85216 are congested. The best we can do is USD58. 60. Please reply in 2 days.

Sept. 13

Incoming e-mail

Referring to your e-mail of Sept. 12, we accept 300 sets at USD58. 60, and book additional 300 sets with same terms subject to your prompt confirmation.

Sept. 14

Outgoing e-mail

We confirm having sold you 16 pcs. Dinner Ware MH85216 600 sets at USD58. 60. Please open L/C to reach us not later than Oct. 15.

Sept. 15

Incoming e-mail

The relative L/C shall be opened in time. Please advise S/C number.

Sept. 16

Outgoing e-mail

16pcs, Dinner Ware MH85216 600 sets Sales Confirmation No. 25103.

SHANGHAI UNIVERSAL TRADING CO. , LTD.

27 CHUNG-SHAN ROAD EASTERN 1

SHANGHAI CHINA

SALES CONFIRMATION

Messrs

S/C No.：＿＿＿＿＿

Date：＿＿＿＿＿

Reference Messages：

Yours ＿＿＿＿＿

Ours ＿＿＿＿＿

Dear Sins：

We hereby confirm having sold to you the following goods on terms and conditions as set forth below.

Item No.	Commodity & Specifications	Unit	Quantity	Unit Price	Amount
TOTAL CONTRACT VALUE：					

PACKING：

SHIPMENT：

PAYMENT：

INSURANCE：

REMARKS： The terms of "Inspection"、"Claims"、"Force Majeure" and "Arbitration" shown on the back of the page constitute integral part of this Sales Conflation.

Enclosed are two copies of the Sales Confirmation. Please sign and return one copy for our file.

THE SELLER **THE BUYER**

Shanghai Universal Trading Co. , Ltd.

＿＿＿＿＿＿＿＿ ＿＿＿＿＿＿＿＿

第九章　国际货物买卖合同的履行

要高质量地完成外贸进出口任务，不仅取决于做好合同的磋商与订立，也有赖于交易双方切实按照合同规定履行各自的义务。订立合同只是表达了当事人各自的经济愿望和目的。只有履行了所订立的合同，才能使这种愿望和目的得以实现。

如前所述，磋商和订立合同是双方当事人的法律行为，同样，履行合同也是双方的法律行为。按照我国和各国法律的一般规则，凡依法成立的合同，对有关当事人都具有法律约束力，当事人都应当严格履行合同规定的义务，任何一方均不得擅自变更或者解除合同。[①]因此，在履行出口合同时，我外贸企业必须遵循重合同、守信用的原则，严格按合同规定对外履行其本身应尽的义务。

本章主要介绍出口合同与进口合同的一般履行程序。

第一节　出口合同的履行

出口合同履行过程中所包括的环节比较多，手续比较复杂，涉及的面和部门也比较广。以目前使用最多也最具有代表性的采用 CIF 术语和凭不可撤销即期议付信用证支付的交易为例，履行出口合同一般要经过：准备货物、落实信用证、安排装运和制单结汇等环节，即货、证、运、款四个基本环节构成出口合同履行的必要程序。

一、准备货物

准备货物是为了保证按时、按质、按量履行出口合同的交货义务，根据合同规定的质量、数量、包装和交货时间的要求，进行货物的准备工作。备货工作的内容，主要包括：向生产或供货部门安排生产或购买、催交货物，然后核实检查应收货物的质量、数量和包装状况，并对货物进行验收。有的商品进仓后，尚须根据出口合同规定再次进行整理、加工和包装，并在外包装上加刷唛头和其他必要的标志(如指示性、警告性标志，还有毛净重，包件长、阔、高以及“中国制造”等，有的还须视客

---

① 参见《中华人民共和国合同法》第 8 条。

户要求和市场习惯标以买卖合同号、订单号、信用证号、进口许可证号、货号、花色号、型号等)。

针对不同商品的情况和出口合同的规定,对出口货物进行检验,也是备货工作的重要内容。凡属法定检验的出口商品,必须根据《中华人民共和国进出口商品检验法》及其实施条例在规定的地点和期限内,向出入境检验检疫机构报检,及时取得检验证书;凭以办理出口清关。凡属需经《强制性产品认证》的商品,也必须对出口货物作认真检查,确认货物已正确标上"3C 认证"标志。如合同、信用证规定要求提供检验证书的,也应按规定向有关机构办理检验,取得检验证书。值得注意的是,检验检疫机构检验合格的出口商品,发货人应当在检验证书签发之日起的有效期限内报运出口。逾期报运出口的,必须重新向检验检疫机构报检,取得合格证书后方可出口。

二、落实信用证

对于规定买方以信用证方式支付货款的合同,落实信用证是履行出口合同的重要环节。落实信用证一般要办理以下工作。

(一) 催证

通常在下列情况下,需要催促买方开立信用证:

1. 出口合同规定装运期限较长(例如三个月或六个月)而买方应在我方装运期前一定期限(如 30 天)内开证者,则我方应在通知对方预计装运期时,同时催请对方开证。

2. 根据货源和船舶情况,可提前装运时,通常要再酌情商请对方提前开证。

3. 国外买方未在出口合同规定期限内开证,我方应催促对方开证;或限期对方开证;或在催证同时保留索赔权。

(二) 审证

出口企业在收到信用证后,应即对照出口合同并依据《跟单信用证统一惯例》UCP 600 进行审核。审证的基本原则是要求信用证的内容与出口合同的规定相一致,除非事先已征得我方同意,不得随意增减或改变其内容。审核的内容大体可分为总的审核和专项审核两个方面。

1. 总的审核。

总的审核主要包括信用证是否有违反我国政策和载有歧视性或错误的政治性条款、开证银行的资信情况和付款责任、是否已经生效、是否有生效权操纵在开证申请人或开证行手里的"软条款"[①]等内容的审查。如发现有不符要求的,应视具

---

① "软条款"(soft clause)这个词,是指在信用证中一些足以改变信用证付款保证性质的灵活条款。

体情况及时处理。处理的方法有:退回、要求改正、取消我方不能接受的条款,或向开证申请人(买方)指出,提请今后注意等。

2. 专项审核。

专项审核名目繁多,不同交易情况各异。一般而言,以下各项应予注意:

(1) 信用证的到期地点,通常应在出口国。在出口业务中,如果来证规定的到期地点不在我国而在外国,则有关单据必须在到期日前寄达指定地点的开证银行或指定付款银行,因而我出口企业就要承担邮递迟延、邮件遗失以及国外进口商与有关银行谎报收到单据日期等风险。所以,对于在国外到期的信用证,除非确有把握,一般不能接受。

(2) 信用证的金额和支付货币应与出口合同所规定的金额和支付货币相一致。总金额的阿拉伯数字和大写数字必须一致。除非信用证的金额允许有一定幅度伸缩或金额前有"大约"字样可有 10%增减外,发票和汇票金额不能超过信用证金额;如信用证不准分批装运货物,则发票和汇票金额应接近信用证金额,如差距过大(例如信用证金额过多),应要求按实需金额改正,或在交单议付时提供整批装运证明;如信用证所采用的支付货币与合同规定不同,应按银行外汇市价折算成合同货币,在不低于或相当于原合同货币总金额时方可接受。

(3) 装运期、有效期和交单期及其相互的关系。装运期是指对货物装运时限的规定。装运期原则上应与出口合同中的规定一致,如信用证规定的装运时限较合同中规定的装运期稍晚,自可接受。但一般我方仍应按合同规定装运。如因信用证到达过迟,不能按期装运,应及时提出要求展期;如由于生产或船舶等原因,不能在装运期限内装运,也可要求对方展延到有把握的装运期。要求展延装运期时,通常应同时要求展延信用证有效期。按照惯例,信用证可以不规定装运期;如未规定装运期,则信用证上的到期日即为最后的装运日。信用证必须要有一个向银行交单要求付款、承兑或议付的最后日期,这个日期即信用证的到期日(expiry date),俗称有效期。按惯例,未规定到期日的信用证应为无效信用证。交单期是指货物装运日(以运输单据的签发日期为准)后若干天必须向银行提交单据的特定期限。这是因为有时装运期和信用证上的有效期相距甚远,如对交单期不作规定,就有可能出现货已到而单据未到的情形,造成进口商收货困难。为此,信用证上一般规定"在提单日后若干天内交单"的条款,如未作此项规定,按《跟单信用证统一惯例》必须在不超过信用证有效期的前提下于出单日后 21 天内交单。如果交单期过短(例如两三天),无法在规定期限内交单时,则必须及时提出修改。信用证上的有效期一般应与装运期有一定的合理的间隔(例如,晚于最后装运日 10 至 15 天),以便在货物装运后有足够时间做好制单、交单工作。倘若两者在同一天,即所谓"双到期",则应提前装运货物,以保证在到期日前能有必要的时间向银行交单。

(4) 转运和分批装运。转运(transhipment)是指货物从装运港、发运地或承运人接管货物地至卸货港或目的地的运输过程中,从一种运输工具转至另一种相同类型的运输工具,或由一种类型的运输工具转至另一种不同类型的运输工具的转移和再装。根据"UCP 600"对"转运"所作的规定,在信用证业务中的所谓禁止"转运",实际上仅指海运港至港非集装箱货物运输的禁止转运。

分批装运(partial shipments)是指一份合同或信用证的货物分两次或多次装运。但若海运时,同一船只、同一航次的多次装运,即使注明已装船的运输单据载有不同的出单日期及/或表明不同的装船港口,也不作分批装运论。在邮寄时,如多份邮包收据或邮寄证明,由规定发货地同一日期盖戳,或能用其他方式证实在规定发货地同一日期投寄者,也不作为分批装运。通过铁路、航空或其他方式运输时,若多份运输单据由同一承运人或其代理人出具,并且表明同一出单日期、同一发运地或接管地和同一目的地者,也不作为分批装运。

除非出口合同另有规定,一般应要求信用证允许转运和分批装运或对此不作规定。如信用证规定允许转运或分批装运,还应注意证内对此有无特殊限制或要求。例如,指定转运地点、船名或船公司;又如,在允许分批装运的同时,又规定在前一批装运后间隔若干天再装后一批。有的信用证不仅规定分批装运的具体期限,而且还规定每批装运的具体数量。按照惯例,如有此规定,在使用时,若任何一期未按期装运,则信用证的该期及以后各期均告失效。对于这些特殊规定,在审证时,就应考虑是否确有把握办到,否则,应立即要求客户修改。

(5) 开证申请人和受益人。开证申请人的名称和地址应仔细审核,以防错发错运。受益人的名称和地址也必须准确无误,以免影响收汇。

(6) 付款期限。信用证的付款期限(汇票付款期限)必须与出口合同规定一致。如系远期信用证又有买方负担利息条款者,其利息条款也应与合同相符。如合同规定即期信用证付款,开来的是"假远期信用证",只要开证行资信可靠,一般可以接受。如来证为"远期加利息信用证"用于即期付款的合同,由于这种信用证也使用远期汇票,但开证行不负责贴现,证内列有按一定利率计算的利息由开证行于汇票到期日与票款一并付予出票人。对此,能否接受,应视开证行资信、付款期限长短、支付货币的汇价趋势和证中规定计息利率高低等因素而定。

以上只是审证要点。在实际工作中还应按合同条款,逐条对照作详细审核。例如,对商品的品名、规格、包装、数量、价格(包括佣金、折扣)、保险金额、投保险别、单据种类等,均须作全面审核。有些条款,在合同中并未规定而在信用证中却有规定,例如,要求提供装运通知电讯副本、船样邮寄收据,要求详细刷制运输标志等,也都应一一认真对待。

（三）改证

在审证时，如发现有我方不能接受的条款或要求时，应及时向对方提出要求进行修改。但应正确掌握改与不改的界限。一般说来，非改不可的，应坚决要求改正；可改可不改的，或经过适当努力可以做到而又不增加太多费用的，则可酌情处理。

在实际业务中，在同一信用证上，有多处条款需要修改的情形也是常见的。对此，原则上应一次提出。对于开证行根据进口人申请发来的修改通知的内容，也要认真地进行审核，如发现修改后的内容仍不能接受时，应及时向客户声明（也可通过银行向开证行声明）表示拒绝，并再次提请修改。应当指出，有时客户于信用证开出后，还可利用增加或修改信用证内容的方式提出额外要求。对此，自应提高警惕，如发现修改或增加的内容不能接受时，原则上应及时告知通知行，并将修改通知予以退回。但值得注意的是，按 UCP 600 第 10 条规定：直至受益人将接受修改的意见告知通知该修改的银行止，原信用证的条款，包括先前已被接受的修改，对受益人依然有效。受益人应作出接受或拒绝该修改的通知，如未作此类通知，符合信用证以及任何未被接受的修改的交单，即被视为受益人接受该修改的通知，并于此时起信用证已被修改。另外，UCP 600 还规定：对一项修改的部分接受是不允许的，它将被视为拒绝修改的通知。

三、安排装运

在备妥货物和落实信用证后，出口企业应按买卖合同和信用证规定，对外履行装运货物的义务。安排装运货物出口涉及的工作环节很多，其中以托运、订舱、投保、报关、装运和发装运通知为主要环节。现以履行 CIF 出口合同并使用集装箱班轮运输为例，简要介绍安排出口货物装运时上述各环节的具体做法。

（一）托运

凡由我方安排运输的出口合同，对外装运货物，租订运输工具和办理各项有关运输事项，我出口企业通常都委托国际货物运输代理（International Freight Forwarder 或Freight Forwarding Agent，以下简称“货运代理”或“货代”）[①]办理。所以，在货、证齐全后，出口企业应即向货运代理办理托运手续。所谓托运，是指出口企业委托货运代理办理出口货物运输事宜。

在 CIF 合同以及使用集装箱班轮装运货物出口的情况下，我出口企业办理托运，应向货运代理提交出口货运代理委托书（Entrusting Order for Forwarding

① 国际货物运输代理是订约承运人，它是介于货主和实际承运人（如船公司、铁路局、航空公司）之间的中间人，是接受货主或实际承运人的委托，在授权范围内办理国际货物运输业务的企业。我国外运公司也属国际货物运输代理。

Export Goods)，其内容通常包括：信用证规定的提单记载事项、货物的详细说明、装运港、目的港、装运期限、分批和转运的规定、对集装箱运输的有关要求，如集装箱的类别和数量，等等。此外，出口企业还必须向货代提供与本批货物有关的各项单证，如提货单（出仓单）、商业发票、装箱单和/或重量单（磅码单）、出口货物报关单、外汇核销单等。对有些特定货物，还需提供出口许可证、商检证等。委托书是出口企业向货运代理提出的一种"要约"（offer），一经货运代理确认，即"承诺"（acceptance）（在实际业务中，一般由货代以配舱回单反馈订舱船名、航次和提单号），就意味着出口企业与货运代理之间的委托代理合同成立。

（二）订舱

货运代理收到出口企业的货运代理委托书后，首先应通过查阅由各班轮公司和航运中介机构（如上海航运交易所）所公布的与出口企业货运有关的船期表和各种航运信息，了解各班轮公司的船舶、船期、挂靠港及船舶箱位数等具体情况。货运代理选定合适的船舶后，向船公司或其代理在其所营运的船舶截单期①前订定舱位，即"订舱"（space booking）。订舱的手续是：货运代理缮制集装箱货物托运单（订舱单），注明要求配载的船舶、航次，送交船公司或其代理。由于托运单的使用是为了订舱，因此托运单（shipping note）也就是订舱单（booking note）。船公司或其代理收到货运代理的托运单（订舱单）后，经审核货名、重量、尺码、卸货港或到达地后，认为可予接受的，即在托运单各联上填写船名、航次、编号（此编号俗称关单号，与该批货物的提单号保持一致），抽留其所需各联，在托运单中的装货单一联上盖好签单章，连同其余各联退回货运代理，作为对该批货物订舱的确认。此时，承、托运双方之间的运输合同即告成立。船公司或其代理必须保证供应集装箱箱量或舱位，按时配载装运，及时签发提单。

集装箱货物托运单一套多联，分别用于货代留底、船代留底、运费通知、装货单、缴纳出口货物港务费申请书、场站收据、场站收据副本大副联、配舱回单等。托运单虽有多联，其核心单据则为装货单、场站收据和场站收据副本大副联。以下对这三种单据的作用，作简要说明。

装货单（shipping order，S/O），又称关单，是船公司或其代理向船上负责人（船长或大副）和集装箱装卸作业区②签发的一种通知其接受装货的指示文件。在

---

① 截单期是指船公司或其代理对有关载货船舶接受订舱的最后日期。截单期一般较预定装船日期提前若干天，以利装箱、报关、制单及货物集港等工作的进行。超过截单期，如船舶舱位（集装箱供应量）尚有多余或起航期因故延晚等，船公司再次同意订舱，称为"加载"。

② 集装箱装卸作业区（Container Terminal）是指办理集装箱重箱或空箱装卸、存储、保管、交接的场所，包括码头和车站前方堆场（Marshalling Yard）和后方堆场（Container Yard，CY）。

准备装货前，托运人必须先向海关办理出口报关手续。装货单是报关时必须向海关提交的单据之一。经海关查验后，在装货单上加盖放行章，托运人才能凭此装货单要求装货。这就是装货单习称关单的缘由。

场站收据(dock receipt, D/R)是指承运人委托集装箱堆场、集装箱货运站或内陆站在收到整箱货或拼箱货后签发的收据。场站收据的作用类似于传统运输(散货运输)中的大副收据(mate's receipt, M/R)，托运人可凭D/R向船公司或其代理换取正本提单。如要换取已装船提单(on board B/L)，必须待货物装上船后，经船上大副在D/R上签字，才能凭以换取，否则，只能换取备运提单(received for shipment B/L)。

场站收据副本大副联[copy of dock receipt(for chief officer)]供港区配载使用，由港区或由大副留存。

(三) 投保

在履行CIF出口合同时，在配舱就绪、确定船名、航次和装运日期后，出口企业应于货物运离仓库或其他储存处所前，按照出口合同和信用证的规定向保险公司办理投保手续，以取得约定的保险单据。在办理投保手续时，通常应填写对外运输险投保单(application for foreign transportation insurance)，列明投保人名称、货物的名称、数量、包装和标志、船名、航次、预计起航日期、投保险别、保险金额等。有时也有出口企业利用现成单据副本如出口货物明细表、货物出口分析单等表式替代投保单。保险公司根据投保单考虑接受承保，并缮制签发保险单。

(四) 报关

出口货物交付装运前，必须经过海关清关(customs clearance)。清关，或称通关，通常需经五个环节：出口申报、审核单证、查验货物、办理征税、清关放行。

1. 出口申报。

申报(declaration)有出口申报和进口申报之分。出口申报是指发货人(出口企业)或其代理(货运代理)在出口货物时，在海关规定的期限内，以书面方式向海关报告其出口货物的情况，并随之附有关货运和商业单据，申请海关审查放行，并对所报告内容的真实准确性承担法律责任的行为。出口申报，习称"出口报关"。

我国《海关法》对出口货物的申报(报关)资格、时间、单证、内容等方面，均作有明确规定：

(1) 申报资格。必须是经海关审核准予注册的专业报关企业、代理报关企业和自理报关企业及其报关员。报关员必须经培训通过海关全国报关员统考，取得由海关总署授权颁发的报关员资格证书，并经海关批准注册，才能代表所属企业办理报关手续。

(2) 申报时间。出口货物的报关时限是在装货的 24 小时以前(海关特准的除外)。

(3) 申报单证。指出口货物报关单、与出口货物直接相关的商业和货运单证，以及国家有关法律、法规规定实行特殊管制的证件等。

出口企业委托货运代理代为订舱并安排装运货物出口，其中包括委托代办出口报关手续。在此情况下，货运代理既是货运代理企业，也是代理报关企业。货代接受出口企业的委托后，在安排运送货物至集装箱堆场的同时，应及时准备好各项报关单证。报关所需单证，除出口货物报关单外，通常有：商业发票、装箱单(大宗散装货及单一品种且包装内容一致的件装货物，不需装箱单)、装货单(S/O)、出口收汇核销单等。此外，还有国家有关法律、法规规定实行特殊管制的证件，如配额证明、出口许可证、商品检验证等。

出口集装箱货物进入集装箱堆场后，货运代理作为报关单位，应及时向海关递交出口货物报关单，随附上述其他报关单证。报关员向海关递交报关单，即意味着清关(通关)工作正式开始。报关单位及其报关员必须承担相应的法律和经济责任。

2. 审核单证。

海关接受出口申报后，应对报关员所递交的所有单证进行审核。审单通常是以出口货物报关单为基础，根据国家有关法律、行政法规的规定，核对所收到的报关单证是否齐全、正确、有效，内容是否一致。如果所审核的单证符合国家法律、法规规定，所交验的单证齐全、无误，海关随即着手对出口货物进行查验。

3. 查验货物。

查验出口货物是指海关以出口货物报关单和其他报关单证为依据，在海关监管区域内对出口货物进行检查和核对。

在查验过程中，海关检查出口货物的名称、品质规格、包装状况、数量重量、标记唛码、生产或贸易国别等事项是否与出口报关单和其他证件相符，以防止非法出口、走私及偷漏关税等。

海关查验集装箱货物，一般在集装箱堆场和港区码头堆场。在特定情况下，可经海关同意派员去发货人的仓库或工厂查验。

海关查验货物时，报关单位应派员到场提供协助，并应海关要求，随时提供有关单证、文件及必要的资料。

4. 办理征税。

征收出口税是海关的基本业务之一。我国目前征收出口税的货物较少，但有少数出口货物由于种种原因仍需征收出口税。所以，按规定应当缴纳出口税的出口货物，当海关查验货物，认为情况正常后，由海关根据我国《关税条例》和《海关税则》规定征收出口税。出口企业或其代理在向海关按规定税率缴清税款或提供适当担保后，海关方可签章放行。

5. 清关放行。

清关放行是海关对出口货物进行监管的最后一项业务程序。出口企业或其代理(货运代理)按海关规定办妥出口申报(报关)，经海关审核单证、查验货物和征收出口税后，海关解除对货物的监管，准予装运出境。在放行前，海关派专人负责审查该批货物的全部报关单证及查验货物记录，并签署认可，然后在装货单(在海运情况下)上盖放行章，货方才能凭该装货单(S/O)要求船方装运出境。同时，海关在出口收汇核销单上加盖验讫章，退报关员，以供出口企业凭此到外汇管理局办理出口收汇核销手续。

(五) 装运

在CIF合同、采用集装箱班轮运输的情况下，承运船舶抵港前，出口企业或其货运代理应根据港区所作的进栈计划，将经出口清关并由海关加上封志(seal)①的集装箱存放于港区指定堆场。港区外轮理货员凭场站收据副本大副联进行理货配载。船舶抵港后，由港区向托运人签收"缴纳出口货物港务费申请书"后，办理装船。装船完毕，由船长或大副在场站收据(正本)上签署②，表明货物已收妥。出口企业或货运代理可凭此单据向船公司或其代理换取已装船提单。

(六) 发装运通知

在CIF合同下，按国际惯例以及我出口业务中的习惯做法，我出口企业于货物装运(装船)后，应向国外买方以电讯方式及时发出装运通知[或称"装船通知"(shipping advice)]，以便买方为收取货物事先采取必需的措施，例如，为付款、赎单和进口报关等作准备，以及有时买方还可能拟自负费用加保其他险别及/或增加投保金额。

装运通知的内容一般有合同或确认书号、信用证号、货物名称、数量、总值、唛头、装运口岸、装运日期、船名、航次等。

从以上出口合同履行的环节可以看出，在出口合同履行过程中，货、证、运(船)的衔接是一项极其细致而又复杂的工作。因此，出口企业必须加强对出口合同的管理，建立起能反映出口合同执行情况的进程管理制度，切实认真地以信用证为依据，根据信用证规定的装运期和到期日的远近，结合货源和运输能力的具体情况，

---

① 封志上有封志号(Seal No.)。在提单上除了注明集装箱的号码外，还需注明该集装箱的封志号。(参见本书附件五)

② 在集装箱班轮运输中，集装箱货物装船后经船长或大副签署的场站收据，相当于散货(件杂货)班轮运输中的大副收据(M/R)。

分别轻重缓急，力求做到“货、证、运(船)”三方面的有效衔接，保证按时交付和装运货物，保证出口合同得以顺利履行。

四、制单结汇

货物装运后，出口企业应即按照信用证要求，正确缮制汇票、发票等单据，并需在信用证规定的交单有效期内，将提单、保险单、产地证、商品检验证等各种单据，送交银行办理议付结汇手续。

我国出口结汇的办法有三种：买单结汇、收妥结汇和定期结汇。

买单结汇，习称“出口押汇”，是指议付行在审单无误的情况下，按信用证的条款买入受益人(出口企业)的汇票和单据，并按照票面金额扣除从议付日到估计收到票款之日的利息，将净数按议付日外汇市场银行买入价折成人民币，收入受益人账户。议付行向受益人垫付资金买入跟单汇票后，即成为汇票的正当持票人，可凭票向付款行索取票款。

收妥结汇是指出口地银行寄出出口单据向外索汇，俟接到国外银行将票款收入出口地银行账户的贷记通知书(credit note)时，即按当日外汇市场价，折成人民币收入受益人账户。

定期结汇是指出口地银行根据索汇函/电往返所需的时间，加上银行处理工作的必要时间，对不同地区预先确定不同的固定结汇时日；到期，出口地银行主动将票款金额折成人民币，收入受益人账户。

在出口结汇方面，最重要的问题是各项单据必须与信用证的规定一致。但是，在实际业务中，由于种种原因，有时难免发生单、证不符的情况。如果发生这种情况，应在信用证规定的交单议付期内尽速更正单据，使之与信用证规定的条款相符，以确保收汇安全。假如确已无法更正，在目前实际业务中，有的出口企业视不同具体情况，选择采用“凭保议付”或“跟证托收”的办法加以处理。

必须指出，当采用“凭保议付”或“跟证托收”等方式时，信用证受益人已失去了开证银行在信用证中所作的付款保证，从而使出口收汇从凭银行信用变成了凭商业信用。对此，出口企业要承担较大风险。

如上所述，在信用证支付条件下，受益人(出口人)为了安全收汇必须做到单、证一致和单、单一致。但不能疏忽的是，出口人还需承担买卖合同规定的义务。所以，出口人在履行合同时除了要做到单、证一致和单、单一致外，还必须做到所交付的货物与合同的规定一致，货物与单据一致。这样环环扣紧，才能保证安全收汇，并避免买方收到货物后提出异议或索赔。

图 9.1 是 CIF 出口合同履行的一般程序图解。

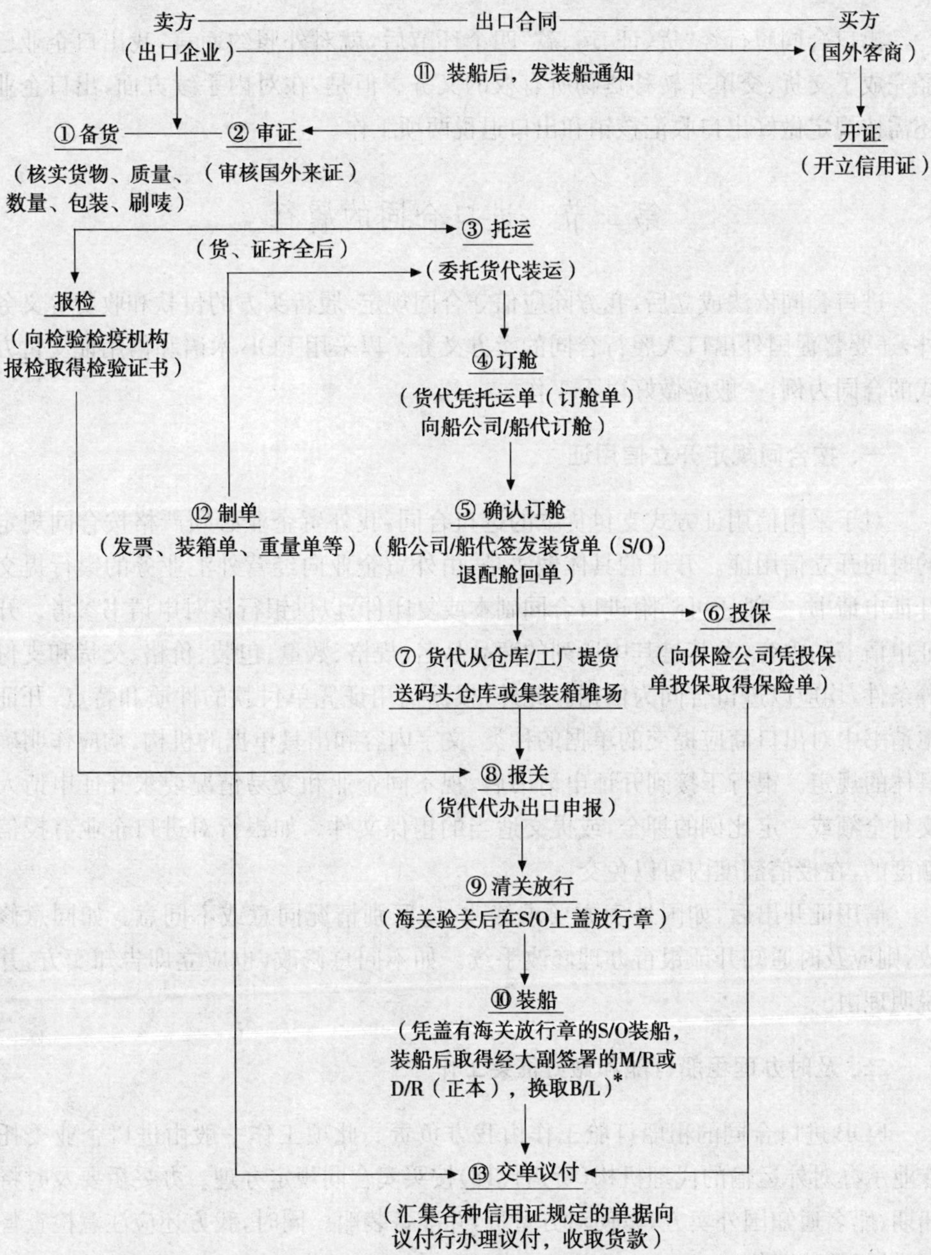

* 传统的散货（件杂货）运输中，装船后，大副签署大副收据（M/R）；集装箱货物运输中，装船后，大副在正本场站收据（D/R）上签署。发货人或其代理凭上述单据换取已装船提单（On Board B/L）。

图 9.1　CIF 出口合同履行一般程序图解

五、出口收汇核销和出口退税

出口合同履行经“货、证、运、款”四个环节后，就对外履约而言，我出口企业已经完成了交货、交单并转移货物所有权的义务。但是，在对内手续方面，出口企业还需按规定做好出口收汇核销和出口退税两项工作。

第二节　进口合同的履行

进口合同依法成立后，我方除应信守合同规定，履行买方的付款和收货等义务外，还要督促国外出口人履行合同的卖方义务。以采用 FOB 术语和信用证支付方式的合同为例，一般应做好以下工作。

一、按合同规定开立信用证

对于采用信用证方式支付货款的进口合同，我外贸企业必须严格按合同规定的时间开立信用证。开证的具体做法是：由外贸企业向经营外汇业务的银行提交开证申请书，一般还可随附进口合同副本或复印件；以供银行核对申请书参考。开证申请书的内容，尤其是其中所列的商品品名、规格、数量、包装、价格、交货和支付等条件，均应以进口合同为依据。此外，根据信用证凭单付款的性质和特点，开证申请书中对出口商应提交的单据的种类、文字内容和出具单据的机构，均应作明确具体的规定。银行于接到开证申请书后，视不同企业和交易情况要求开证申请人交付全额或一定比例的押金，或提交适当的担保文件。如银行对进口企业有授信额度的，在授信额度内可以免交。

信用证开出后，如国外卖方要求修改，应区别情况同意或不同意。如同意修改，则应及时通知开证银行办理修改手续。如不同意修改，也应立即告知卖方，并说明理由。

二、及时办理租船订舱和做好催装工作

FOB 进口合同的租船订舱工作由我方负责。此项工作一般由进口企业委托专业承办对外运输的代理机构（货运代理）按买卖合同规定办理。办妥后要及时将船期、船名通知国外卖方，以便对方备货，并准备装船。同时，我方还应注意检查督促，做好催装工作。

货物装船后，卖方应按合同规定和惯例，及时给我方发装船通知，以便我方办理保险和接货等事宜。

三、办理保险

FOB、CFR、FCA、CPT 进口合同，保险由我方办理。其具体做法是由进口企业根据商品性质、运输方式、运输路线、来源地等情况确定投保金额和险别，填写投保单向保险公司投保，交纳保险费，并向保险公司取得保险单。我一些外贸企业和货运代理同保险公司签订有“海运进口货物运输预约保险合同”。其中对各种货物投保险别、保险费率、适用条款以及保险费和赔款的支付办法等都作了规定。按照预约保险合同的规定范围，所有该外贸企业的 FOB、CFR、FCA、CPT 合同进口货物的保险都由该保险公司自动承保。进口企业或货运代理收到国外装船通知后应将进口货物的船名、提单号、装船日期、商品名称、数量、金额、装运港、目的港等内容通知保险公司，即作为已办妥保险手续。

四、审单付汇

国外出口商将货物装运后，将汇票和货运单据交出口地银行办理议付，议付银行遂将汇票连同货运单据寄我方开证银行。开证银行对照信用证条款进行审核。在审单时为保证不出差错，还往往需要进口企业配合进行。如单、证相符，即由开证银行向国外议付行付款。开证银行付款后，如发现有误，按惯例不能对外行使追索权。为此，审查单据的工作必须认真对待。

在审单无误后，进口企业应即按照人民币外汇市价向银行购买外汇，赎取单据。如发现单、证不符或单、单不符而不能接受时，应由开证银行向国外议付行提出异议，并根据不同情况进行处理。

五、报关、接货

进口企业赎单后，就应着手准备接货，俟货物抵达目的港后，即办理报关、接货手续。报关是指进口物品必须按照海关法令和规定的手续向海关申报验放的过程。在报关时，进口企业要根据进口单据(发票、提单等)填具进口货物报关单向海关申报进口。海关凭进口许可证和/或进口货物报关单，对货、证进行查验，认可后向进口企业征收进口税，然后放行。报关、接货等工作一般由进口企业委托货运代理代办。

六、检验、拨交

进口货物在卸货时，港务局要进行卸货核对。如发现货物短少，要缮制“短卸报告”交由船方确认。如发现货物残损，一般要将货物存放海关指定仓库，由保险公司会同商品检验机构检验。

根据《中华人民共和国进出口商品检验法》规定，凡属法定检验的进口商品，必须经过商检机构检验。这些法定检验的进口商品，未经检验的，不准销售、使用。为了便于对外索赔，凡是属于法定检验的和合同订明在卸货港检验的，合同规定货到检验后付款的，合同规定的索赔期限较短的，卸离海轮时已发现残损或有异状或提货不着等情况的进口货物，均须在卸货港口向当地商检机构报验。如不属于上述情况，而用货部门又不在港口所在地的，可将货物转运至用货单位所在地由用货单位验收或就近申请当地商检机构或有关单位检验。但必须注意对外索赔的有效期限。

无论是自营进口还是代理进口的交易，只要用货单位在卸货港口，均需办理货物拨交手续。对此，一般都委托货运代理代为安排，将货物转运至用货单位所在地，有关费用由外贸企业统一支付。如属代理进口业务，此项费用原则上应由委托进口企业负担，外贸企业向委托进口企业另行办理结算。

七、进口索赔

进口索赔通常由于国外卖方不交货、不按期交货或货物的品质、包装或数量与合同规定不符等原因所引起。其中有的是因卖方违约造成的；有的是轮船公司的责任造成的；有的则属保险公司的赔偿责任范围。因此，进口索赔时要区别情况向不同对象提出。

一般说来，凡属不交货、原装货物的品质低劣、数量不符，或因包装不良使货物受损的，应向卖方索赔；凡属卸货数量少于提单所载数量，或在清洁提单情况下货物发生残损的，应向船方索赔；凡由于自然灾害、意外事故或外来原因造成的属于投保险别承保责任范围内的损失，应向保险公司索赔。

向任一责任方索赔时，都要在约定的索赔期限内提出。在向卖方索赔时，如果在索赔期内来不及提供检验凭证，可先向被索赔方要求延长索赔期或声明保留索赔权。在索赔时，应按规定提供各种必要的凭证，合理计算索赔金额。

向轮船公司索赔时，须附由船长及港务局理货员签证的理货报告及船长签证的短卸或残损证明。

向保险公司索赔时，应附保险公司或其代理与外贸企业的联合检验报告。

进行进口索赔工作，应该做到检验结果正确，证据确实，理由充分，责任明确，提赔及时。只有这样，才能使所受损失得到补偿。

在进口合同的履行过程中，有时国外卖方也有因我方不履行或不完全履行合同义务而向我方提出索赔的。例如在信用证支付方式下，我方不开信用证或不按时开出信用证；或者，在 FOB 条件下，我方不派船或不按时派船，等等。对此，我方也应按照法律和惯例实事求是地进行理赔，以维护我方的信誉。

思 考 题

1. 对于采用 CIF 条件、即期议付信用证方式付款的出口合同,我方在履行时一般要经过哪些环节?

2. 在出口业务中,备货工作有哪些主要内容?

3. 履行出口合同,要做到哪几个一致?为什么?

4. 为什么对国外开来的信用证必须认真进行审查?审查的依据是什么?通常要审核哪些内容?

5. 何谓信用证中的"软条款"?为什么在出口业务中对这种含有"软条款"的信用证一定要提高警惕?

6. 信用证通常有哪些有关"期限"的规定?这些期限的相互关系如何?

7. 对于信用证条款的修改,对于受益人来说,应当注意哪些问题?

8. 简述在班轮运输出口货物情况下,我方办理订舱、报关、装运等工作的一般程序。

9. 我国目前的出口结汇有哪几种做法?试分别比较其利弊。

10. 履行进口合同一般要经过哪些环节?

11. 在进口业务中,开立信用证的具体做法如何?一般应注意什么问题?开出信用证后,受益人要求修改具体条款时,我方应取什么态度?

12. 进口索赔通常由哪些原因引起?实际工作中,一般是如何进行的?

第十章　国际贸易方式

国际贸易方式是指进行国际货物买卖时所采用的各种具体的交易做法。随着国际经济往来的发展,国际贸易方式也日渐增多,并不断发生变化。我们有必要参照国际上的通用做法,适当地选用各种不同的贸易方式以发展我国的对外贸易。

在国际贸易中,通常采用的是单边出口或单边进口,即逐笔售定方式。只要买卖双方通过磋商,订立合同,然后按照合同规定卖方交货、买方收取货物并支付价款,交易就告完成。这是实践中最常见、也是最简便的方式。这种方式的主要缺点是买卖双方除履行已成立的合同外,不承担任何责任,容易造成多头成交,不利于巩固市场,不利于获得好价或更为有利的贸易条件并扩大销售。有些商品,单纯使用逐笔售定方式,甚至还不易销售。于是,在长期的实践中逐渐形成了多种不同的国际贸易方式,如包销、代理、招标、拍卖、寄售、来料加工等。

第一节　包销与独家代理

一、包销

包销(exclusive sale)是指卖方给予国外买方(包销人——exclusive distributor)在约定的地区和期限内,以独家专营某种商品的权利;卖方保证在约定地区只将指定商品销售给包销人,包销人往往要承担只能向卖方购置指定商品的义务,并限定在约定的地区内销售;卖方要保证根据协议,按时按质按量供应指定商品,而包销人一般要承担按期完成约定的销售指标,并提供市场情况和宣传服务。

包销双方的关系是买卖关系。包销人作为买方以自己的名义和资金买下卖方供应的指定商品,并在约定地区销售,在购销经营中自负盈亏,自担风险。由于包销人享有专营权,既有利于调动其积极性,又有推动其推销的压力。

使用包销方式的成败取决于包销人的经营能力、诚意和热情。如果选择包销人不当,就有可能出现包而不销,或利用其拥有专营权的有利地位操纵市场、压低价格等情形,所以对卖方来说,选择包销人必须十分慎重。

买卖双方在包销业务中的权利义务是由包销协议确定的。包销协议包括包销商品、包销地区、包销期限、包销数量或金额、专营权以及有关广告宣传,市场情况报告等工作责任的内容。

二、独家代理

代理(agency)制度的产生已有悠久的历史,是国际经济活动中的常见做法。其基本含义是:代理人根据委托人(principal)的授权,代表委托人同第三人订立合同或作其他法律行为。由此而产生的权利和义务直接对委托人发生效力。代理人一般不承担个人责任。代理人的行为之所以能够约束委托人,是由于他得到了委托人的授权,只要他的行为没有超出委托人授权的范围,委托人就要对之负责。在国际经济贸易往来中的许多业务均需通过代理进行。例如采购、销售、货款和费用结算、运输、保险、广告等都离不开代理人。在国际货物买卖中的代理是指卖方作为委托人通过其委派的代表——代理人(agent)在国外向客户招揽生意、代表委托人签订合同或办理与交易有关的其他事宜。

从授权范围看,如果代理协议中规定,在一定时期和约定地区内,代理人对限定商品享有独家专营权,这种代理就是独家代理。

按惯例在独家代理情况下,凡是委托人在约定地区发生的交易,只要是独家代理的商品,不论其是否通过该独家代理人,委托人都要向独家代理人支付约定比例的佣金。独家代理人接受代理后,应按协议专心为委托人服务,一般不能同时再担任第三者的同类商品的代理业务。

代理关系是以双方签订的代理协议为基础的。佣金条款是代理协议中最重要的条款之一。佣金条款要明确代理人有权赚取的佣金是根据成交额、交货额还是收汇额计算;支付佣金的时间及结算的方法是逐年、定期还是逐笔结算;计算佣金的基础是按 CIF 总值,还是按 FOB 净值;以及支付佣金占总值的比例。佣金率的大小,一般是根据商品的特点、市场习惯和经营意图等因素确定。此外,代理协议对代理人的义务,例如市场商情报告、广告宣传、售前售后服务,以及代理地区和期限等也应作出明确规定。

独家代理和包销的主要区别在于:1. 独家代理的委托人与代理人之间的关系是委托代理关系;包销的卖方与包销人是买卖关系。2. 独家代理人居间介绍,招揽订单,收取佣金,不承担经营风险;包销人自购自销,自担风险,自负盈亏,要自行承担经营风险。3. 代理人介绍买主后,由买主向委托人开立信用证或支付货款,代理人原则上不承担履行合同的责任;包销人买进商品后,自开信用证或以其他方式负责支付货款,自己负责履行购货合同义务。

由于独家代理与包销一样,均在规定期限与地区对特定商品授予专营权,因此也能起到减少自相竞争、扩大销售的作用,但对委托人来说,受到的约束也较大。因此,选择好代理人是成败的关键。在确定对象前必须对其资信、作风、经营能力等方面进行充分了解，在经过慎重考虑，确实认可之后，才能与之建立独家代理关系。有的还可先通过独家发盘进行一段时期的考察。

独家发盘(exclusives offer)是指出口企业与国外客户达成协议，规定对某种或某类出口商品，在特定区域和一定期限内只向这一客户发盘。采用独家发盘方式不一定需要为此专门签订书面协议，有的可仅以往来函电确认。也可在某项买卖合同中作为一个交易条件加以规定。独家发盘方式一经确立，出口企业就承担了在规定期间内不得再将该种或该类商品向特定区域其他客户发盘的义务。所以，获得独家发盘权的客户在一定期限内也享有该种或该类商品的专营权。

独家发盘是包销和独家代理的初级形式。一般用作选择包销商或独家代理人的试用手段，以便在独家发盘期间对该客户的经营能力和作风进行考察。经过一段时期的实践考察，如果双方认为适宜，则可转为包销或独家代理。否则，即予终止。因此，独家发盘的期限一般不宜太长。

第二节　招标与投标

招标与投标是一种有组织的并按一定条件在特定地点进行交易的方式。招标与投标是一种贸易方式的两个方面。在有些国家，习惯采用招标方式来采购物资、勘探、开发矿藏资源或招商承建项目工程。有些国际金融组织也规定，凡利用其提供的资金进行采购或兴建某项工程时，必须采用公开招标的方式。近年来，我国也扩大了对招标与投标方式的利用。不仅积极向国外投标，而且还不断举办招标。

招标(invitation to tender, call for tender)是指由买方或招标的一方发出招标通告或招标单，提出准备购买的商品或拟兴建的工程项目的各种条件和要求，邀请卖方或承包商在指定的时间和地点按照一定程序前来投标的行为。

投标(submission of tender)是指由卖方或承包人在指定时间和地点，按招标人所提条件和要求，以填具招标单的形式向招标人发盘，争取达成交易的行为。

招标的目的是通过投标人的竞争，争取以较为优惠的条件，购货、勘探、开发或承包工程合同。投标人则是通过投标争取中标，达成交易。

招标与投标业务的基本程序如下：

1. 招标。

招标人刊发招标通告(announcement of tender)，说明需要采购的商品或拟兴建的项目的具体要求和条件以及投标期限等，编制招标文件(bidding documents)，供投标人购买或索取。招标可采用公开招标和非公开招标两种方法。公开招标的招标通告通常要在国内外的报刊上刊登，以使有更多的厂商有机会参加投标。非公开招标则只对若干有一定声誉和殷实可靠的企业或在业务交往中建立有良好关系的厂商寄发招标通告。

2. 投标。

由投标人研究招标通告后，按照招标的要求和条件向招标人递交投标文件。投标文件实际上是一个有效期直到决定中标人为止的发盘。这种发盘的有效期限比较长，而且在此期内不得撤标，所以，投标人在投标前必须经过慎重考虑，在对履行投标条件确有把握后方能投标。在实际业务中，投标人在投标时通常还要交付一定的押金或向招标人开立银行保证书或备用信用证，保证一旦中标，肯定履行投标诺言、与招标人订立并履行相关合同。

3. 开标。

招标人开标时要根据各投标人的投标条件进行比较，从中选择对其最有利的作为中标人。如系公开招标，则应在规定日期和地点，由招标人或其代表参加监视开标；如系非公开招标，则由招标人自行选定中标人。在此情况下，投标人能否中标，除了投标条件好，往往还取决于招标人与投标人之间的关系和其他因素。开标时，如招标人认为所有投标人的发盘均不合适，也可全部不中标，从而宣告招标失败，另行招标。招标人在选定中标人后，中标人应履行投标诺言，如向招标人缴纳履约保证金以及与招标人签订货物买卖或工程承包合同。

招标与投标方式与一般交易做法的主要区别是当事人双方没有磋商的过程，只按招标人提出的条件和要求进行交易，没有讨价还价的余地，能否中标，主要取决于投标人的发盘能否比其他竞争者优惠而被招标人所接受。因而投标人之间竞争比较激烈，而招标人则处于比较主动的地位。所以，招标与投标是属于竞卖性质的贸易方式。

第三节 拍卖与寄售

一、拍卖

拍卖(auction)原是一种较古老的交易方法，至今仍被广泛采用。拍卖是一种现场实物交易，是在一定的时间和地点，按照一定的章程和规则，公开叫价，把事先经买主看过的货物逐件逐批以击槌成交的方式卖给出价最高的买主。所以它是一种公开竞买的贸易方式。

拍卖是按照一定的规则和程序进行的。拍卖的商品要事先展示并经买主们验看；拍卖是由专门从事拍卖业务的拍卖行组织并由他们提供拍卖的场所和各种服务。拍卖时，常有大批来自国外的买主，所以拍卖往往是国际性的。

国际拍卖的主要商品有：皮毛、茶叶、烟草、木材、香料、蔬菜、水果、花卉、鱼类、地毯、古玩、珍贵艺术品等等。由于这些商品都是规格复杂、难以标准化的，不能根据规定的标准品级和样品进行交易。这也就是为什么拍卖前买主必须验看或品尝拍卖商品的原因。一旦拍卖成交，除非商品具有隐蔽的缺点，不论拍卖人还是货主对商品品质一般都不承担接受异议和负责赔偿的责任。

正式拍卖在预定的时间和地点进行，一般按照拍卖行编制的拍卖目录规定的次序，逐笔叫价成交。买主在正式拍卖时竞买的叫价是一项发盘。一旦接受，就要承担履约的责任。拍卖按批进行，每一批就是一个独立的合同。为了防止出现拍卖成交后不履约的情况，通常要求事先缴纳一定金额的保证金，有的拍卖行规定只允许经过注册的经纪人叫价。

按叫价的方法不同，拍卖可分为增价拍卖、减价拍卖和密封递价拍卖三种。增价拍卖，又称"买主叫价拍卖"，是先喊出最低价格，逐渐提高叫价直至出价最高时，由拍卖人接受并以击槌动作宣告成交。减价拍卖，又称"卖方叫价拍卖"或"荷兰式拍卖"，是由拍卖人按照卖方意图，先叫出最高价，然后再逐渐降低叫价，直到有人购买时达成交易。密封递价拍卖，又称"投标式拍卖"，是指在规定时间内，买主以密封标单寄交拍卖人，向拍卖人递盘，由拍卖人选择出价最高的表示接受，以达成交易。密封递价拍卖已失去公开竞买性质，竞买人能否买到货物，除了价格因素外，往往还要取决于其他因素。目前，有些商品如美国的木材、烟叶、羊毛等习惯采用这种方式。此外，政府机关和海关处理物资时也有采用。

二、寄售

寄售(consignment)是指出口国的寄售人(consignor)，即货主，根据事先与进口国的代理人或专营寄售的经纪人签订的寄售协议，先将货物运交约定的代售人(consignee)，委托代售人按事先约定的条件和办法，在当地市场代为销售的一种贸易方式。代售人在当地市场将货物出售后，所得货款在扣除代售佣金和有关费用后，汇交寄售人。代售人在货物抵达后，虽应按约定尽力推销，但对货物能否出售不承担法律责任。如寄售期满，有权将未售出的货物退回，交易盈亏由寄售人负担。货物在出售前，所有权仍归寄售人，但代售人在收到货物后，有责任保管货物，如由于代售人的过失而使货物丢失和受损，代售人要承担责任。

对代售人来说，由于不需要承担货价和经营上的风险，也不用垫付资金，卖得多佣金收入也多，因此有利于调动其经营积极性。而且寄售一般可做到看货成交、即期交货，有利于扩大销售，尤其有利于开辟新市场和新商品的试销。但是，寄售人却要承担货物出售前的一切风险和费用。所以，对寄售人来说，所承担的风险和费用都很大，资金周转期也比较长。

根据以上分析，采用寄售方式必须做好以下工作：

1. 做好调查研究，弄清目标市场的情况，以作为考虑和选定寄售市场的依据；

2. 要以发展的眼光正确选择商品，不能把寄售作为只是推销滞销积压商品的渠道；

3. 慎重选择足以信赖、具有良好资信条件和推销能力的代理人作为代售人。

4. 要订好一份考虑周到的寄售协议，明确定价办法和双方的权利与义务，以作为双方关系的法律依据。

第四节　来料加工贸易

来料加工贸易(processing with customer's materials)是指由国外客商提供一定的原材料、辅助材料、零部件、元器件、包装材料，必要时提供机器设备及生产技术，委托我国企业按国外客商要求进行加工、装配，成品由国外客商负责销售，我国企业按合同规定收取工缴费的一种贸易方式。开展来料加工贸易是把利用外资、引进技术、劳务出口结合在一起的一种投资少、风险小、见效快的综合性外向型经济。它有利于发挥我国劳动力资源丰富、费用低廉的优势，以弥补我国特别是农村地区缺少资金、技术、人才和购销渠道的短处。通过开展对外加工装配业务，有利于促进生产，提高管理和技术水平，增加外汇收入，解决部分人员的就业。总之，对于推动我国经济发展和社会安定均可起到重要作用。因此，我国政府一向对此采取鼓励政策。

应当指出，虽然来料加工贸易的实质是以商品为载体的劳务输出，但是，如果外商的来料或来件供应不及时，就会影响我方正常的生产秩序；如果我方承接来料加工业务安排不妥当，有时有可能冲击正常的出口贸易。各地各企业分散承接时，若互不联系、过度竞争，也有可能产生收费标准悬殊、工缴费过低或其他方面的损失。

来料加工贸易一般应由提供原材料、零配件的国外客商与国内承接企业就有关加工的条件，包括原材料、零配件和成品的质量、数量、交付时间、工缴费及其支付办法等进行磋商取得一致意见后，订立来料加工合同。磋商的基本环节，除合同条款不同外，与一般进出口交易无多大差别。为便于开展业务、防止不必要的损失，生产部门可通过外贸企业介绍、联系、协助进行。必要时，外贸企业也可以居间人地位督促合同的履行，也可由外贸企业作为承接方与国外委托方签署合同，由外贸企业安排生产单位进行加工。

在订立来料加工合同时应特别注意下列各项规定：

1. 关于来料、来件的质量、数量和到货时间的规定。

在来料加工业务中，能否按时、按质、按量交付成品在很大程度上取决于外商能否按时将符合要求的原材料或零配件如数送到指定地点。因此，在合同中必须就料、件的质量要求、具体数量和到达时间作出明确规定。为防止发生不必要的纠纷，一般还应同时规定验收办法，以及如果发现来料、来件的质量、数量、到货时间不符要求而造成承接方停工、生产中断的补救办法。例如，允许成品交货期相应推迟，停工、生产中断的损失由外方负责赔偿以及承接方有权解除合同等。

对原材料、零配件的消耗定额应作实事求是的规定，但应适当留有余地，防止交付成品数量不足。

每批来料、来件的到货数量和期限，要与成品交付期限和加工周期相衔接，既要考虑设备正常生产能力对每批应交成品所需料、件的要求，又要考虑有一定数量的合理周转储备，以免由于意外情况造成来料、来件不及时引起停工、窝工等情况的发生。

2. 关于成品质量要求的规定。

在对外加工交易中，外方为了保证成品的适销对路，一般对成品的质量要求比较严格，因此在磋商和签订合同时，必须从承接方的技术条件和工艺水平出发，并视不同情况，适当留有余地，以免交付成品时发生困难。对于加工过程中不可避免产生的副次品占成品的比例也应作出规定，超过规定副次品率时，外方有权拒收或提出损害赔偿要求。在规定副次品率时也应适当留有余地。

为防止不必要的争议，一般都应在合同中规定成品的验收办法。原则上应规定由我国商品检验机构负责检验。

3. 关于成品数量和交货期的规定。

来料加工贸易，一般都属长期交易，在合同中通常规定合同期间的加工总额，同时又规定每期的加工数量和具体的交货时间，以及发生不能按时交货或交付数量不足时的处理办法。

合同中关于成品交货期和每期的交付数量与来料、来件的到货日期和每批到货数量应相适应并适当留有余地和有一定的灵活性，以免造成履行合同的困难。

4. 关于工缴费的规定。

工缴费是加工业务中直接涉及合同双方当事人利害的核心问题，也往往是磋商签订来料加工合同时的焦点，因此必须慎重对待。在确定工缴费时，既要与实际生产成本相当，又要在国际市场上具有一定的竞争性，还要考虑到我国当前的劳动生产率及其与国外的差距。

5. 关于工缴费支付方法的规定。

总的来说，加工工缴费的支付方法有两种：一是对来料、来件和成品均不计价格，由委托方按加工进度或成品交付进度支付；二是对来料、来件和成品均分别计价，两者之间的差额即属工缴费。对于后者，必须坚持先收后付的原则，也就是用成品出口的货款来偿付来料、来件和款项,避免垫付外汇。

至于具体的支付方法,一般都采用以银行为中介的国际通常使用的贸易外汇支付方式。例如:来料、来件和成品均不计价者,可采用即期不可撤销信用证、即期托收付款交单(D/P)或交货前若干天内汇付。如来料、来件和成品均计价者,则可采用以下做法:(1)来料、来件用远期信用证,成品出口用即期信用证付款,即对开信用证方式;(2)来料、来件用远期托收中的承兑交单(D/A),成品出口用即期信用证、即期付款交单或汇付。

为了避免垫付外汇,远期付款的期限要与加工周期加上成品收款所需时间相衔接并适当留有余地。我方开出的信用证内可订明须俟收到并通知认可对方开来的信用证后方始生效的条款。

6. 关于保险责任和保险费的规定。

应当指出,在来料加工业务中,加工装配使用的原材料、零配件,在整个加工过程中,其所有权是属于外方的。我方对原材料、零配件仅拥有使用权。至于未交付的成品,其保险的标的物则包括属于外方所有的原材料、零配件的价额以及应属我方所得的工缴费。因此,我方原则上只承担在加工过程中应得工缴费的投保责任,其余部分理应由外方负责投保。但是,从实际业务进程看,包括来料、来件运输,到达后的保管使用以及加工后的成品装运,均由我方办理投保较为方便。保险费则可连同工缴费向外方收取,或包括在工缴费内不另计收。这样做不但可为国家多增加保险费的外汇收入,而且从料、件进口直到加工的成品出口,由承接方一揽子投保,其保险费还可较分段投保节约许多。

对外加工业务从来料、来件到加工为成品后交给外商,大致可分三个阶段,即从国外运进料、件;在国内加工;加工成成品装运出口。以上三阶段的保险由何方负责投保,必须在合同中加以明确。如由我方负责投保,则应明确规定保险费由外方负担(如已将保险费计算在工缴费内则除外)。我国保险公司可以接受三个阶段的统一投保。

7. 关于预防性和约束性条款。

对外加工业务是按外商提供的品质、规格、外形设计进行生产的,外商必须保证其所提供的品质、规格、外形设计或样品没有侵犯第三者的权益。如果使用外商指定的商标,则外商应持有该商标的使用权。倘若产品的生产或销售侵犯他人的商标权或专利权,应由外商承担一切责任。对此,应在合同中加以明确规定。

凡是长期合同,一般应争取外方在合同中承诺,不委托第三者加工同类产品。作为对等义务,我方一般也应承诺在合同期间不接受第三方的委托。

此外,来料加工合同还应订立不可抗力和仲裁等有关预防和解决争议的条款。

思 考 题

1. 何谓包销？何谓独家代理？
2. 包销与独家代理的主要区别是什么？
3. 采用包销方式和独家代理方式有什么利弊？
4. 何谓招标？何谓投标？
5. 组织一次招标，招标人要做哪些工作？
6. 参加国际投标，投标人应注意哪些问题？
7. 何谓拍卖？一般说来，哪些商品适宜采用拍卖方式进行销售？
8. 何谓寄售？寄售方式有哪些特点？
9. 采用寄售方式应注意哪些问题？
10. 何谓来料加工贸易？
11. 简述来料加工贸易的特点和作用。
12. 在订立来料加工合同时，我方作为承接方应注意哪些问题？

附录一：

《中华人民共和国合同法》①

（1999 年 3 月 15 日第九届全国人民代表大会第二次会议通过）

总　　则

第一章　一般规定

第一条

为了保护合同当事人的合法权益，维护社会经济秩序，促进社会主义现代化建设，制定本法。

第二条

本法所称合同是平等主体的自然人、法人、其他组织之间设立、变更、终止民事权利义务关系的协议。

婚姻、收养、监护等有关身份关系的协议，适用其他法律的规定。

第三条

合同当事人的法律地位平等，一方不得将自己的意志强加给另一方。

第四条

当事人依法享有自愿订立合同的权利，任何单位和个人不得非法干预。

第五条

当事人应当遵循公平原则确定各方的权利和义务。

第六条

当事人行使权利、履行义务应当遵循诚实信用原则。

第七条

当事人订立、履行合同，应当遵守法律、行政法规，尊重社会公德，不得扰乱社会经济秩序，损害社会公共利益。

第八条

依法成立的合同，对当事人具有法律约束力。当事人应当按照约定履行自己的义务，不得擅自变更或者解除合同。

依法成立的合同，受法律保护。

---

① 选录本合同法的总则和分则买卖合同部分。

第二章　合同的订立

第九条

当事人订立合同，应当具有相应的民事权利能力和民事行为能力。

当事人依法可以委托代理人订立合同。

第十条

当事人订立合同，有书面形式、口头形式和其他形式。

法律、行政法规规定采用书面形式的，应当采用书面形式。当事人约定采用书面形式的，应当采用书面形式。

第十一条

书面形式是指合同书、信件和数据电文(包括电报、电传、传真、电子数据交换和电子邮件)等可以有形地表现所载内容的形式。

第十二条

合同的内容由当事人约定，一般包括以下条款：

(一) 当事人的名称或者姓名和住所；

(二) 标的；

(三) 数量；

(四) 质量；

(五) 价款或者报酬；

(六) 履行期限、地点和方式；

(七) 违约责任；

(八) 解决争议的方法。

当事人可以参照各类合同的示范文本订立合同。

第十三条

当事人订立合同，采取要约、承诺方式。

第十四条

要约是希望和他人订立合同的意思表示，该意思表示应当符合下列规定：

(一) 内容具体确定；

(二) 表明经受要约人承诺，要约人即受该意思表示约束。

第十五条

要约邀请是希望他人向自己发出要约的意思表示。寄送的价目表、拍卖公告、招标公告、招股说明书、商业广告等为要约邀请。

商业广告的内容符合要约规定的，视为要约。

第十六条

要约到达受要约人时生效。

采用数据电文形式订立合同，收件人指定特定系统接收数据电文的，该数据电文进入该特定系统的时间，视为到达时间；未指定特定系统的，该数据电文进入收件人的任何系统的首次时间，视为到达时间。

第十七条

要约可以撤回。撤回要约的通知应当在要约到达受要约人之前或者与要约同时到达受要约人。

第十八条

要约可以撤销。撤销要约的通知应当在受要约人发出承诺通知之前到达受要约人。

第十九条

有下列情形之一的，要约不得撤销：

（一）要约人确定了承诺期限或者以其他形式明示要约不可撤销；

（二）受要约人有理由认为要约是不可撤销的，并已经为履行合同作了准备工作。

第二十条

有下列情形之一的，要约失效：

（一）拒绝要约的通知到达要约人；

（二）要约人依法撤销要约；

（三）承诺期限届满，受要约人未作出承诺；

（四）受要约人对要约的内容作出实质性变更。

第二十一条

承诺是受要约人同意要约的意思表示。

第二十二条

承诺应当以通知的方式作出，但根据交易习惯或者要约表明可以通过行为作出承诺的除外。

第二十三条

承诺应当在要约确定的期限内到达要约人。

要约没有确定承诺期限的，承诺应当依照下列规定到达：

（一）要约以对话方式作出的，应当即时作出承诺，但当事人另有约定的除外；

（二）要约以非对话方式作出的，承诺应当在合理期限内到达。

第二十四条

要约以信件或者电报作出的，承诺期限自信件载明的日期或者电报交发之日开始计算。信件未载明日期的，自投寄该信件的邮戳日期开始计算。要约以电话、传真等快速通讯方式作出的，承诺期限自要约到达受要约人时开始计算。

第二十五条

承诺生效时合同成立。

第二十六条

承诺通知到达要约人时生效。承诺不需要通知的，根据交易习惯或者要约的要求作出承诺的行为时生效。

采用数据电文形式订立合同的，承诺到达的时间适用本法第十六条第二款的规定。

第二十七条

承诺可以撤回。撤回承诺的通知应当在承诺通知到达要约人之前或者与承诺通知同时到达要约人。

第二十八条

受要约人超过承诺期限发出承诺的，除要约人及时通知受要约人该承诺有效的以外，为新要约。

第二十九条

受要约人在承诺期限内发出承诺，按照通常情形能够及时到达要约人，但因其他原因承诺到达要约人时超过承诺期限的，除要约人及时通知受要约人因承诺超过期限不接受该承诺的以外，该承诺有效。

第三十条

承诺的内容应当与要约的内容一致。受要约人对要约的内容作出实质性变更的，为新要约。有关合同标的、数量、质量、价款或者报酬、履行期限、履行地点和方式、违约责任和解决争议方法等的变更，是对要约内容的实质性变更。

第三十一条

承诺对要约的内容作出非实质性变更的，除要约人及时表示反对或者要约表明承诺不得对要约的内容作出任何变更的以外，该承诺有效，合同的内容以承诺的内容为准。

第三十二条

当事人采用合同书形式订立合同的，自双方当事人签字或者盖章时合同成立。

第三十三条

当事人采用信件、数据电文等形式订立合同的，可以在合同成立之前要求签订确认书。签订确认书时合同成立。

第三十四条

承诺生效的地点为合同成立的地点。

采用数据电文形式订立合同的，收件人的主营业地为合同成立的地点；没有主营业地的，其经常居住地为合同成立的地点。当事人另有约定的，按照其约定。

第三十五条

当事人采用合同书形式订立合同的，双方当事人签字或者盖章的地点为合同成立的地点。

第三十六条

法律、行政法规规定或者当事人约定采用书面形式订立合同，当事人未采用书面形式但一方已经履行主要义务，对方接受的，该合同成立。

第三十七条

采用合同书形式订立合同，在签字或者盖章之前，当事人一方已经履行主要义务，对方接受的，该合同成立。

第三十八条

国家根据需要下达指令性任务或者国家订货任务的，有关法人、其他组织之间应当依照有关法律、行政法规规定的权利和义务订立合同。

第三十九条

采用格式条款订立合同的，提供格式条款的一方应当遵循公平原则确定当事人之间的权利和义务，并采取合理的方式提请对方注意免除或者限制其责任的条款，按照对方的要求，对该条款予以说明。

格式条款是当事人为了重复使用而预先拟定，并在订立合同时未与对方协商的条款。

第四十条

格式条款具有本法第五十二条和第五十三条规定情形的，或者提供格式条款一方免除其责任、加重对方责任、排除对方主要权利的，该条款无效。

第四十一条

对格式条款的理解发生争议的，应当按照通常理解予以解释。对格式条款有两种以上解释的，应当作出不利于提供格式条款一方的解释。格式条款和非格式条款不一致的，应当采用非格式条款。

第四十二条

当事人在订立合同过程中有下列情形之一，给对方造成损失的，应当承担损害赔偿责任：

（一）假借订立合同，恶意进行磋商；

（二）故意隐瞒与订立合同有关的重要事实或者提供虚假情况；

（三）有其他违背诚实信用原则的行为。

第四十三条

当事人在订立合同过程中知悉的商业秘密，无论合同是否成立，不得泄露或者不正当地使用。泄露或者不正当地使用该商业秘密给对方造成损失的，应当承担损害赔偿责任。

第三章　合同的效力

第四十四条

依法成立的合同，自成立时生效。

法律、行政法规规定应当办理批准、登记等手续生效的，依照其规定。

第四十五条

当事人对合同的效力可以约定附条件。附生效条件的合同，自条件成就时生效。附解除条件的合同，自条件成就时失效。

当事人为自己的利益不正当地阻止条件成就的，视为条件已成就；不正当地促成条件成就的，视为条件不成就。

第四十六条

当事人对合同的效力可以约定附期限。附生效期限的合同，自期限届至时生效。附终止期限的合同，自期限届满时失效。

第四十七条

限制民事行为能力人订立的合同，经法定代理人追认后，该合同有效，但纯获利益的合同或者与其年龄、智力、精神健康状况相适应而订立的合同，不必经法定代理人追认。

相对人可以催告法定代理人在一个月内予以追认。法定代理人未作表示的，视为拒绝追认。合同被追认之前，善意相对人有撤销的权利。撤销应当以通知的方式作出。

第四十八条

行为人没有代理权、超越代理权或者代理权终止后以被代理人名义订立的合同，未经被代理人追认,对被代理人不发生效力,由行为人承担责任。

相对人可以催告被代理人在一个月内予以追认。被代理人未作表示的,视为拒绝追认。合同被追认之前,善意相对人有撤销的权利。撤销应当以通知的方式作出。

第四十九条

行为人没有代理权、超越代理权或者代理权终止后以被代理人名义订立合同,相对人有理由相信行为人有代理权的,该代理行为有效。

第五十条

法人或者其他组织的法定代表人、负责人超越权限订立的合同,除相对人知道或者应当知道其超越权限的以外,该代表行为有效。

第五十一条

无处分权的人处分他人财产,经权利人追认或者无处分权的人订立合同后取得处分权的,该合同有效。

第五十二条

有下列情形之一的,合同无效:

(一) 一方以欺诈、胁迫的手段订立合同,损害国家利益;

(二) 恶意串通,损害国家、集体或者第三人利益;

(三) 以合法形式掩盖非法目的;

(四) 损害社会公共利益;

(五) 违反法律、行政法规的强制性规定。

第五十三条

合同中的下列免责条款无效:

(一) 造成对方人身伤害的;

(二) 因故意或者重大过失造成对方财产损失的。

第五十四条

下列合同,当事人一方有权请求人民法院或者仲裁机构变更或者撤销:

(一) 因重大误解订立的;

(二) 在订立合同时显失公平的。

一方以欺诈、胁迫的手段或者乘人之危,使对方在违背真实意思的情况下订立的合同,受损害方有权请求人民法院或者仲裁机构变更或者撤销。

当事人请求变更的,人民法院或者仲裁机构不得撤销。

第五十五条

有下列情形之一的,撤销权消灭:

(一) 具有撤销权的当事人自知道或者应当知道撤销事由之日起一年内没有行使撤销权;

(二) 具有撤销权的当事人知道撤销事由后明确表示或者以自己的行为放弃撤销权。

第五十六条

无效的合同或者被撤销的合同自始没有法律约束力。合同部分无效,不影响其他部分效力的,其他部分仍然有效。

第五十七条

合同无效、被撤销或者终止的，不影响合同中独立存在的有关解决争议方法的条款的效力。

第五十八条

合同无效或者被撤销后，因该合同取得的财产，应当予以返还；不能返还或者没有必要返还的，应当折价补偿。有过错的一方应当赔偿对方因此所受到的损失，双方都有过错的，应当各自承担相应的责任。

第五十九条

当事人恶意串通，损害国家、集体或者第三人利益的，因此取得的财产收归国家所有或者返还集体、第三人。

第四章　合同的履行

第六十条

当事人应当按照约定全面履行自己的义务。

当事人应当遵循诚实信用原则，根据合同的性质、目的和交易习惯履行通知、协助、保密等义务。

第六十一条

合同生效后，当事人就质量、价款或者报酬、履行地点等内容没有约定或者约定不明确的，可以协议补充；不能达成补充协议的，按照合同有关条款或者交易习惯确定。

第六十二条

当事人就有关合同内容约定不明确，依照本法第六十一条的规定仍不能确定的，适用下列规定：

（一）质量要求不明确的，按照国家标准、行业标准履行；没有国家标准、行业标准的，按照通常标准或者符合合同目的的特定标准履行。

（二）价款或者报酬不明确的，按照订立合同时履行地的市场价格履行；依法应当执行政府定价或者政府指导价的，按照规定履行。

（三）履行地点不明确，给付货币的，在接受货币一方所在地履行；交付不动产的，在不动产所在地履行；其他标的，在履行义务一方所在地履行。

（四）履行期限不明确的，债务人可以随时履行，债权人也可以随时要求履行，但应当给对方必要的准备时间。

（五）履行方式不明确的，按照有利于实现合同目的的方式履行。

（六）履行费用的负担不明确的，由履行义务一方负担。

第六十三条

执行政府定价或者政府指导价的，在合同约定的交付期限内政府价格调整时，按照交付时的价格计价。逾期交付标的物的，遇价格上涨时，按照原价格执行；价格下降时，按照新价格执行。逾期提取标的物或者逾期付款的，遇价格上涨时，按照新价格执行；价格下降时，按照原价格执行。

第六十四条

当事人约定由债务人向第三人履行债务的，债务人未向第三人履行债务或者履行债务不符合约定，应当向债权人承担违约责任。

第六十五条

当事人约定由第三人向债权人履行债务的，第三人不履行债务或者履行债务不符合约定，债务人应当向债权人承担违约责任。

第六十六条

当事人互负债务，没有先后履行顺序的，应当同时履行。一方在对方履行之前有权拒绝其履行要求。一方在对方履行债务不符合约定时，有权拒绝其相应的履行要求。

第六十七条

当事人互负债务，有先后履行顺序，先履行一方未履行的，后履行一方有权拒绝其履行要求。先履行一方履行债务不符合约定的，后履行一方有权拒绝其相应的履行要求。

第六十八条

应当先履行债务的当事人，有确切证据证明对方有下列情形之一的，可以中止履行：

（一）经营状况严重恶化；

（二）转移财产、抽逃资金，以逃避债务；

（三）丧失商业信誉；

（四）有丧失或者可能丧失履行债务能力的其他情形。

当事人没有确切证据中止履行的，应当承担违约责任。

第六十九条

当事人依照本法第六十八条的规定中止履行的，应当及时通知对方。对方提供适当担保时，应当恢复履行。中止履行后，对方在合理期限内未恢复履行能力并且未提供适当担保的，中止履行的一方可以解除合同。

第七十条

债权人分立、合并或者变更住所没有通知债务人，致使履行债务发生困难的，债务人可以中止履行或者将标的物提存。

第七十一条

债权人可以拒绝债务人提前履行债务，但提前履行不损害债权人利益的除外。

债务人提前履行债务给债权人增加的费用，由债务人负担。

第七十二条

债权人可以拒绝债务人部分履行债务，但部分履行不损害债权人利益的除外。

债务人部分履行债务给债权人增加的费用，由债务人负担。

第七十三条

因债务人怠于行使其到期债权，对债权人造成损害的，债权人可以向人民法院请求以自己的名义代位行使债务人的债权，但该债权专属于债务人自身的除外。

代位权的行使范围以债权人的债权为限。债权人行使代位权的必要费用，由债务人负担。

第七十四条

因债务人放弃其到期债权或者无偿转让财产，对债权人造成损害的，债权人可以请求人民法院撤销债务人的行为。债务人以明显不合理的低价转让财产，对债权人造成损害，并且受让人知道该情形的，债权人也可以请求人民法院撤销债务人的行为。

撤销权的行使范围以债权人的债权为限。债权人行使撤销权的必要费用，由债务人负担。

第七十五条

撤销权自债权人知道或者应当知道撤销事由之日起一年内行使。自债务人的行为发生之日起五年内没有行使撤销权的，该撤销权消灭。

第七十六条

合同生效后，当事人不得因姓名、名称的变更或者法定代表人、负责人、承办人的变动而不履行合同义务。

第五章　合同的变更和转让

第七十七条

当事人协商一致，可以变更合同。

法律、行政法规规定变更合同应当办理批准、登记等手续的，依照其规定。

第七十八条

当事人对合同变更的内容约定不明确的，推定为未变更。

第七十九条

债权人可以将合同的权利全部或者部分转让给第三人，但有下列情形之一的除外：

（一）根据合同性质不得转让；

（二）按照当事人约定不得转让；

（三）依照法律规定不得转让。

第八十条

债权人转让权利的，应当通知债务人。未经通知，该转让对债务人不发生效力。

债权人转让权利的通知不得撤销，但经受让人同意的除外。

第八十一条

债权人转让权利的，受让人取得与债权有关的从权利，但该从权利专属于债权人自身的除外。

第八十二条

债务人接到债权转让通知后，债务人对让与人的抗辩，可以向受让人主张。

第八十三条

债务人接到债权转让通知时，债务人对让与人享有债权，并且债务人的债权先于转让的债权到期或者同时到期的，债务人可以向受让人主张抵销。

第八十四条

债务人将合同的义务全部或者部分转移给第三人的，应当经债权人同意。

第八十五条

债务人转移义务的，新债务人可以主张原债务人对债权人的抗辩。

第八十六条

债务人转移义务的，新债务人应当承担与主债务有关的从债务，但该从债务专属于原债务人自身的除外。

第八十七条

法律、行政法规规定转让权利或者转移义务应当办理批准、登记等手续的，依照其规定。

第八十八条

当事人一方经对方同意，可以将自己在合同中的权利和义务一并转让给第三人。

第八十九条

权利和义务一并转让的，适用本法第七十九条、第八十一条至第八十三条、第八十五条至第八十七条的规定。

第九十条

当事人订立合同后合并的，由合并后的法人或者其他组织行使合同权利，履行合同义务。当事人订立合同后分立的，除债权人和债务人另有约定的以外，由分立的法人或者其他组织对合同的权利和义务享有连带债权，承担连带债务。

第六章　合同的权利义务终止

第九十一条

有下列情形之一的，合同的权利义务终止：

（一）债务已经按照约定履行；

（二）合同解除；

（三）债务相互抵销；

（四）债务人依法将标的物提存；

（五）债权人免除债务；

（六）债权债务同归于一人；

（七）法律规定或者当事人约定终止的其他情形。

第九十二条

合同的权利义务终止后，当事人应当遵循诚实信用原则，根据交易习惯履行通知、协助、保密等义务。

第九十三条

当事人协商一致，可以解除合同。

当事人可以约定一方解除合同的条件。解除合同的条件成就时，解除权人可以解除合同。

第九十四条

有下列情形之一的，当事人可以解除合同：

（一）因不可抗力致使不能实现合同目的；

（二）在履行期限届满之前，当事人一方明确表示或者以自己的行为表明不履行主要债务；

（三）当事人一方迟延履行主要债务，经催告后在合理期限内仍未履行；

（四）当事人一方迟延履行债务或者有其他违约行为致使不能实现合同目的；

（五）法律规定的其他情形。

第九十五条

法律规定或者当事人约定解除权行使期限，期限届满当事人不行使的，该权利消灭。

法律没有规定或者当事人没有约定解除权行使期限，经对方催告后在合理期限内不行使的，该权利消灭。

第九十六条

当事人一方依照本法第九十三条第二款、第九十四条的规定主张解除合同的，应当通知对方。合同自通知到达对方时解除。对方有异议的，可以请求人民法院或者仲裁机构确认解除合同的效力。

法律、行政法规规定解除合同应当办理批准、登记等手续的，依照其规定。

第九十七条

合同解除后，尚未履行的，终止履行；已经履行的，根据履行情况和合同性质，当事人可以要求恢复原状、采取其他补救措施，并有权要求赔偿损失。

第九十八条

合同的权利义务终止，不影响合同中结算和清理条款的效力。

第九十九条

当事人互负到期债务，该债务的标的物种类、品质相同的，任何一方可以将自己的债务与对方的债务抵销，但依照法律规定或者按照合同性质不得抵销的除外。

当事人主张抵销的，应当通知对方。通知自到达对方时生效。抵销不得附条件或者附期限。

第一百条

当事人互负债务，标的物种类、品质不相同的，经双方协商一致，也可以抵销。

第一百零一条

有下列情形之一，难以履行债务的，债务人可以将标的物提存：

（一）债权人无正当理由拒绝受领；

（二）债权人下落不明；

（三）债权人死亡未确定继承人或者丧失民事行为能力未确定监护人；

（四）法律规定的其他情形。

标的物不适于提存或者提存费用过高的，债务人依法可以拍卖或者变卖标的物，提存所得的价款。

第一百零二条

标的物提存后，除债权人下落不明的以外，债务人应当及时通知债权人或者债权人的继承人、监护人。

第一百零三条

标的物提存后，毁损、灭失的风险由债权人承担。提存期间，标的物的孳息归债权人所有。提存费用由债权人负担。

第一百零四条

债权人可以随时领取提存物，但债权人对债务人负有到期债务的，在债权人未履行债务或者提供担保之前，提存部门根据债务人的要求应当拒绝其领取提存物。

债权人领取提存物的权利，自提存之日起五年内不行使而消灭，提存物扣除提存费用后归国家所有。

第一百零五条

债权人免除债务人部分或者全部债务的，合同的权利义务部分或者全部终止。

第一百零六条

债权和债务同归于一人的，合同的权利义务终止，但涉及第三人利益的除外。

第七章　违约责任

第一百零七条

当事人一方不履行合同义务或者履行合同义务不符合约定的，应当承担继续履行、采取补救措施或者赔偿损失等违约责任。

第一百零八条

当事人一方明确表示或者以自己的行为表明不履行合同义务的，对方可以在履行期限届满之前要求其承担违约责任。

第一百零九条

当事人一方未支付价款或者报酬的，对方可以要求其支付价款或者报酬。

第一百一十条

当事人一方不履行非金钱债务或者履行非金钱债务不符合约定的，对方可以要求履行，但有下列情形之一的除外：

（一）法律上或者事实上不能履行；

（二）债务的标的不适于强制履行或者履行费用过高；

（三）债权人在合理期限内未要求履行。

第一百一十一条

质量不符合约定的，应当按照当事人的约定承担违约责任。对违约责任没有约定或者约定不明确，依照本法第六十一条的规定仍不能确定的，受损害方根据标的的性质以及损失的大小，可以合理选择要求对方承担修理、更换、重作、退货、减少价款或者报酬等违约责任。

第一百一十二条

当事人一方不履行合同义务或者履行合同义务不符合约定的，在履行义务或者采取补救措施后，对方还有其他损失的，应当赔偿损失。

第一百一十三条

当事人一方不履行合同义务或者履行合同义务不符合约定，给对方造成损失的，损失赔偿额应当相当于因违约所造成的损失，包括合同履行后可以获得的利益，但不得超过违反合同一方订立合同时预见到或者应当预见到的因违反合同可能造成的损失。

经营者对消费者提供商品或者服务有欺诈行为的，依照《中华人民共和国消费者权益保护法》的规定承担损害赔偿责任。

第一百一十四条

当事人可以约定一方违约时应当根据违约情况向对方支付一定数额的违约金，也可以约定因违约产生的损失赔偿额的计算方法。

约定的违约金低于造成的损失的，当事人可以请求人民法院或者仲裁机构予以增加；约定的违约金过分高于造成的损失的，当事人可以请求人民法院或者仲裁机构予以适当减少。

当事人就迟延履行约定违约金的，违约方支付违约金后，还应当履行债务。

第一百一十五条

当事人可以依照《中华人民共和国担保法》约定一方向对方给付定金作为债权的担保。债务人履行债务后，定金应当抵作价款或者收回。给付定金的一方不履行约定的债务的，无权要求返还定金；收受定金的一方不履行约定的债务的，应当双倍返还定金。

第一百一十六条

当事人既约定违约金，又约定定金的，一方违约时，对方可以选择适用违约金或者定金条款。

第一百一十七条

因不可抗力不能履行合同的，根据不可抗力的影响，部分或者全部免除责任，但法律另有规定的除外。当事人迟延履行后发生不可抗力的，不能免除责任。

本法所称不可抗力，是指不能预见、不能避免并不能克服的客观情况。

第一百一十八条

当事人一方因不可抗力不能履行合同的，应当及时通知对方，以减轻可能给对方造成的损失，并应当在合理期限内提供证明。

第一百一十九条

当事人一方违约后，对方应当采取适当措施防止损失的扩大；没有采取适当措施致使损失扩大的，不得就扩大的损失要求赔偿。

当事人因防止损失扩大而支出的合理费用，由违约方承担。

第一百二十条

当事人双方都违反合同的，应当各自承担相应的责任。

第一百二十一条

当事人一方因第三人的原因造成违约的，应当向对方承担违约责任。当事人一方和第三人之间的纠纷，依照法律规定或者按照约定解决。

第一百二十二条

因当事人一方的违约行为，侵害对方人身、财产权益的，受损害方有权选择依照本法要求其承担违约责任或者依照其他法律要求其承担侵权责任。

第八章　其他规定

第一百二十三条

其他法律对合同另有规定的，依照其规定。

第一百二十四条

本法分则或者其他法律没有明文规定的合同，适用本法总则的规定，并可以参照本法分则或者其他法律最相类似的规定。

第一百二十五条

当事人对合同条款的理解有争议的，应当按照合同所使用的词句、合同的有关条款、合同的目的、交易习惯以及诚实信用原则，确定该条款的真实意思。

合同文本采用两种以上文字订立并约定具有同等效力的，对各文本使用的词句推定具有相同含义。各文本使用的词句不一致的，应当根据合同的目的予以解释。

第一百二十六条

涉外合同的当事人可以选择处理合同争议所适用的法律，但法律另有规定的除外。涉外合同的当事人没有选择的，适用与合同有最密切联系的国家的法律。

在中华人民共和国境内履行的中外合资经营企业合同、中外合作经营企业合同、中外合作勘探开发自然资源合同，适用中华人民共和国法律。

第一百二十七条

工商行政管理部门和其他有关行政主管部门在各自的职权范围内，依照法律、行政法规的规定，对利用合同危害国家利益、社会公共利益的违法行为，负责监督处理；构成犯罪的，依法追究刑事责任。

第一百二十八条

当事人可以通过和解或者调解解决合同争议。

当事人不愿和解、调解或者和解、调解不成的，可以根据仲裁协议向仲裁机构申请仲裁。涉外合同的当事人可以根据仲裁协议向中国仲裁机构或者其他仲裁机构申请仲裁。当事人没有订立仲裁协议或者仲裁协议无效的，可以向人民法院起诉。当事人应当履行发生法律效力的判决、仲裁裁决、调解书；拒不履行的，对方可以请求人民法院执行。

第一百二十九条

因国际货物买卖合同和技术进出口合同争议提起诉讼或者申请仲裁的期限为四年，自当事人知道或者应当知道其权利受到侵害之日起计算。因其他合同争议提起诉讼或者申请仲裁的期限，依照有关法律的规定。

分　则

第九章　买卖合同

第一百三十条

买卖合同是出卖人转移标的物的所有权于买受人，买受人支付价款的合同。

第一百三十一条

买卖合同的内容除依照本法第十二条的规定以外，还可以包括包装方式、检验标准和方法、结算方式、合同使用的文字及其效力等条款。

第一百三十二条

出卖的标的物，应当属于出卖人所有或者出卖人有权处分。

法律、行政法规禁止或者限制转让的标的物，依照其规定。

第一百三十三条

标的物的所有权自标的物交付时起转移，但法律另有规定或者当事人另有约定的除外。

第一百三十四条

当事人可以在买卖合同中约定买受人未履行支付价款或者其他义务的，标的物的所有权属于出卖人。

第一百三十五条

出卖人应当履行向买受人交付标的物或者交付提取标的物的单证，并转移标的物所有权的义务。

第一百三十六条

出卖人应当按照约定或者交易习惯向买受人交付提取标的物单证以外的有关单证和资料。

第一百三十七条

出卖具有知识产权的计算机软件等标的物的，除法律另有规定或者当事人另有约定的以外，该标的物的知识产权不属于买受人。

第一百三十八条

出卖人应当按照约定的期限交付标的物。约定交付期间的，出卖人可以在该交付期间内的任何时间交付。

第一百三十九条

当事人没有约定标的物的交付期限或者约定不明确的，适用本法第六十一条、第六十二条第四项的规定。

第一百四十条

标的物在订立合同之前已为买受人占有的，合同生效的时间为交付时间。

第一百四十一条

出卖人应当按照约定的地点交付标的物。

当事人没有约定交付地点或者约定不明确，依照本法第六十一条的规定仍不能确定的，适用下列规定：

（一）标的物需要运输的，出卖人应当将标的物交付给第一承运人以运交给买受人；

（二）标的物不需要运输，出卖人和买受人订立合同时知道标的物在某一地点的，出卖人应当在该地点交付标的物；不知道标的物在某一地点的，应当在出卖人订立合同时的营业地交付标的物。

第一百四十二条

标的物毁损、灭失的风险，在标的物交付之前由出卖人承担，交付之后由买受人承担，但法律另有规定或者当事人另有约定的除外。

第一百四十三条

因买受人的原因致使标的物不能按照约定的期限交付的，买受人应当自违反约定之日起承担标的物毁损、灭失的风险。

第一百四十四条

出卖人出卖交由承运人运输的在途标的物，除当事人另有约定的以外，毁损、灭失的风险自合同成立时起由买受人承担。

第一百四十五条

当事人没有约定交付地点或者约定不明确，依照本法第一百四十一条第二款第一项的规定标的物需要运输的，出卖人将标的物交付给第一承运人后，标的物毁损、灭失的风险由买受人承担。

第一百四十六条

出卖人按照约定或者依照本法第一百四十一条第二款第二项的规定将标的物置于交付地点，买受人违反约定没有收取的，标的物毁损、灭失的风险自违反约定之日起由买受人承担。

第一百四十七条

出卖人按照约定未交付有关标的物的单证和资料的，不影响标的物毁损、灭失风险的转移。

第一百四十八条

因标的物质量不符合质量要求，致使不能实现合同目的的，买受人可以拒绝接受标的物或者解除合同。买受人拒绝接受标的物或者解除合同的，标的物毁损、灭失的风险由出卖人承担。

第一百四十九条

标的物毁损、灭失的风险由买受人承担的，不影响因出卖人履行债务不符合约定，买受人要求其承担违约责任的权利。

第一百五十条

出卖人就交付的标的物，负有保证第三人不得向买受人主张任何权利的义务，但法律另有规定的除外。

第一百五十一条

买受人订立合同时知道或者应当知道第三人对买卖的标的物享有权利的，出卖人不承担本法第一百五十条规定的义务。

第一百五十二条

买受人有确切证据证明第三人可能就标的物主张权利的，可以中止支付相应的价款，但出卖人提供适当担保的除外。

第一百五十三条

出卖人应当按照约定的质量要求交付标的物。出卖人提供有关标的物质量说明的，交付的标的物应当符合该说明的质量要求。

第一百五十四条

当事人对标的物的质量要求没有约定或者约定不明确，依照本法第六十一条的规定仍不能确定的，适用本法第六十二条第一项的规定。

第一百五十五条

出卖人交付的标的物不符合质量要求的，买受人可以依照本法第一百一十一条的规定要求承担违约责任。

第一百五十六条

出卖人应当按照约定的包装方式交付标的物。对包装方式没有约定或者约定不明确，依照本法第六十一条的规定仍不能确定的，应当按照通用的方式包装，没有通用方式的，应当采取足以保护标的物的包装方式。

第一百五十七条

买受人收到标的物时应当在约定的检验期间内检验。没有约定检验期间的，应当及时检验。

第一百五十八条

当事人约定检验期间的，买受人应当在检验期间内将标的物的数量或者质量不符合约定的情形通知出卖人。买受人怠于通知的，视为标的物的数量或者质量符合约定。

当事人没有约定检验期间的，买受人应当在发现或者应当发现标的物的数量或者质量不符合约定的合理期间内通知出卖人。买受人在合理期间内未通知或者自标的物收到之日起两年内未通知出卖人的，视为标的物的数量或者质量符合约定，但对标的物有质量保证期的，适用质量保证期，不适用该两年的规定。

出卖人知道或者应当知道提供的标的物不符合约定的，买受人不受前两款规定的通知时间的限制。

第一百五十九条

买受人应当按照约定的数额支付价款。对价款没有约定或者约定不明确的，适用本法第六十一条、第六十二条第二项的规定。

第一百六十条

买受人应当按照约定的地点支付价款。对支付地点没有约定或者约定不明确，依照本法第六十一条的规定仍不能确定的，买受人应当在出卖人的营业地支付，但约定支付价款以交付标的物或者交付提取标的物单证为条件的，在交付标的物或者交付提取标的物单证的所在地支付。

第一百六十一条

买受人应当按照约定的时间支付价款。对支付时间没有约定或者约定不明确，依照本法第六十一条的规定仍不能确定的，买受人应当在收到标的物或者提取标的物单证的同时支付。

第一百六十二条

出卖人多交标的物的，买受人可以接收或者拒绝接收多交的部分。买受人接收多交部分的，按照合同的价格支付价款；买受人拒绝接收多交部分的，应当及时通知出卖人。

第一百六十三条

标的物在交付之前产生的孳息，归出卖人所有，交付之后产生的孳息，归买受人所有。

第一百六十四条

因标的物的主物不符合约定而解除合同的，解除合同的效力及于从物。因标的物的从物不符合约定被解除的，解除的效力不及于主物。

第一百六十五条

标的物为数物，其中一物不符合约定的，买受人可以就该物解除，但该物与他物分离使标的物的价值显受损害的，当事人可以就数物解除合同。

第一百六十六条

出卖人分批交付标的物的，出卖人对其中一批标的物不交付或者交付不符合约定，致使该批标的物不能实现合同目的的，买受人可以就该批标的物解除。

出卖人不交付其中一批标的物或者交付不符合约定，致使今后其他各批标的物的交付不能实现合同目的的，买受人可以就该批以及今后其他各批标的物解除。

买受人如果就其中一批标的物解除，该批标的物与其他各批标的物相互依存的，可以就已经交付和未交付的各批标的物解除。

第一百六十七条

分期付款的买受人未支付到期价款的金额达到全部价款的五分之一的，出卖人可以要求买受人支付全部价款或者解除合同。

出卖人解除合同的，可以向买受人要求支付该标的物的使用费。

第一百六十八条

凭样品买卖的当事人应当封存样品，并可以对样品质量予以说明。出卖人交付的标的物应当与样品及其说明的质量相同。

第一百六十九条

凭样品买卖的买受人不知道样品有隐蔽瑕疵的，即使交付的标的物与样品相同，出卖人交付的标的物的质量仍然应当符合同种物的通常标准。

第一百七十条

试用买卖的当事人可以约定标的物的试用期间。对试用期间没有约定或者约定不明确，依照本法第六十一条的规定仍不能确定的，由出卖人确定。

第一百七十一条

试用买卖的买受人在试用期内可以购买标的物，也可以拒绝购买。试用期间届满，买受人对是否购买标的物未作表示的，视为购买。

第一百七十二条

招标投标买卖的当事人的权利和义务以及招标投标程序等，依照有关法律、行政法规的规定。

第一百七十三条

拍卖的当事人的权利和义务以及拍卖程序等，依照有关法律、行政法规的规定。

第一百七十四条

法律对其他有偿合同有规定的，依照其规定；没有规定的，参照买卖合同的有关规定。

第一百七十五条

当事人约定易货交易，转移标的物的所有权的，参照买卖合同的有关规定。

附录二：

《联合国国际货物销售合同公约》

本公约各缔约国，

铭记联合国大会第六届特别会议通过的关于建立新的国际经济秩序的各项决议的广泛目标，考虑到在平等互利基础上发展国际贸易是促进各国间友好关系的一个重要因素，认为采用照顾到不同的社会、经济和法律制度的国际货物销售合同统一规则，将有助于减少国际贸易的法律障碍，促进国际贸易的发展，兹协议如下：

第一部分　适用范围和总则

第一章　适 用 范 围

第一条

(1) 本公约适用于营业地在不同国家的当事人之间所订立的货物销售合同：(a)如果这些国家是缔约国；或(b)如果国际私法规则导致适用某一缔约国的法律。

(2) 当事人营业地在不同国家的事实，如果从合同或从订立合同前任何时候或订立合同时，当事人之间的任何交易或当事人透露的情报均看不出，应不予考虑。

(3) 在确定本公约的适用时，当事人的国籍和当事人或合同的民事或商业性质，应不予考虑。

第二条

本公约不适用于以下的销售：(a)购供私人、家人或家庭使用的货物的销售，除非卖方在订立合同前任何时候或订立合同时不知道而且没有理由知道这些货物是购供任何这种使用；(b)经由拍卖的销售；(c)根据法律执行令状或其他令状的销售；(d)公债、股票、投资证券、流通票据或货币的销售；(e)船舶、船只、气垫船或飞机的销售；(f)电力的销售。

第三条

(1) 供应尚待制造或生产的货物的合同应视为销售合同，除非订购货物的当事人保证供应这种制造或生产所需的大部分重要材料。

(2) 本公约不适用于供应货物一方的绝大部分义务在于供应劳力或其他服务的合同。

第四条

本公约只适用于销售合同的订立和卖方和买方因此种合同而产生的权利和义务。特别是，本公约除非另有明文规定，与以下事项无关：(a)合同的效力，或其任何条款的效力，或任何惯例的效力；(b)合同对所售货物所有权可能产生的影响。

第五条

本公约不适用于卖方对于货物对任何人所造成的死亡或伤害的责任。

第六条

双方当事人可以不适用本公约，或在第十二条的条件下，减损本公约的任何规定或改变其效力。

第二章　总　　则

第七条

(1) 在解释本公约时，应考虑到本公约的国际性质和促进其适用的统一以及在国际贸易上遵守诚信的需要。

(2) 凡本公约未明确解决的属于本公约范围的问题，应按照本公约所依据的一般原则来解决，在没有一般原则的情况下，则应按照国际私法规定适用的法律来解决。

第八条

(1) 为本公约的目的，一方当事人所作的声明和其他行为，应依照他的意旨解释，如果另一方当事人已知道或者不可能不知道此一意旨。

(2) 如果上一款的规定不适用，当事人所作的声明和其他行为，应按照一个与另一方当事人同等资格、通情达理的人处于相同情况中，应有的理解来解释。

(3) 在确定一方当事人的意旨或一个通情达理的人应有的理解时，应适当地考虑到与事实有关的一切情况，包括谈判情形、当事人之间确立的任何习惯做法、惯例和当事人其后的任何行为。

第九条

(1) 双方当事人业已同意的任何惯例和他们之间确立的任何习惯做法，对双方当事人均有约束力。

(2) 除非另有协议，双方当事人应视为已默示地同意对他们的合同或合同的订立适用双方当事人已知道或理应知道的惯例，而这种惯例，在国际贸易上，已为有关特定贸易所涉同类合同的当事人所广泛知道并为他们所经常遵守。

第十条

为本公约的目的：(a)如果当事人有一个以上的营业地，则以与合同及合同的履行关系最密切的营业地为其营业地，但要考虑到双方当事人在订立合同前任何时候或订立合同时所知道或所设想的情况；(b)如果当事人没有营业地，则以其惯常居住地为准。

第十一条

销售合同无须以书面订立或书面证明，在形式方面也不受任何其他条件的限制。销售合同可以用包括人证在内的任何方法证明。

第十二条

本公约第十一条、第二十九条或第二部分准许销售合同或其更改或根据协议终止，或者任何发价、接受或其他意旨表示得以书面以外任何形式做出的任何规定不适用，如果任何一方当事人的营业地是在已按照本公约第九十六条做出了声明的一个缔约国内。各当事人不得减损本条或改变其效力。

第十三条

为本公约的目的，"书面"包括电报和电传。

第二部分 合同的订立

第十四条

(1) 向一个或一个以上特定的人提出的订立合同的建议,如果十分确定并且表明发价人在得到接受时承受约束的意旨,即构成发价。一个建议如果写明货物并且明示或暗示地规定数量和价格或规定如何确定数量和价格,即为十分确定。

(2) 非向一个或一个以上特定的人提出的建议,仅应视为邀请做出发价,除非提出建议的人明确地表示相反的意向。

第十五条

(1) 发价于送达被发价人时生效。

(2) 一项发价,即使是不可撤销的,得予撤回,如果撤回通知于发价送达被发价人之前或同时,送达被发价人。

第十六条

(1) 在未订立合同之前,发价得予撤销,如果撤销通知于被发价人发出接受通知之前送达被发价人。

(2) 但在下列情况下,发价不得撤销:(a)发价写明接受发价的期限或以其他方式表示发价是不可撤销的;或(b)被发价人有理由信赖该项发价是不可撤销的,而且被发价人已本着对该项发价的信赖行事。

第十七条

一项发价,即使是不可撤销的,于拒绝通知送达发价人时终止。

第十八条

(1) 被发价人声明或做出其他行为表示同意一项发价,即是接受。缄默或不行动本身不等于接受。

(2) 接受发价于表示同意的通知送达发价人时生效。如果表示同意的通知在发价人所规定的时间内,如未规定时间,在一段合理的时间内,未曾送达发价人,接受就成为无效,但须适当地考虑到交易的情况,包括发价人所使用的通讯方法的迅速程度。对口头发价必须立即接受,但情况有别者不在此限。

(3) 但是,如果根据该项发价或依照当事人之间确立的习惯作法或惯例,被发价人可以做出某种行为,例如与发运货物或支付价款有关的行为,来表示同意,而无须向发价人发出通知,则接受于该项行为做出时生效,但该项行为必须在上一款所规定的期间内做出。

第十九条

(1) 对发价表示接受但载有添加、限制或其他更改的答复,即为拒绝该项发价并构成还价。

(2) 但是,对发价表示接受但载有添加或不同条件的答复,如所载的添加或不同条件在实质上并不变更该项发价的条件,除发价人在不过分迟延的期间内以口头或书面通知反对其间的差异外,仍构成接受。如果发价人不做出这种反对,合同的条件就以该项发价的条件以及接受通知内所载的更改为准。

(3) 有关货物价格、付款、货物质量和数量、交货地点和时间、一方当事人对另一方当事人的赔偿责任范围或解决争端等等的添加或不同条件,均视为在实质上变更发价的条件。

第二十条

(1) 发价人在电报或信件内规定的接受期间,从电报交发时刻或信上载明的发信日期起算,如信上未载明发信日期,则从信封上所载日期起算。发价人以电话、电传或其他快速通讯方法规定的接受期间,从发价送达被发价人时起算。

(2) 在计算接受期间时,接受期间内的正式假日或非营业日应计算在内。但是,如果接受通知在接受期间的最后一天未能送到发价人地址,因为那天在发价人营业地是正式假日或非营业日,则接受期间应顺延至下一个营业日。

第二十一条

(1) 逾期接受仍有接受的效力,如果发价人毫不迟延地用口头或书面将此种意见通知被发价人。

(2) 如果载有逾期接受的信件或其他书面文件表明,它是在传递正常、能及时送达发价人的情况下寄发的,则该项逾期接受具有接受的效力,除非发价人毫不迟延地用口头或书面通知被发价人:他认为他的发价已经失效。

第二十二条

接受得予撤回,如果撤回通知于接受原应生效之前或同时送达发价人。

第二十三条

合同于按照本公约规定对发价的接受生效时订立。

第二十四条

为本公约本部分的目的,发价、接受声明或任何其他意旨表示"送达"对方,系指用口头通知对方或通过任何其他方法送交对方本人,或其营业地或通讯地址,如无营业地或通讯地址,则送交对方惯常居住地。

第三部分 货物销售

第一章 总 则

第二十五条

一方当事人违反合同的结果,如使另一方当事人蒙受损害,以致于实际上剥夺了他根据合同规定有权期待得到的东西,即为根本违反合同,除非违反合同一方并不预知而且一个同等资格、通情达理的人处于相同情况中也没有理由预知会发生这种结果。

第二十六条

宣告合同无效的声明,必须向另一方当事人发出通知,方始有效。

第二十七条

除非公约本部分另有明文规定,当事人按照本部分的规定,以适合情况的方法发出任何通知、要求或其他通知后,这种通知如在传递上发生耽搁或错误,或者未能到达,并不使该当事人丧失依靠该项通知的权利。

第二十八条

如果按照本公约的规定，一方当事人有权要求另一方当事人履行某一义务，法院没有义务做出判决，要求具体履行此一义务，除非法院依照其本身的法律对不属本公约范围的类似销售合同愿意这样做。

第二十九条

(1) 合同只需双方当事人协议，就可更改或终止。

(2) 规定任何更改或根据协议终止必须以书面做出的书面合同，不得以任何其他方式更改或根据协议终止。但是，一方当事人的行为，如经另一方当事人寄以信赖，就不得坚持此项规定。

第二章　卖方的义务

第三十条

卖方必须按照合同和本公约的规定，交付货物，移交一切与货物有关的单据并转移货物所有权。

第一节　交付货物和移交单据

第三十一条

如果卖方没有义务要在任何其他特定地点交付货物，他的交货义务如下：(a)如果销售合同涉及到货物的运输，卖方应把货物移交给第一承运人，以运交给买方；(b)在不属于上一款规定的情况下，如果合同指的是特定货物或从特定存货中提取的或尚待制造或生产的未经特定化的货物，而双方当事人在订立合同时已知道这些货物是在某一特定地点，或将在某一特定地点制造或生产，卖方应在该地点把货物交给买方处置；(c)在其他情况下，卖方应在他于订立合同时的营业地把货物交给买方处置。

第三十二条

(1) 如果卖方按照合同或本公约的规定将货物交付给承运人，但货物没有以货物上加标记、或以装运单据或其他方式清楚地注明有关合同，卖方必须向买方发出列明货物的发货通知。

(2) 如果卖方有义务安排货物的运输，他必须订立必要的合同，以按照通常运输条件，用适合情况的运输工具，把货物运到指定地点。

(3) 如果卖方没有义务对货物的运输办理保险，他必须在买方提出要求时，向买方提供一切现有的必要资料，使他能够办理这种保险。

第三十三条

卖方必须按以下规定的日期交付货物：(a)如果合同规定有日期，或从合同可以确定日期，应在该日期交货；(b)如果合同规定有一段时间，或从合同可以确定一段时间，除非情况表明应由买方选定一个日期外，应在该段时间内任何时候交货；或者(c)在其他情况下，应在订立合同后一段合理时间内交货。

第三十四条

如果卖方有义务移交与货物有关的单据，他必须按照合同所规定的时间、地点和方式移交这些单据。如果卖方在那个时间以前已移交这些单据，他可以在那个时间到达前纠正单据中任何不符合同规定的情形，但是，此一权利的行使不得使买方遭受不合理的不便或承担不合理的开支。但是，买方保留本公约所规定的要求损害赔偿的任何权利。

第二节　货物相符与第三方要求

第三十五条

(1) 卖方交付的货物必须与合同所规定的数量、质量和规格相符，并须按照合同所规定的方式装箱或包装。

(2) 除双方当事人业已另有协议外，货物除非符合以下规定，否则即为与合同不符：(a)货物适用于同一规格货物通常使用的目的；(b)货物适用于订立合同时曾明示或默示地通知卖方的任何特定目的，除非情况表明买方并不依赖卖方的技能和判断力，或者这种依赖对他是不合理的；(c)货物的质量与卖方向买方提供的货物样品或样式相同；(d)货物按照同类货物通用的方式装箱或包装，如果没有此种通用方式，则按照足以保全和保护货物的方式装箱或包装。

(3) 如果买方在订立合同时知道或者不可能不知道货物不符合同，卖方就无须按上一款(a)项至(d)项负有此种不符合同的责任。

第三十六条

(1) 卖方应按照合同和本公约的规定，对风险转移到买方时所存在的任何不符合同情形，负有责任，即使这种不符合同情形在该时间后方始明显。

(2) 卖方对在上一款所述时间后发生的任何不符合同情形，也应负有责任，如果这种不符合同情形是由于卖方违反他的某项义务所致，包括违反关于在一段时间内货物将继续适用于其通常使用的目的或某种特定目的，或将保持某种特定质量或性质的任何保证。

第三十七条

如果卖方在交货日期前交付货物，他可以在那个日期到达前，交付任何缺漏部分或补足所交付货物的不足数量，或交付用以替换所交付不符合同规定的货物，或对所交付货物中任何不符合同规定的情形做出补救，但是，此一权利的行使不得使买方遭受不合理的不便或承担不合理的开支。但是，买方保留本公约所规定的要求损害赔偿的任何权利。

第三十八条

(1) 买方必须在按情况实际可行的最短时间内检验货物或由他人检验货物。

(2) 如果合同涉及到货物的运输，检验可推迟到货物到达目的地后进行。

(3) 如果货物在运输途中改运或买方须再发运货物，没有合理机会加以检验，而卖方在订立合同时已知道或理应知道这种改运或再发运的可能性，检验可推迟到货物到达新目的地后进行。

第三十九条

(1) 买方对货物不符合同，必须在发现或理应发现不符情形后一段合理时间内通知卖方，说明不符合同情形的性质，否则就丧失声称货物不符合同的权利。

(2) 无论如何，如果买方不在实际收到货物之日起两年内将货物不符合同情形通知卖方，他就丧失声称货物不符合同的权利，除非这一时限与合同规定的保证期限不符。

第四十条

如果货物不符合同规定指的是卖方已知道或不可能不知道而又没有告知买方的一些事实，则卖方无权援引第三十八条和第三十九条的规定。

第四十一条

卖方所交付的货物，必须是第三方不能提出任何权利或要求的货物，除非买方同意在这种权利或要求的条件下，收取货物。但是，如果这种权利或要求是以工业产权或其他知识产权为基础的，卖方的义务应依照第四十二条的规定。

第四十二条

(1) 卖方所交付的货物，必须是第三方不能根据工业产权或其他知识产权主张任何权利或要求的货物，但以卖方在订立合同时已知道或不可能不知道的权利或要求为限，而且这种权利或要求根据以下国家的法律规定是以工业产权或其他知识产权为基础的：(a)如果双方当事人在订立合同时预期货物将在某一国境内转售或做其他使用，则根据货物将在其境内转售或做其他使用的国家的法律；或者(b)在任何其他情况下，根据买方营业地所在国家的法律。

(2) 卖方在上一款中的义务不适用于以下情况：(a)买方在订立合同时已知道或不可能不知道此项权利或要求；或者(b)此项权利或要求的发生，是由于卖方要遵照买方所提供的技术图样、图案、程式或其他规格。

第四十三条

(1) 买方如果不在已知道或理应知道第三方的权利或要求后一段合理时间内，将此一权利或要求的性质通知卖方，就丧失援引第四十一条或第四十二条规定的权利。

(2) 卖方如果知道第三方的权利或要求以及此一权利或要求的性质，就无权援引上一款的规定。

第四十四条

尽管有第三十九条第(1)款和第四十三条第(1)款的规定，买方如果对他未发出所需的通知具备合理的理由，仍可按照第五十条规定减低价格，或要求利润损失以外的损害赔偿。

第三节　卖方违反合同的补救办法

第四十五条

(1) 如果卖方不履行他在合同和本公约中的任何义务，买方可以：(a)行使第四十六条至第五十二条所规定的权利；(b)按照第七十四条至第七十七条的规定，要求损害赔偿。

(2) 买方可能享有的要求损害赔偿的任何权利，不因他行使采取其他补救办法的权利而丧失。

(3) 如果买方对违反合同采取某种补救办法，法院或仲裁庭不得给予卖方宽限期。

第四十六条

(1) 买方可以要求卖方履行义务，除非买方已采取与此一要求相抵触的某种补救办法。

(2) 如果货物不符合同，买方只有在此种不符合同情形构成根本违反合同时，才可以要求交付替代货物，而且关于替代货物的要求，必须与依照第三十九条发出的通知同时提出，或者在该项通知发出后一段合理时间内提出。

(3) 如果货物不符合同，买方可以要求卖方通过修理对不符合同之处做出补救，除非他考虑了所有情况之后，认为这样做是不合理的。修理的要求必须与依照第三十九条发出的通知同时提出，或者在该项通知发出后一段合理时间内提出。

第四十七条

(1) 买方可以规定一段合理时限的额外时间，让卖方履行其义务。

(2) 除非买方收到卖方的通知，声称他将不在所规定的时间内履行义务，买方在这段时间内不得对违反合同采取任何补救办法。但是，买方并不因此丧失他对迟延履行义务可能享有的要求损害赔偿的任何权利。

第四十八条

(1) 在第四十九条的条件下，卖方即使在交货日期之后，仍可自付费用，对任何不履行义务做出补救，但这种补救不得造成不合理的迟延，也不得使买方遭受不合理的不便，或无法确定卖方是否将偿付买方预付的费用。但是，买方保留本公约所规定的要求损害赔偿的任何权利。

(2) 如果卖方要求买方表明他是否接受卖方履行义务，而买方不在一段合理时间内对此一要求做出答复，则卖方可以按其要求中所指明的时间履行义务。买方不得在该段时间内采取与卖方履行义务相抵触的任何补救办法。

(3) 卖方表明他将在某一特定时间内履行义务的通知，应视为包括根据上一款规定要买方表明决定的要求在内。

(4) 卖方按照本条第(2)和第(3)款做出的要求或通知，必须在买方收到后，始生效力。

第四十九条

(1) 买方在以下情况下可以宣告合同无效：(a)卖方不履行其在合同或本公约中的任何义务，等于根本违反合同；或(b)如果发生不交货的情况，卖方不在买方按照第四十七条第(1)款规定的额外时间内交付货物，或卖方声明他将不在所规定的时间内交付货物。

(2) 但是，如果卖方已交付货物，买方就丧失宣告合同无效的权利，除非：(a)对于迟延交货，他在知道交货后一段合理时间内这样做；(b)对于迟延交货以外的任何违反合同事情：①他在已知道或理应知道这种违反合同后一段合理时间内这样做；或②他在买方按照第四十七条第(1)款规定的任何额外时间满期后，或在卖方声明他将不在这一额外时间履行义务后一段合理时间内这样做；或③他在卖方按照第四十八条第(2)款指明的任何额外时间满期后，或在买方声明他将不接受卖方履行义务后一段合理时间内这样做。

第五十条

如果货物不符合同，不论价款是否已付，买方都可以减低价格，减价按实际交付的货物在交货时的价值与符合合同的货物在当时的价值两者之间的比例计算。但是，如果卖方按照第三十七条或第四十八条的规定对任何不履行义务做出补救，或者买方拒绝接受卖方按照该两条规定履行义务，则买方不得减低价格。

第五十一条

(1) 如果卖方只交付一部分货物，或者交付的货物中只有一部分符合合同规定，第四十六条至第五十条的规定适用于缺漏部分及不符合同规定部分的货物。

(2) 买方只有在完全不交付货物或不按照合同规定交付货物等于根本违反合同时，才可以宣告整个合同无效。

第五十二条

(1) 如果卖方在规定的日期前交付货物,买方可以收取货物,也可以拒绝收取货物。

(2) 如果卖方交付的货物数量大于合同规定的数量,买方可以收取也可以拒绝收取多交部分的货物。如果买方收取多交部分货物的全部或一部分,他必须按合同价格付款。

第三章 买方的义务

第五十三条

买方必须按照合同和本公约规定支付货物价款和收取货物。

第一节 支付价款

第五十四条

买方支付价款的义务包括根据合同或任何有关法律和规章规定的步骤和手续,以便支付价款。

第五十五条

如果合同已有效地订立,但没有明示或暗示地规定价格或规定如何确定价格,在没有任何相反表示的情况下,双方当事人应视为已默示地引用订立合同时此种货物在有关贸易的类似情况下销售的通常价格。

第五十六条

如果价格是按货物的重量规定的,如有疑问,应按净重确定。

第五十七条

(1) 如果买方没有义务在任何其他特定地点支付价款,他必须在以下地点向卖方支付价款:(a)卖方的营业地;或者(b)如凭移交货物或单据支付价款,则为移交货物或单据的地点。

(2) 卖方必须承担因其营业地在订立合同后发生变动而增加的支付方面的有关费用。

第五十八条

(1) 如果买方没有义务在任何其他特定时间内支付价款,他必须于卖方按照合同和本公约规定将货物或控制货物处置权的单据交给买方处置时支付价款。卖方可以支付价款作为移交货物或单据的条件。

(2) 如果合同涉及到货物的运输,卖方可以在支付价款后方可把货物或控制货物处置权的单据移交给买方作为发运货物的条件。

(3) 买方在未有机会检验货物前,无义务支付价款,除非这种机会与双方当事人议定的交货或支付程序相抵触。

第五十九条

买方必须按合同和本公约规定的日期或从合同和本公约可以确定的日期支付价款,而无需卖方提出任何要求或办理任何手续。

第二节 收取货物

第六十条

买方收取货物的义务如下:(a)采取一切理应采取的行动,以期卖方能交付货物;和(b)接收货物。

第三节　买方违反合同的补救办法

第六十一条

(1) 如果买方不履行他在合同和本公约中的任何义务,卖方可以:(a)行使第六十二条至第六十五条所规定的权利;(b)按照第七十四条至第七十七条的规定,要求损害赔偿。

(2) 卖方可能享有的要求损害赔偿的任何权利,不因他行使采取其他补救办法的权利而丧失。

(3) 如果卖方对违反合同采取某种补救办法,法院或仲裁庭不得给予买方宽限期。

第六十二条

卖方可以要求买方支付价款、收取货物或履行他的其他义务,除非卖方已采取与此一要求相抵触的某种补救办法。

第六十三条

(1) 卖方可以规定一段合理时限的额外时间,让买方履行义务。

(2) 除非卖方收到买方的通知,声称他将不在所规定的时间内履行义务,卖方不得在这段时间内对违反合同采取任何补救办法。但是,卖方并不因此丧失他对迟延履行义务可能享有的要求损害赔偿的任何权利。

第六十四条

(1) 卖方在以下情况下可以宣告合同无效:(a)买方不履行其在合同或本公约中的任何义务,等于根本违反合同;或(b)买方不在卖方按照第六十三条第(1)款规定的额外时间内履行支付价款的义务或收取货物,或买方声明他将不在所规定的时间内这样做。

(2) 但是,如果买方已支付价款,卖方就丧失宣告合同无效的权利,除非:(a)对于买方迟延履行义务,他在知道买方履行义务前这样做;或者(b)对于买方迟延履行义务以外的任何违反合同事情:①他在已知道或理应知道这种违反合同后一段合理时间内这样做;或②他在卖方按照第六十三条第(1)款规定的任何额外时间满期后或在买方声明他将不在这一额外时间内履行义务后一段合理时间内这样做。

第六十五条

(1) 如果买方应根据合同规定订明货物的形状、大小或其他特征,而他在议定的日期或在收到卖方的要求后一段合理时间内没有订明这些规格,则卖方在不损害其可能享有的任何其他权利的情况下,可以依照他所知的买方的要求,自己订明规格。

(2) 如果卖方自己订明规格,他必须把订明规格的细节通知买方,而且必须规定一段合理时间,让买方可以在该段时间内订出不同的规格。如果买方在收到这种通知后没有在该段时间内这样做,卖方所订的规格就具有约束力。

第四章　风 险 移 转

第六十六条

货物在风险移转到买方承担后遗失或损坏,买方支付价款的义务并不因此解除,除非这种遗失或损坏是由于卖方的行为或不行为所造成。

第六十七条

(1) 如果销售合同涉及到货物的运输,但卖方没有义务在某一特定地点交付货物,自货物按照销售合同交付给第一承运人以转交给买方时起,风险就移转到买方承担。如果卖方有义务在某一特定地点把货物交付给承运人,在货物于该地点交付给承运人以前,风险不移转到买方承担。卖方受权保留控制货物处置权的单据,并不影响风险的移转。

(2) 但是,在货物以货物上加标记、或以装运单据、或向买方发出通知或其他方式清楚地注明有关合同以前,风险不移转到买方承担。

第六十八条

对于在运输途中销售的货物,从订立合同时起,风险就移转到买方承担。但是,如果情况表明有此需要,从货物交付给签发载有运输合同单据的承运人时起,风险就由买方承担。尽管如此,如果卖方在订立合同时已知道或理应知道货物已经遗失或损坏,而他又不将这一事实告知买方,则这种遗失或损坏应由卖方负责。

第六十九条

(1) 在不属于第六十七条和第六十八条规定的情况下,从买方接收货物时起,或如果买方不在适当时间内这样做,则从货物交给他处置但他不收取货物从而违反合同时起,风险移转到买方承担。

(2) 但是,如果买方有义务在卖方营业地以外的某一地点接收货物,当交货时间已到而买方知道货物已在该地点交给他处置时,风险方始移转。

(3) 如果合同指的是当时未加识别的货物,则这些货物在未清楚注明有关合同以前,不得视为已交给买方处置。

第七十条

如果卖方已根本违反合同,第六十七条、第六十八条和第六十九条的规定,不损害买方因此种违反合同而可以采取的各种补救办法。

第五章　卖方和买方义务的一般规定

第一节　预期违反合同和分批交货合同

第七十一条

(1) 如果订立合同后,另一方当事人由于下列原因显然将不履行其大部分重要义务,一方当事人可以中止履行义务:(a)他履行义务的能力或他的信用有严重缺陷;或(b)他在准备履行合同或履行合同中的行为。

(2) 如果卖方在上一款所述的理由明显化以前已将货物发运,他可以阻止将货物交付给买方,即使买方持有其有权获得货物的单据。本款规定只与买方和卖方间对货物的权利有关。

(3) 中止履行义务的一方当事人不论是在货物发运前还是发运后,都必须立即通知另一方当事人,如经另一方当事人对履行义务提供充分保证,则他必须继续履行义务。

第七十二条

(1) 如果在履行合同日期之前,明显看出一方当事人将根本违反合同,另一方当事人可以宣告合同无效。

(2) 如果时间许可，打算宣告合同无效的一方当事人必须向另一方当事人发出合理的通知，使他可以对履行义务提供充分保证。

(3) 如果另一方当事人已声明他将不履行其义务，则上一款的规定不适用。

第七十三条

(1) 对于分批交付货物的合同，如果一方当事人不履行对任何一批货物的义务，便对该批货物构成根本违反合同，则另一方当事人可以宣告合同对该批货物无效。

(2) 如果一方当事人不履行对任何一批货物的义务，使另一方当事人有充分理由断定对今后各批货物将会发生根本违反合同，该另一方当事人可以在一段合理时间内宣告合同今后无效。

(3) 买方宣告合同对任何一批货物的交付为无效时，可以同时宣告合同对已交付的或今后交付的各批货物均为无效，如果各批货物是互相依存的，不能单独用于双方当事人在订立合同时所设想的目的。

第二节　损害赔偿

第七十四条

一方当事人违反合同应负的损害赔偿额，应与另一方当事人因他违反合同而遭受的包括利润在内的损失额相等。这种损害赔偿不得超过违反合同一方在订立合同时，依照他当时已知道或理应知道的事实和情况，对违反合同预料到或理应预料到的可能损失。

第七十五条

如果合同被宣告无效，而在宣告无效后一段合理时间内，买方已以合理方式购买替代货物，或者卖方已以合理方式把货物转卖，则要求损害赔偿的一方可以取得合同价格和替代货物交易价格之间的差额以及按照第七十四条规定可以取得的任何其他损害赔偿。

第七十六条

(1) 如果合同被宣告无效，而货物又有时价，要求损害赔偿的一方，如果没有根据第七十五条规定进行购买或转卖，则可以取得合同规定的价格和宣告合同无效时的时价之间的差额以及按照第七十四条规定可以取得的任何其他损害赔偿。但是，如果要求损害赔偿的一方在接收货物之后宣告合同无效，则应适用接收货物时的时价，而不适用宣告合同无效时的时价。

(2) 为上一款的目的，时价指原应交付货物地点的现行价格，如果该地点没有时价，则指另一合理替代地点的价格，但应适当地考虑货物运费的差额。

第七十七条

声称另一方违反合同的一方，必须按情况采取合理措施，减轻由于该另一方违反合同而引起的损失，包括利润方面的损失。如果他不采取这种措施，违反合同一方可以要求从损害赔偿中扣除原可以减轻的损失数额。

第三节　利　　息

第七十八条

如果一方当事人没有支付价款或任何其他拖欠金额，另一方当事人有权对这些款额收取利息，但不妨碍要求按照第七十四条规定可以取得的损害赔偿。

第四节　免　　责

第七十九条

(1) 当事人对不履行义务，不负责任，如果他能证明此种不履行义务，是由于某种非他所能控制的障碍，而且对于这种障碍，没有理由预期他在订立合同时能考虑到或能避免或克服它或它的后果。

(2) 如果当事人不履行义务是由于他所雇佣履行合同的全部或一部分规定的第三方不履行义务所致，该当事人只有在以下情况下才能免除责任：(a)他按照上一款的规定应免除责任，和(b)假如该款的规定也适用于他所雇佣的人，这个人也同样会免除责任。

(3) 本条所规定的免责对障碍存在的期间有效。

(4) 不履行义务的一方必须将障碍及其对他履行义务能力的影响通知另一方。如果该项通知在不履行义务的一方已知道或理应知道此一障碍后一段合理时间内仍未为另一方收到，则他对由于另一方未收到通知而造成的损害应负赔偿责任。

(5) 本条规定不妨碍任一方行使本公约规定的要求损害赔偿以外的任何权利。

第八十条

一方当事人因其行为或不行为而使得另一方当事人不履行义务时，不得声称该另一方当事人不履行义务。

第五节　宣告合同无效的效果

第八十一条

(1) 宣告合同无效解除了双方在合同中的义务，但应负责的任何损害赔偿仍应负责。宣告合同无效不影响合同中关于解决争端的任何规定，也不影响合同中关于双方在宣告合同无效后权利和义务的任何其他规定。

(2) 已全部或局部履行合同的一方，可以要求另一方归还他按照合同供应的货物或支付的价款。如果双方都须归还，他们必须同时这样做。

第八十二条

(1) 买方如果不可能按实际收到货物的原状归还货物，他就丧失宣告合同无效或要求卖方交付替代货物的权利。

(2) 上一款的规定不适用于以下情况：(a)如果不可能归还货物或不可能按实际收到货物的原状归还货物，并非由于买方的行为或不行为所造成；或者(b)如果货物或其中一部分的毁灭或变坏，是由于按照第三十八条规定进行检验所致；或者(c)如果货物或其中一部分，在买方发现或理应发现与合同不符以前，已为买方在正常营业过程中售出，或在正常使用过程中消费或改变。

第八十三条

买方虽然依第八十二条规定丧失宣告合同无效或要求卖方交付替代货物的权利，但是根据合同和本公约规定，他仍保有采取一切其他补救办法的权利。

第八十四条

(1) 如果卖方有义务归还价款，他必须同时从支付价款之日起支付价款利息。

(2) 在以下情况下，买方必须向卖方说明他从货物或其中一部分得到的一切利益：(a)如果他必须归还货物或其中一部分；或者(b)如果他不可能归还全部或一部分货物，或不可能按实际收到货物的原状归还全部或一部分货物，但他已宣告合同无效或已要求卖方交付替代货物。

第六节　保 全 货 物

第八十五条

如果买方推迟收取货物，或在支付价款和交付货物应同时履行时，买方没有支付价款，而卖方仍拥有这些货物或仍能控制这些货物的处置权，卖方必须按情况采取合理措施，以保全货物。他有权保有这些货物，直至买方把他所付的合理费用偿还给他为止。

第八十六条

(1) 如果买方已收到货物，但打算行使合同或本公约规定的任何权利，把货物退回，他必须按情况采取合理措施，以保全货物。他有权保有这些货物，直至卖方把他所付的合理费用偿还给他为止。

(2) 如果发运给买方的货物已到达目的地，并交给买方处置，而买方行使退货权利，则买方必须代表卖方收取货物，除非他这样做需要支付价款而且会使他遭受不合理的不便或需承担不合理的费用。如果卖方或受权代表他掌管货物的人也在目的地，则此一规定不适用。如果买方根据本款规定收取货物，他的权利和义务与上一款所规定的相同。

第八十七条

有义务采取措施以保全货物的一方当事人，可以把货物寄放在第三方的仓库，由另一方当事人担负费用，但该项费用必须合理。

第八十八条

(1) 如果另一方当事人在收取货物或收回货物或支付价款或保全货物费用方面有不合理的迟延，按照第八十五条或第八十六条规定有义务保全货物的一方当事人，可以采取任何适当办法，把货物出售，但必须事前向另一方当事人发出合理的意向通知。

(2) 如果货物易于迅速变坏，或者货物的保全牵涉到不合理的费用，则按照第八十五条或第八十六条规定有义务保全货物的一方当事人，必须采取合理措施，把货物出售。在可能的范围内，他必须把出售货物的打算通知另一方当事人。

(3) 出售货物的一方当事人，有权从销售所得收入中扣回为保全货物和销售货物而付的合理费用。他必须向另一方当事人说明所余款项。

第四部分　最 后 条 款

第八十九条

兹指定联合国秘书长为本公约保管人。

第九十条

本公约不优于业已缔结或可能缔结并载有与属于本公约范围内事项有关的条款的任何国

际协定，但以双方当事人的营业地均在这种协定的缔约国内为限。

第九十一条

(1) 本公约在联合国国际货物销售合同会议闭幕会议上开放签字，并在纽约联合国总部继续开放签字，直至一九八一年九月三十日为止。

(2) 本公约须经签字国批准、接受或核准。

(3) 本公约从开放签字之日起开放给所有非签字国加入。

(4) 批准书、接受书、核准书和加入书应送交联合国秘书长存放。

第九十二条

(1) 缔约国可在签字、批准、接受、核准或加入时声明它不受本公约第二部分的约束或不受本公约第三部分的约束。

(2) 按照上一款规定就本公约第二部分或第三部分做出声明的缔约国，在该声明适用的部分所规定事项上，不得视为本公约第一条第(1)款范围内的缔约国。

第九十三条

(1) 如果缔约国具有两个或两个以上的领土单位，而依照该国宪法规定、各领土单位对本公约所规定的事项适用不同的法律制度，则该国得在签字、批准、接受、核准或加入时声明本公约适用于该国全部领土单位或仅适用于其中的一个或数个领土单位，并且可以随时提出另一声明来修改其所做的声明。

(2) 此种声明应通知保管人，并且明确地说明适用本公约的领土单位。

(3) 如果根据按本条做出的声明，本公约适用于缔约国的一个或数个但不是全部领土单位，而且一方当事人的营业地位于该缔约国内，则为本公约的目的，该营业地除非位于本公约适用的领土单位内，否则视为不在缔约国内。

(4) 如果缔约国没有按照本条第(1)款做出声明，则本公约适用于该国所有领土单位。

第九十四条

(1) 对属于本公约范围的事项具有相同或非常近似的法律规则的两个或两个以上的缔约国，可随时声明本公约不适用于营业地在这些缔约国内的当事人之间的销售合同，也不适用于这些合同的订立。此种声明可联合做出，也可以相互单方面声明的方式做出。

(2) 对属于本公约范围的事项具有与一个或一个以上非缔约国相同或非常近似的法律规则的缔约国，可随时声明本公约不适用于营业地在这些非缔约国内的当事人之间的销售合同，也不适用于这些合同的订立。

(3) 作为根据上一款所做声明对象的国家如果后来成为缔约国，这项声明从本公约对该新缔约国生效之日起，具有根据第(1)款所做声明的效力，但以该新缔约国加入这项声明，或做出相互单方面声明为限。

第九十五条

任何国家在交存其批准书、接受书、核准书或加入书时，可声明它不受本公约第一条第(1)款(b)项的约束。

第九十六条

本国法律规定销售合同必须以书面订立或书面证明的缔约国，可以随时按照第十二条的规定，声明本公约第十一条、第二十九条或第二部分准许销售合同或其更改或根据协议终止，或者任何发价、接受或其他意旨表示得以书面以外任何形式做出的任何规定不适用，如果任何一方当事人的营业地是在该缔约国内。

第九十七条

(1) 根据本公约规定在签字时做出的声明，须在批准、接受或核准时加以确认。

(2) 声明和声明的确认，应以书面提出，并应正式通知保管人。

(3) 声明在本公约对有关国家开始生效时同时生效。但是，保管人于此种生效后收到正式通知的声明，应于保管人收到声明之日起六个月后的第一个月第一天生效。根据第九十四条规定做出的相互单方面声明，应于保管人收到最后一份声明之日起六个月后的第一个月第一天生效。

(4) 根据本公约规定做出声明的任何国家可以随时用书面正式通知保管人撤回该项声明。此种撤回于保管人收到通知之日起六个月后的第一个月第一天生效。

(5) 撤回根据第九十四条做出的声明，自撤回生效之日起，就会使另一个国家根据该条所做的任何相互声明失效。

第九十八条

除本公约明文许可的保留外，不得作任何保留。

第九十九条

(1) 在本条第(6)款规定的条件下，本公约在第十件批准书、接受书、核准书或加入书、包括载有根据第九十二条规定做出的声明的文书交存之日起十二个月后的第一个月第一天生效。

(2) 在本条第(6)款规定的条件下，对于在第十件批准书、接受书、核准书或加入书交存后才批准、接受、核准或加入本公约的国家，本公约在该国交存其批准书、接受书、核准书或加入书之日起十二个月后的第一个月第一天对该国生效，但不适用的部分除外。

(3) 批准、接受、核准或加入本公约的国家，如果是一九六四年七月一日在海牙签订的《关于国际货物销售合同的订立统一法公约》(《一九六四年海牙订立合同公约》)和一九六四年七月一日在海牙签订的《关于国际货物销售统一法的公约》(《一九六四年海牙货物销售公约》)中一项或两项公约的缔约国，应按情况同时通知荷兰政府声明退出《一九六四年海牙货物销售公约》或《一九六四年海牙订立合同公约》或退出该两公约。

(4) 凡为《一九六四年海牙货物销售公约》缔约国并批准、接受、核准或加入本公约和根据第九十二条规定声明或业已声明不受本公约第二部分约束的国家，应于批准、接受、核准或加入时通知荷兰政府声明退出《一九六四年海牙货物销售公约》。

(5) 凡为《一九六四年海牙订立合同公约》缔约国并批准、接受、核准或加入本公约和根据第九十二条规定声明或业已声明不受本公约第三部分约束的国家，应于批准、接受、核准或加入时通知荷兰政府声明退出《一九六四年海牙订立合同公约》。

(6) 为本条的目的，《一九六四年海牙订立合同公约》或《一九六四年海牙货物销售公约》的缔约国的批准、接受、核准或加入本公约，应在这些国家按照规定退出该两公约生效后方始生效。本公约保管人应与一九六四年两公约的保管人荷兰政府进行协商，以确保在这方面进行必要的协调。

第一〇〇条

(1) 本公约适用于合同的订立，只要订立该合同的建议是在本公约对第一条第(1)款(a)项所指缔约国或第一条第(1)款(b)项所指缔约国生效之日或其后作出的。

(2) 本公约只适用于在它对第一条第(1)款(a)项所指缔约国或第一条第(1)款(b)项所指缔约国生效之日或其后订立的合同。

第一〇一条

(1) 缔约国可以用书面正式通知保管人声明退出本公约，或本公约第二部分或第三部分。

(2) 退出于保管人收到通知十二个月后的第一个月第一天起生效。凡通知内订明一段退出生效的更长时间，则退出于保管人收到通知后该段更长时间期满时起生效。

一九八〇年四月十一日订于维也纳，正本一份，其阿拉伯文本、中文本、英文本、法文本、俄文本和西班牙文本具有同等效力。

(到 2006 年 5 月 1 日止，已有阿根廷、澳大利亚、奥地利、白俄罗斯、比利时、波斯尼亚—黑塞哥维那、保加利亚、布隆迪、加拿大、智利、中国、哥伦比亚、克罗地亚、古巴、塞浦路斯、捷克共和国、丹麦、厄瓜多尔、埃及、爱沙尼亚、芬兰、法国、加蓬、格鲁吉亚、德国、希腊、几内亚、洪都拉斯、匈牙利、冰岛、伊拉克、以色列、意大利、吉尔吉斯斯坦、拉脱维亚、莱索托、立陶宛、卢森堡、毛里塔尼亚、墨西哥、蒙古、利比里亚、荷兰、新西兰、挪威、巴拉圭、秘鲁、波兰、韩国、摩尔多瓦共和国、罗马尼亚、俄罗斯联邦、圣文森特和格林纳丁斯、塞尔维亚和黑山、新加坡、斯洛伐克、斯洛文尼亚、西班牙、瑞典、瑞士、阿拉伯叙利亚共和国、乌干达、乌克兰、美国、乌拉圭、乌兹别克斯坦、赞比亚等共 67 个国家核准、参加或继承了该公约。

——编者注)

附录三：

《2010年国际贸易术语解释通则》[1]

INCOTERMS 2010

（国际商会第715号出版物）

2011年1月1日起实施

FCA

货交承运人(……指定交货地)

FREE CARRIER

(... named place of delivery)

A 卖方义务

B 买方义务

A1 卖方的一般义务

卖方必须提供符合买卖合同要求的货物和商业发票，以及按合同规定需提供的任何其他证明货物符合合同的凭证。

A1至A10中所提及的任何单据，如当事人协商一致或已有惯例，均可为具有同等效力的电子记录或程序。

B1 买方的一般义务

买方必须依照买卖合同规定支付价款。

B1至B10中所提及的任何单据，如当事人协商一致或已有惯例，均可为具有同等效力的电子记录或程序。

A2 许可证、核准书，安检以及其他手续

在清关适用的地方，卖方必须自负风险和费用，取得任何出口许可证或其他官方核准书，并办理货物出口所需的一切海关手续。

B2 许可证、核准书，安检以及其他手续

在清关适用的地方，买方必须自负风险和费用，取得任何进口许可证或其他官方核准书，并办理货物进口以及通过任何国家运输所需的一切海关手续。

A3 运输和保险合同

a）运输合同

---

① 《2010年国际贸易术语解释通则》(英原文)全文包括前言、导言和11种贸易术语的解释。为节省篇幅，本附录只摘译FCA、CPT、CIP、FOB、CFR、CIF 6种主要术语(买卖双方义务)的解释，其余从略。为便利排版，“卖方义务A1-A10”和“买方义务B1—B10”仍按逐条上下间隔排列，不按新版编排的方式作改变，特此说明。

卖方对买方并无订立运输合同的义务。然而，如买方请求，或有商业惯例，并且买方未在适当时间内给予相反的指示，则卖方可按通常条件订立运输合同，但风险和费用由买方负担。无论何种情形，卖方均可拒绝订立运输合同，如果拒绝，应及时通知买方。

b) 保险合同

卖方对买方并无订立保险合同的义务。然而，卖方必须按买方的请求，并由买方负担风险和费用(如有的话)，提供买方为取得保险所需的信息。

B3　运输和保险合同

a) 运输合同

买方必须自负费用订立自指定交货地运输货物的合同，但运输合同由卖方按 A3 a)款的规定订立者除外；

b) 保险合同

买方对卖方并无订立保险合同的义务。①

A4　交货

卖方必须于约定的日期或在约定的期间内，于指定地，在约定的地点(如有的话)，将货物交付给买方指定的承运人或另一人。

交货在下列情况下完成：

a) 如指定地是卖方所在处所，当货物已经装上买方提供的运输工具时；

b) 在任何其他情形下，当货物放置于卖方的运输工具上准备卸载，交由买方所指定的承运人或另一人处置时。

如买方未按 B7 d)款规定通知在指定交货地内的特定地点，且有几处地点可资利用时，卖方可选择最适合其意图的地点。

除买方另行通知卖方外，卖方可根据货物的数量和/或性质所需要的方式将货物交付运输。

B4　收取货物

买方必须收取已按 A4 规定交付的货物。

A5　风险转移

卖方负担货物灭失或损坏的一切风险，直至货物已如 A4 规定交付时为止，但 B5 所列明的情况中的灭失或损坏除外。

B5　风险转移

买方负担货物自按 A4 规定交付时起的灭失或损坏的一切风险，如果

a) 在 A4 规定的情形下，买方未按 B7 规定通知承运人或另一人的指定，或发出通知；或

b) 在 A4 规定的情形下，买方指定的承运人或另一人未接受监管货物；则买方

i) 自约定日期起，或无约定日期时；

ii) 自卖方在约定的期间内依 A7 约定通知的日期起，或，如无此通知日期时；

iii) 自任何约定的交货期间届满日期起；

---

① FCA：合同的买方对卖方，没有订立保险合同的义务。但这并不是说，买方无需为其自身利益安排必要的保险。此说明也适用于以下 CPT、FOB 和 CFR B3 b)款的规定。

负担货物灭失或损坏的一切风险。但以货物已经清楚地被确认为本合同的货物为准。

A6 费用划分

卖方必须支付

a) 与货物有关的一切费用，直至货物已按 A4 规定交付时为止，但如 B6 规定中由买方支付的费用除外；

b) 在清关适用的地方，出口所需的海关手续费以及出口时需支付的一切关税、税捐和其他费用。

B6 费用划分

买方必须支付

a) 自货物按 A4 规定情形交付时起与货物有关的一切费用，但在清关适用的地方，出口所需的海关手续费以及出口时所需支付的一切关税、税捐和其他费用，如 A6 b)款中所提及者除外；

b) 因下列原因所产生的任何额外费用：

i) 买方未能按 A4 规定指定承运人或另一人，或

ii) 买方指定的承运人或另一人未能按 A4 情形接受监管货物，或

iii) 买方未能按 B7 规定发出适当的通知，

但以货物已经清楚地被确认为本合同的货物为准；且支付

c) 在清关适用的地方，货物进口时所需支付的海关手续费、一切关税、税捐和其他费用，以及货物通过任何国家运输时的费用。

A7 通知买方

在买方负担风险及费用的情况下，卖方必须就货物已按 A4 规定交付，或就买方指定的承运人或另一人未能于约定时间内接受监管货物，给予买方充分的通知。

B7 通知卖方

买方必须通知卖方

a) 按 A4 规定的指定承运人或另一人的名称。该通知应于充分的时间内作出，以使卖方能够按照 A4 规定交付货物；

b) 必要时，在约定的交货期间内，选定的由指定承运人或另一人接受监管货物的时间；

c) 该指定人将使用的运输方式；以及

d) 在指定地内接受交货的地点。

A8 交货单据

卖方必须自负费用向买方提供证明货物已按 A4 规定交付的通常证明。

在买方请求并由买方负担风险及费用的情况下，卖方必须协助买方取得运输单据。

B8 交货证明

买方必须接受按 A8 规定提供的交货证明。

A9 核对、包装、标记

卖方必须支付为按 A4 规定交货所需核对(如核对品质，丈量，过磅，计数)的费用，以及任何由出口国当局强制实施的装运前检验费用。

卖方必须自负费用提供货物运输所需的包装，但在特定贸易中，运送该类货物通常无需包装的情况除外。除非在订立买卖合同前，买方已通知卖方特别的包装要求，卖方可按照适合该货物运输的方式包装该货物，并在包装上予以适当的标记。

B9 货物检验

买方必须支付任何装运前检验的费用，但该检验系出口国当局强制检验者除外。

A10 信息的协助和相关的费用

在可适用的情况下，卖方必须依照买方的请求，并由买方负担一切风险和费用，以适时的方式，为买方提供，或协助买方取得为货物输入，及/或为货物运送至最终目的地所需的任何单据或信息，包括与安全相关的信息。

卖方必须偿付买方，如B10规定的由买方因提供或给予协助以取得单据及信息所产生的一切费用。

B10 信息的协助和相关的费用

买方必须以适时的方式，通知卖方任何与安全要求有关的信息，以便卖方得以履行A10的规定。

买方必须偿付卖方，如A10规定中的由卖方因提供或给予协助以取得单据及信息所产生的一切费用。

在可适用的情况下，买方必须依照卖方的请求，并由卖方负担一切风险和费用，以适时的方式，为卖方提供或协助卖方取得为货物的运输和出口，以及为货物通过任何国家运送所需的任何单据或信息，包括与安全相关的信息。

CPT

运费付至(……指定目的地)

CARRIAGE PAID TO

(. . . named place of destination)

A 卖方义务

B 买方义务

A1 卖方的一般义务

卖方必须提供符合买卖合同要求的货物和商业发票，以及按合同规定需提供的任何其他证明货物符合合同的凭证。

A1至A10中所提及的任何单据，如当事人协商一致或已有惯例，均可为具有同等效力的电子记录或程序。

B1 买方的一般义务

买方必须依照买卖合同规定支付价款。

B1至B10中所提及的任何单据，如当事人协商一致或已有惯例，均可为具有同等效力的电子记录或程序。

A2 许可证、核准书，安检以及其他手续

在清关适用的地方，卖方必须自负风险和费用，取得任何出口许可证或其他官方核准书，并办理货物出口以及在交货前通过任何国家运送货物所需的一切海关手续。

B2 许可证、核准书,安检以及其他手续

在清关适用的地方,买方必须自负风险和费用,取得任何进口许可证或其他官方核准书,并办理货物进口以及通过任何国家运输所需的一切海关手续。

A3 运输和保险合同

a) 运输合同

卖方必须订立或取得①运输合同,将货物自交货地的约定交货地点(如有的话),运至指定目的地,或经约定的此目的地中的任何地点。卖方必须自负费用,按通常条件订立运输合同,并经通常路线和以惯常方式运送货物。如未约定特定地点或未能按惯例予以确定,则卖方可在指定目的地选择最适合其意图的交货地点。

b) 保险合同

卖方对买方并无订立保险合同的义务。然而,卖方必须按买方的请求,并由买方负责风险和费用(如有的话),提供买方为取得保险所需的信息。

B3 运输和保险合同

a) 运输合同

买方对卖方并无订立运输合同的义务。

b) 保险合同

买方对卖方并无订立保险合同的义务。然而,买方必须按卖方的请求,提供卖方为取得保险所需的信息。

A4 交货

卖方必须在约定的日期或在约定的期间内,将货物交给按 A3 规定订约的承运人。

B4 收取货物

买方必须收取已按 A4 规定交付的货物,并在指定目的地向承运人提货。

A5 风险转移

卖方负担货物灭失或损坏的一切风险,直到货物已按 A4 规定交付时为止,但 B5 所列明的情况中的灭失或损坏除外。

B5 风险转移

买方负担货物自按 A4 规定交付时起货物灭失或损坏的一切风险,如果买方未按 B7 规定发出通知,则必须自约定的交货日期或自约定交货期间届满日起,负担货物灭失或损坏的一切风险,但以货物已经清楚地被确认为本合同的货物为准。

A6 费用划分

卖方必须支付

a) 与货物有关的一切费用,直至货物已按 A4 规定交付时为止,但如 B6 规定中由买方支付的费用除外;

b) 由于 A3 a)规定而产生的运费和一切其他费用,包括货物装载费用以及在目的地依据运

---

① 此处原文为“procure”,意为获得、取得。

输合同应由卖方负担的任何卸货费用，及

c) 在清关适用的地方，出口所需的海关手续费，出口时需支付的一切关税、税捐和其他费用，以及货物通过任何国家运输时依据运输合同应由卖方负担的费用。

B6 费用划分

除 A3 a)款规定者外，买方必须支付

a) 自货物按 A4 规定情形交付时起与货物有关的一切费用，但在清关适用的地方，出口所需的海关手续费以及出口时所需支付的一切关税、税捐和其他费用，如 A6 c) 款中所提及者，除外；

b) 在运输途中直至到达约定目的地与货物有关的一切费用，除非按运输合同此类费用系由卖方负担；

c) 卸货费用，除非按运输合同此类费用由卖方负担；

d) 如果买方未按 B7 规定发出通知，则必须自约定的发运日期或自约定发运期间届满日起，由此发生的一切与货物有关的额外费用，但以该项货物已经被清楚地确认为本合同的货物为准；及

e) 在清关适用的地方，货物进口时所需支付的海关手续费、一切关税、税捐和其他费用，以及货物通过任何国家运输时的费用，除非该费用已包括在运输合同的费用内。

A7 通知买方

卖方必须通知买方货物已按 A4 规定交付。

卖方必须给予买方所需的任何通知，以便买方能够采取通常所必要的措施提取货物。

B7 通知卖方

在买方有权确定发运货物的时间和/或指定目的地或在该地内收取货物的地点时，买方必须给予卖方有关这方面的充分的通知。

A8 交货单据

如已有惯例或按买方的请求，卖方必须自负费用向买方提供，按 A3 规定所订运输合同的通常运输单据。

此运输单据必须涵盖合同货物，且载明在约定装运期间内的日期。如经合意或有惯例，该单据必须能使买方在指定目的地向承运人提取货物，并且使买方能够以向下一位买方转让单据或以通知承运人的方式，转售在运输途中的货物。

如果此运输单据是以可转让的形式并有数份正本签发，则必须向买方提交全套正本。

B8 交货证明

买方必须接受按 A8 规定提供的交货证明，但以其符合合同为条件。

A9 核对、包装、标记

卖方必须支付为按 A4 规定交货所需核对（如核对品质，丈量，过磅，计数）的费用，以及任何由出口国当局强制实施的装运前检验费用。

卖方必须自负费用提供货物运输所需的包装，但在特定贸易中，运送该类货物通常无需包装的情况除外。除非在订立买卖合同前，买方已通知卖方特别的包装要求，卖方可按照适合该货物运输的方式包装该货物，并在包装上予以适当的标记。

B9　货物检验

买方必须支付任何装运前检验的费用，但该检验系出口国强制检验者除外。

A10　信息的协助和相关的费用

在可适用的情况下，卖方必须依照买方的请求，并由买方负担一切风险和费用，以适时的方式，为买方提供或协助买方取得为货物输入，及/或为货物运送至最终目的地所需的任何单据或信息，包括与安全相关的信息。

卖方必须偿付买方，如B10规定的由买方因提供或给予协助以取得单据及信息所产生的一切费用。

B10　信息的协助和相关的费用

买方必须以适时的方式，通知卖方任何与安全要求有关的信息，以便卖方得以履行A10的规定。

买方必须偿付卖方，如A10规定中的由卖方因提供或给予协助以取得单据及信息所产生的一切费用。

在可适用的情况下，买方必须依照卖方的请求，并由卖方负担一切风险和费用，以适时的方式，为卖方提供或协助卖方取得为货物的运输和出口，以及为货物通过任何国家运送所需的任何单据或信息，包括与安全相关的信息。

CIP

运费、保险费付至(……指定目的地)

CARRIAGE AND INSURANCE PAID TO

(... named place of destination)

A　卖方义务

B　买方义务

A1　卖方的一般义务

卖方必须提供符合买卖合同要求的货物和商业发票，以及按合同规定需提供的任何其他证明货物符合合同的凭证。

A1至A10中所提及的任何单据，如当事人协商一致或已有惯例，均可为具有同等效力的电子记录或程序。

B1　买方的一般义务

买方必须依照买卖合同规定支付价款。

B1至B10中所提及的任何单据，如当事人协商一致或已有惯例，均可为具有同等效力的电子记录或程序。

A2　许可证、核准书，安检以及其他手续

在清关适用的地方，卖方必须自负风险和费用，取得任何出口许可证或其他官方核准书，并办理货物出口以及在交货前通过任何国家运输所需的一切海关手续。

B2　许可证、核准书，安检以及其他手续

在清关适用的地方，买方必须自负风险和费用，取得任何进口许可证或其他官方核准书，并办理货物进口以及通过任何国家运输所需的一切海关手续。

A3　运输和保险合同

a) 运输合同

卖方必须订立或取得运输合同，将货物自交货地的约定交货地点（如有的话），运至指定目的地，或经约定的此目的地中的任何地点。卖方必须自负费用，按通常条件订立此运输合同，并经通常路线和以惯常方式运送货物。如未约定特定地点或未能按惯例予以确定，则卖方可在指定目的地选择最适合其意图的交货地点。

b) 保险合同

卖方必须自负费用取得货物保险。该保险至少符合协会货物保险条款的(C)款或任何类似条款中提供的最低承保范围的险别。必须与信誉良好的保险人或保险公司订立保险合同，并赋予买方或其他任何人货物的保险利益，使其能够向保险人索赔。

在买方要求并可能取得①的情况下，由买方负担费用并提供任何卖方所需的信息，卖方可以加保任何附加保险，例如协会货物保险条款的(A)款或(B)款，及/或协会战争险、协会罢工险或其他类似的保险条款。

最低保险金额须为合同规定价款加 10%（即 110%），并以合同货币投保。

保险的承保范围至少应涵盖货物自 A4 及 A5 规定中所写明的交货地点至指定目的地。

卖方必须提供给买方保险单或其他保险承保的证明。

另外，卖方必须按照买方的请求，并由买方负担风险和费用（如有的话），提供买方为取得任何额外保险所需的信息。

B3　运输和保险合同

a) 运输合同

买方对卖方并无订立运输合同的义务。

b) 保险合同

买方对卖方并无订立保险合同的义务。然而，在 A3 规定的情况下，买方必须应卖方的请求，提供卖方为其取得任何附加保险所需的任何信息。

A4　交货

卖方必须在约定的日期或在约定的期间内，将货物交给按 A3 规定订约②的承运人。

B4　收取货物

买方必须收取已按 A4 规定交付的货物，并在指定目的地向承运人提货。

A5　风险转移

卖方负担货物灭失或损坏的一切风险，直至货物已如 A4 规定交付时为止，但 B5 所列明的情况中的灭失或损坏除外。

B5　风险转移

买方负担货物自按 A4 规定交付时起的灭失或损坏的一切风险。如果买方未按 B7 规定发

---

① 此处原文为“procurable”，意为可取得的。

② 订约即订立运输合同。

出通知，则必须自约定的发运日期或自约定发运期间届满日起，负担货物灭失或损坏的一切风险，但以货物已经清楚地被确认为本合同的货物为准。

A6 费用划分

卖方必须支付

a) 与货物有关的一切费用，直至货物已按 A4 规定交付时为止，但如 B6 规定中由买方支付的费用除外；

b) 由于 A3 a)规定而产生的运费和一切其他费用，包括货物装载费用以及在目的地依据运输合同应由卖方负担的任何卸货费用；

c) 由于按 A3 b)款规定而产生的保险费用；及

d) 在清关适用的地方，出口所必须支付的海关手续费、一切出口关税、税捐和其他费用，以及货物通过任何国家运输时依据运输合同应由卖方负担的费用。

B6 费用划分

买方必须支付

a) 自货物按 A4 规定情形交付时起与货物有关的一切费用，但在清关适用的地方，出口所需的海关手续费以及出口时所需支付的一切关税、税捐和其他费用，如 A6 d)款中所提及者，除外；

b) 在运输途中直至到达约定目的地与货物有关的一切费用，除非按运输合同此类费用系由卖方负担；

c) 卸货费用，除非按运输合同此类费用由卖方负担；

d) 如果买方未按 B7 规定发出通知，则必须自约定的发运日期或自约定发运期间届满日起，由此发生的一切与货物有关的额外费用，但以该项货物已经被清楚的确认为本合同的货物为准；

e) 在清关适用的地方，货物进口时所需支付的海关手续费、一切关税、税捐和其他费用，以及货物通过任何国家运输时的费用，除非该费用已包括在运输合同的费用内；及

f) 按照买方的请求，按 A3 及 B3 款规定取得任何附加保险的费用。

A7 通知买方

卖方必须给予买方货物已按 A4 规定交付的通知。

卖方必须给予买方所需的任何通知，以便买方能采取通常所必要的措施提取货物。

B7 通知卖方

在买方有权确定发运货物的时间和/或目的地时，买方必须给予卖方有关这方面的充分的通知。

A8 交货单据

如已有惯例或在买方请求下，卖方必须自负费用，向买方提供按 A3 规定所订运输合同的通常运输单据。

此运输单据必须涵盖合同货物，且载明在约定装运期间内的日期，如经合意或有惯例，该单据必须能使买方在指定目的地向承运人提取货物，并且使买方能够以向下一位买方转让单据或以通知承运人的方式，转售在运输途中的货物。如果此运输单据是以可转让的形式并有数份正

本签发,则必须向买方提交全套正本。

B8 交货证明

买方必须接受按 A8 规定提供的交货证明,但以其符合合同为条件。

A9 核对、包装、标记

卖方必须支付为按 A4 规定交货所需核对(如核对品质,丈量,过磅,计数)的费用,以及任何由出口国当局强制实施的装运前检验费用。

卖方必须自负费用提供货物运输所需的包装,但在特定贸易中,运送该类货物通常无需包装的情况除外。除非在订立买卖合同前,买方已通知卖方特别的包装要求,卖方可按照适合该货物运输的方式包装该货物,并在包装上予以适当的标记。

B9 货物检验

买方必须支付任何装运前检验的费用,但该检验系出口国当局强制检验者除外。

A10 信息的协助和相关的费用

在可适用的情况下,卖方必须依照买方的请求,并由买方负担一切风险和费用,以适时的方式,为买方提供或协助买方取得为货物输入,及/或为货物运送至最终目的地所需的任何单据或信息,包括与安全相关的信息。

卖方必须偿付买方,如 B10 规定的由买方因提供或给予协助以取得单据及信息所产生的一切费用。

B10 信息的协助和相关的费用

买方必须以适时的方式,通知卖方任何与安全要求有关的信息,以便卖方得以履行 A10 的规定。

买方必须偿付卖方,如 A10 规定中的由卖方因提供或给予协助以取得单据及信息所产生的一切费用。

在可适用的情况下,买方必须依照卖方的请求,并由卖方负担一切风险和费用,以适时的方式,为卖方提供或协助卖方取得为货物的运输和出口,以及为货物通过任何国家运送所需的任何单据或信息,包括与安全相关的信息。

FOB

装运港船上交货(……指定装运港)

FREE ON BOARD

(... named port of shipment)

A 卖方义务

B 买方义务

A1 卖方的一般义务

卖方必须提供符合买卖合同要求的货物和商业发票,以及按合同规定需提供的任何其他证明货物符合合同的凭证。

A1 至 A10 中所提及的任何单据,如当事人协商一致或已有惯例,均可为具有同等效力的电子记录或程序。

B1 买方的一般义务

买方必须依照买卖合同规定支付价款。

B1 至 B10 中所提及的任何单据，如当事人协商一致或已有惯例，均可为具有同等效力的电子记录或程序。

A2 许可证、核准书，安检以及其他手续

在清关适用的地方，卖方必须自负风险和费用，取得任何出口许可证或其他官方核准书，并办理货物出口所需的一切海关手续。

B2 许可证、核准书，安检以及其他手续

在清关适用的地方，买方必须自负风险和费用，取得任何进口许可证或其他官方核准书，并办理货物进口以及通过任何国家运输所需的一切海关手续。

A3 运输和保险合同

a) 运输合同

卖方对买方并无订立运输合同的义务。然而，如买方请求，或有商业惯例，并且买方未在适当时间内给予相反的指示，则卖方可按通常条件订立运输合同，但风险和费用由买方负担。无论何种情形，卖方均可拒绝订立运输合同，如果拒绝，应及时通知买方。

b) 保险合同

卖方对买方并无订立保险合同的义务。然而，卖方必须按买方的要求，并由买方负担风险和费用(如有的话)，提供买方为取得保险所需的信息。

B3 运输和保险合同

a) 运输合同

买方必须自负费用订立自指定交货地运输货物的合同，但运输合同由卖方按 A3 a) 款的规定订立者除外。

b) 保险合同

买方对卖方并无订立保险合同的义务。

A4 交货

卖方必须在指定的装运港，于买方指明的装载地点(如有的话)，将货物放置于买方指定的船上，或取得已如此交付的货物①作为交货。但在任何情况下，卖方均必须在约定的日期或在约定期间内，按照该港口的惯常方式交付货物。

如买方未能指明特定的装载地点，卖方可以选择在指定装运港内最适合其意图的地点。

B4 收取货物

买方必须收取已按 A4 规定交付的货物。

A5 风险转移

卖方负担货物灭失或损坏的一切风险，直至货物已如 A4 规定交付时为止。但 B5 所列明

① 原文为“by procuring the goods so deliverd”。

的情况中的灭失或损坏除外。

B5　风险转移

买方负担货物自按 A4 规定交付时起的灭失或损坏的一切风险，如果

a) 买方未按 B7 规定通知指定的船只；或

b) 买方指定的船只未能按时到达以便卖方能履行 A4 的规定，或未能承载货物，或截止装货的时间早于按 B7 规定通知的时间；

则买方

i) 自约定日期，或无约定日期时，

ii) 自卖方在约定的期间内依 A7 规定通知的日期起，或无此通知日期时，

iii) 自任何约定的交货期间届满日起，

负担货物灭失或损坏的一切风险，但以货物已经清楚地被确认为本合同的货物为准。

A6　费用划分

卖方必须支付

a) 与货物有关的一切费用，直至货物已按 A4 规定交付时为止，但如 B6 规定中由买方支付的费用除外；

b) 在清关适用的地方，出口所需的海关手续费以及出口时需支付的一切关税、税捐和其他费用。

B6　费用划分

买方必须支付

a) 自货物按 A4 规定情形交付时起的一切有关费用，但在清关适用的地方，出口所需的海关手续费以及出口时需支付的一切关税，税捐和其他费用，如 A6 b)款所提及者，除外；

b) 因下列原因所产生的任何额外费用：

i) 买方未能依 B7 规定发出适当的通知，或

ii) 买方指定的船只未能按时到达或未能承载货物，或截止装货的时间早于按 B7 规定通知的时间，但以货物已经清楚地被确认为本合同的货物为准；及

c) 在清关适用的地方，货物进口时所需支付的海关手续费、一切关税、税捐和其他费用，以及货物通过任何国家运输时的费用。

A7　通知买方

在买方负担风险及费用的情况下，卖方必须就货物已按 A4 规定交付，或就该船只未能于约定时间内承载货物，给予买方充分的通知。

B7　通知卖方

买方必须将船名、装船地点以及必要时在约定的期间内选定的交货时间，给予卖方充分的通知。

A8　交货单据

卖方必须自负费用向买方提供货物已依 A4 规定交付的通常证明。

除非此证明系运输单据，在买方请求并由买方负担风险及费用的情况下，卖方必须协助买方取得运输单据。

B8　交货证明

买方必须接受按 A8 规定提供的交货证明。

A9　核对、包装、标记

卖方必须支付为按 A4 规定交货所需核对（如核对品质，丈量、过磅，计数）的费用，以及任何由出口国当局强制实施的装运前检验费用。

卖方必须自负费用提供货物运输所需的包装，但在特定贸易中，运送该类货物通常无需包装的情况除外。除非在订立买卖合约前，买方已通知卖方特别的包装要求，卖方可按照适合该货物运输的方式包装该货物，并在包装上予以适当的标记。

B9　货物检验

买方必须支付任何装运前检验的费用，但该检验系出口国当局强制检验者除外。

A10　信息的协助和相关的费用

在可适用的情况下，卖方必须依照买方的请求，并由买方负担一切风险和费用，以适时的方式，为买方提供或协助买方取得为货物输入，及/或为货物运送至最终目的地所需的任何单据或信息，包括与安全相关的信息。

卖方必须偿付买方，如 B10 规定的由买方因提供或给予协助以取得单据及信息所产生的一切费用。

B10　信息的协助和相关的费用

买方必须以适时的方式，通知卖方任何与安全要求有关的信息，以便卖方得以履行 A10 的规定。

买方必须偿付卖方，如 A10 规定中的由卖方因提供或给予协助以取得单据及信息所产生的一切费用。

在可适用的情况下，买方必须依照卖方的请求，并由卖方负担一切风险和费用，以适时的方式，为卖方提供或协助卖方取得为货物的运输和出口，以及为货物通过任何国家运送所需的任何单据或信息，包括与安全相关的信息。

CFR

成本加运费(……指定目的港)

COST AND FREIGHT

(... named port of destination)

A　卖方义务

B　买方义务

A1　卖方的一般义务

卖方必须提供符合买卖合同要求的货物和商业发票，以及按合同规定需提供的任何其他证明货物符合合同的凭证。

A1 至 A10 中所提及的任何单据，如当事人协商一致或已有惯例，均可为具有同等效力的电子记录或程序。

B1　买方的一般义务

买方必须依照买卖合同规定支付价款。

B1 至 B10 中所提及的任何单据，如当事人协商一致或已有惯例，均可为具有同等效力的电子记录或程序。

A2　许可证、核准书，安检以及其他手续

在清关适用的地方，卖方必须自负风险和费用，取得任何出口许可证或其他官方核准书，并办理货物出口所需的一切海关手续。

B2　许可证、核准书，安检以及其他手续

在清关适用的地方，买方必须自负风险和费用，取得任何进口许可证或其他官方核准书，并办理货物进口以及通过任何国家运输所需的一切海关手续。

A3　运输和保险合同

a）运输合同

卖方必须订立或取得①运输合同，将货物自交货地的约定交货地点（如有的话），运至指定目的港或该港口内的任何地点（如有约定）。卖方必须自负费用，按通常条件订立此运输合同，以通常用来运输该类货物的船只，并经惯常航线运送此货物。

b）保险合同

卖方对买方并无订立保险合同的义务。然而，卖方必须按买方的要求，并由买方负责风险和费用（如有的话），提供买方为取得保险所需的信息。

B3　运输和保险合同

a）运输合同

买方对卖方并无订立运输合同的义务。

b）保险合同

买方对卖方并无订立保险合同的义务。然而，买方必须按卖方的请求，提供卖方为取得保险所需的信息。

A4　交货

卖方必须将货物放置于船上，或取得已如此交付的货物②作为交货。但在任何情况下，卖方均必须在约定的日期或在约定期间内，按照该港口的惯常方式交付货物。

B4　收取货物

买方必须收取已按 A4 规定交付的货物，并在指定目的港向承运人提货。

A5　风险转移

卖方负担货物灭失或损坏的一切风险，直至货物已如 A4 规定交付时为止，但 B5 所列明的情况中的灭失或损坏除外。

B5　风险转移

买方负担货物自按 A4 规定交付时起的灭失或损坏的一切风险，如果买方未按 B7 规定发

---

①　此处原文为“procure”，意为获得、取得。

②　原文为“by procuring the goods so deliverd”。

出通知，则必须自约定的装船日期或自装船期间届满日起，负担货物灭失或损坏的一切风险。但以货物已经清楚地被确认为本合同的货物为准。

A6 费用划分

卖方必须支付

a) 与货物有关的一切费用，直到货物已按 A4 规定交付时为止，但如 B6 规定中由买方支付的费用除外；

b) 由于 A3 a)规定而产生的运费和一切其他费用，包括货物装载于船上的费用以及在约定卸货港的任何卸货费用；及

c) 在清关适用的地方，出口所需支付的海关手续费、一切出口关税、税捐和其他费用，以及货物通过任何国家运输时依据运输合同应由卖方负担的费用。

B6 费用划分

除 A3 a)款规定者外，买方必须支付

a) 自货物按 A4 规定情形交付时起与货物有关的一切费用，但在清关适用的地方，出口所需的海关手续费以及出口时所需支付的一切关税、税捐和其他费用，如 A6 b)款中所提及者，除外；

b) 到达约定目的港之前的有关该货物运输途中的一切费用，除非按运输合同此类费用系由卖方负担；

c) 包括驳船费和码头费在内的卸货费用，除非按运输合同此类费用系由卖方负担；

d) 如果买方未按 B7 规定发出通知，则必须自装船日期或自装船期间届满日起，由此发生的一切与货物有关的额外费用，但以该项货物已经被清楚地确认为本合同的货物为准；及

e) 在清关适用的地方，货物进口时所需支付的海关手续费、一切关税、税捐和其他费用，以及货物通过任何国家运输时的费用，除非该费用已包括在运输合同的费用内。

A7 通知买方

卖方必须给予买方所需的任何通知，以便买方能够采取通常所必要的措施收取货物。

B7 通知卖方

在买方有权确定发运货物的时间和/或指定目的港内提货的地点时，买方必须给予卖方有关这方面的充分的通知。

A8 交货单据

卖方必须自负费用，尽快向买方提供载明约定目的港的通常运输单据。

此运输单据必须涵盖合同货物，且载明约定装船期间内的日期，以便使买方能在目的港向承运人提取货物，并且除非另有约定，使买方能够以向下一位买方转让单据或以通知承运人的方式，转售在运输途中的货物。

如果此运输单据是以可转让的形式并有数份正本签发，则必须向买方提交全套正本。

B8 交货证明

买方必须接受按 A8 规定提供的交货证明，但以其符合合同为条件。

A9 核对、包装、标记

卖方必须支付为按 A4 规定交货所需核对(如核对品质，丈量、过磅，计数)的费用，以及任

何由出口国当局强制实施的装运前检验费用。

卖方必须自负费用提供货物运输所需的包装，但在特定贸易中，运送该类货物通常无需包装的情况除外。除非在订立买卖合约前，买方已通知卖方特别的包装要求，卖方可按照适合该货物运输的方式包装该货物，并在包装上予以适当的标记。

B9 货物检验

买方必须支付任何装运前检验的费用，但该检验系出口国当局强制检验者除外。

A10 信息的协助和相关的费用

在可适用的情况下，卖方必须依照买方的请求，并由买方负担一切风险和费用，以适时的方式，为买方提供或协助买方取得为货物输入，及/或为货物运送至最终目的地所需的任何单据或信息，包括与安全相关的信息。

卖方必须偿付买方，如 B10 规定的由买方因提供或给予协助以取得单据及信息所产生的一切费用。

B10 信息的协助和相关的费用

买方必须以适时的方式，通知卖方任何与安全要求有关的信息，以便卖方得以履行 A10 的规定。

买方必须偿付卖方，如 A10 规定中的由卖方因提供或给予协助以取得单据及信息所产生的一切费用。

在可适用的情况下，买方必须依照卖方的请求，并由卖方负担一切风险和费用，以适时的方式，为卖方提供或协助卖方取得为货物的运输和出口，以及为货物通过任何国家运送所需的任何单据或信息，包括与安全相关的信息。

CIF

成本加保险费、运费(……指定目的港)
COST, INSURANCE AND FREIGHT
(. . . named port of destination)

A 卖方义务

B 买方义务

A1 卖方的一般义务

卖方必须提供符合买卖合同要求的货物和商业发票，以及按合同规定需提供的任何其他证明货物符合合同的凭证。

A1 至 A10 中所提及的任何单据，如当事人协商一致或已有惯例，均可为具有同等效力的电子记录或程序。

B1 买方的一般义务

买方必须依照买卖合同规定支付价款。

B1 至 B10 中所提及的任何单据，如当事人协商一致或已有惯例，均可为具有同等效力的电子记录或程序。

A2 许可证、核准书,安检以及其他手续

在清关适用的地方,卖方必须自负风险和费用,取得任何出口许可证或其他官方核准书,并办理货物出口所需的一切海关手续。

B2 许可证、核准书,安检以及其他手续

在清关适用的地方,买方必须自负风险和费用,取得任何进口许可证或其他官方核准书,并办理货物进口以及通过任何国家运输所需的一切海关手续。

A3 运输和保险公司

a) 运输合同

卖方必须订立或取得运输合同,将货物自交货地的约定交货地点(如有的话),运至指定目的港或该港口内的任何地点(如有约定)。卖方必须自负费用,按通常条件订立此运输合同,以通常用来运输该类货物的船只,并经惯常航线运送此货物。

b) 保险合同

卖方必须自负费用取得货物保险。该保险至少符合协会货物保险条款的(C)款或任何类似条款中提供的最低承保范围的险别。必须与信誉良好的保险人或保险公司订立保险合同,并赋予买方或其他任何人货物的保险利益,使其能够向保险人索赔。

在买方要求并可能取得的情况下,由买方自负费用并提供任何卖方所需的信息,卖方可以加保任何附加保险,例如协会货物保险条款的(A)款或(B)款,及/或协会战争险、协会罢工险或其他类似的保险条款。

最低保险金额须为合同规定价款加10%(即110%),并以合同货币投保。

保险的承保范围至少应涵盖货物自A4及A5规定中所写明的交货地点至指定目的地。

卖方必须提供给买方保险单或其他保险承保的证明。

另外,卖方必须按照买方的要求,并在买方负责风险和费用(如有的话),提供买方为取得任何额外保险所需的信息。

B3 运输和保险合同

a) 运输合同

买方对卖方并无订立运输合同的义务。

b) 保险合同

买方对卖方并无订立保险合同的义务。然而,在A3规定的情况下,买方必须应卖方的请求,提供卖方为其取得任何附加保险所需的任何信息。

A4 交货

卖方必须将货物放置于船上,或取得已如此交付的货物作为交货。但在任何情况下,卖方均必须在约定的日期或在约定期限内,按照该港口的惯常方式交付货物。

B4 收取货物

买方必须收取已按A4规定交付的货物,并在指定目的地向承运人提货。

A5 风险转移

卖方负担货物灭失或损坏的一切风险,直到货物已如A4规定交付时为止。但B5所列明的情况中的灭失或损坏除外。

B5　风险转移

买方负担货物自按 A4 规定交付时起的灭失或损坏的一切风险，如果买方未按 B7 规定发出通知，则必须自约定的装船日期或自装船期间届满日起，负担货物灭失或损坏的一切风险。但以货物已经清楚地被确认为本合同的货物为准。

A6　费用划分

卖方必须支付

a) 与货物有关的一切费用，直至货物已按 A4 规定交付时为止，但如 B6 规定中由买方支付的费用除外；

b) 由于 A3 a)规定而产生的运费和一切其他费用，包括货物装载于船上的费用以及在约定卸货港的任何卸货费用；

c) 由于按 A3 b)款规定而产生的保险费用；及

d) 在清关适用的地方，出口所需支付的海关手续费、一切出口关税、税捐和其他费用，以及货物通过任何国家运输时依据运输合同应由卖方负担的费用。

B6　费用划分

除 A3 a)款规定者外，买方必须支付

a) 自货物按 A4 规定情形交付时起与货物有关的一切费用，但在清关适用的地方，出口所需的海关手续费以及出口时所需支付的一切关税、税捐和其他费用，如 A6 b)款中所提及者，除外；

b) 到达约定目的港之前的有关该货物运输途中的一切费用，除非按运输合同此类费用系由卖方负担；

c) 包括驳船费和码头费在内的卸货费用，除非按运输合同此类费用系由卖方负担；

d) 如果买方未按 B7 规定发出通知，则必须自装船日期或自装船期间届满日起，由此发生的一切与货物有关的额外费用，但以该项货物已经被清楚地确认为本合同的货物为准；

e) 在清关适用的地方，货物进口时所需支付的海关手续费、一切关税、税捐和其他费用，以及货物通过任何国家运输时的费用，除非该费用已包括在运输合同的费用内；及

f) 按照买方的请求，按 A3 及 B3 款规定所取得任何附加保险的费用。

A7　通知买方

卖方必须给予买方所需的任何通知，以便买方能够采取通常所必要的措施提取货物。

B7　通知卖方

在买方有权确定发运货物的时间和/或指定目的港内提货的地点时，买方必须给予卖方有关这方面的充分的通知。

A8　交货单据

卖主必须自负费用，尽快向买方提供载明约定目的港的通常运输单据。

此运输单据必须涵盖合同货物，且载明约定装船期间内的日期，以便使买方能在目的港向承运人提取货物，并且除非另有约定，使买方能够以向下一位买方转让单据或以通知承运人的方式，转售在运输途中的货物。

如果此运输单据是以可转让的形式并有数份正本签发，则必须向买方提交全套正本。

B8　交货证明

买方必须接受按 A8 规定提供的交货证明,但以其符合合同为条件。

A9　核对、包装、标记

卖方必须支付为按 A4 规定交货所需核对(如核对品质,丈量、过磅,计数)的费用,以及任何由出口国当局强制实施的装运前检验费用。

卖方必须自负费用提供货物运输所需的包装,但在特定贸易中,运送该类货物通常无需包装的情况除外。除非在订立买卖合约前,买方已通知卖方特别的包装要求,卖方可按照适合该货物运输的方式包装该货物,并在包装上予以适当的标记。

B9　货物检验

买方必须支付任何装运前检验的费用,但该检验系出口国当局强制检验者除外。

A10　信息的协助和相关的费用

在可适用的情况下,卖方必须依照买方的请求,并由买方负担一切风险和费用,以适时的方式,为买方提供或协助买方取得为货物输入,及/或为货物运送至最终目的地所需的任何单据或信息,包括与安全相关的信息。

卖方必须偿付买方,如 B10 规定的由买方因提供或给予协助以取得单据及信息所产生的一切费用。

B10　信息的协助和相关的费用

买方必须以适时的方式,通知卖方任何与安全要求有关的信息,以便卖方得以履行 A10 的规定。

买方必须偿付卖方,如 A10 规定中的由卖方因提供或给予协助以取得单据及信息所产生的一切费用。

在可适用的情况下,买方必须依照卖方的请求,并由卖方负担一切风险和费用,以适时的方式,为卖方提供或协助卖方取得为货物的运输和出口,以及为货物通过任何国家运送所需的任何单据或信息,包括与安全相关的信息。

附录四：

《跟单信用证统一惯例》(2007 年修订本)

(国际商会第 600 号出版物)

UCP600

导　言①

2003 年 5 月 ICC 授权 ICC 银行技术和实务委员会(银行委员会)开始对《跟单信用证统一惯例》ICC 第 500 号出版物作修订。

正如其他修订一样，其目的是为了促进银行、运输和保险事业的发展。此外，有必要审视在 UCP 中的使用的语言和方式，以便去除可能引起不合适的应用和解释的词语。

在开始修订工作时，从多次全球调查中显示，由于多达 70％的单据在首次提交时发现与信用证条款不符，而遭拒收。如果任凭此种情况发生并继续下去，将明显地对作为支付工具的信用证带来负面影响，如不设法予以制止，将严重影响这一久被承认的在国际贸易中的结算方法维持和增加其在市场中的应用份额。银行实行收取交单不符的费用，更突出了这一问题的严重性，特别是发现有些潜在的不符点是含糊的和不实在的(dubias and unsound)。

在修订 UCP500 的过程中，大量工作投入到制订《跟单信用证单据审核国际标准银行实务》[International Standard Banking Practice For the Examination of Documents under Documentary Credits (ISBP) ICC Publication No. 645]。在决定单据符合信用证条款方面，该出版物已成为 UCP 的必需的伴侣性文件。起草小组和银行委员会期望，在 UCP600 生效期间，ISBP 中所含的原则的应用将持续下去。当 UCP600 实施时，将有 ISBP 的最新版本面世。

UCP 的一项结构性改变是，制订关于定义的条款(第 2 条)和解释的条款(第 3 条)。对于银行所承担的角色和有关特定术语和事件的定义，UCP600 在说明其解释和应用时避免使用重复的文本。同样，关于解释的条款旨在去除在信用证中的含糊不清的语言，以对 UCP 或信用证的其他特性作确定的阐明。

Gary Collyer

国际商会银行技术和实务委员会顾问

2006 年 11 月

---

① 要点摘译。

第 1 条 UCP 的适用

跟单信用证统一惯例(2007 年修订本)国际商会第 600 号出版物("UCP")是适用于任何跟单信用证("信用证")(包括,在其可适用的范围内,任何备用信用证)的规则,如果信用证文本明确指出,它受这些规则的约束。除非信用证明示地修改或排除,这些规则约束与信用证有关的所有当事人。

第 2 条 定义

就本惯例的规则而言:

通知行 是指按开证行的请求,通知信用证的银行。

申请人 是指请求开立信用证的当事人。

银行营业日 是指在其经常营业的地方,银行履行其受这些规则约束的行为的一天。

受益人 是指对所开立的信用证享有利益的当事人。

相符交单 是指按照信用证的条款以及这些规则的适用规定和国际标准银行实务提交单据。

保兑 是指保兑行在开证行的确定承诺外,对相符交单作承付(honour)或议付(negotiation)的确定承诺。

保兑银行 是指按开证行的授权或请求对信用证加具保兑的银行。

信用证 是指任何安排,不论其如何命名或描述,该安排是不可撤销的,从而构成开证行承付相符交单(complying presentation)的确定承诺。

承付 是指:

a. 见单即付,如果信用证为即期付款信用证;

b. 承担延期付款的责任和到期付款,如果信用证为延期付款信用证;

c. 承兑由受益人出具的汇票和到期付款,如果信用证为承兑信用证。

开证行 是指按申请人的请求或为其自身行事开立信用证的银行。

议付 是指在指定银行获得偿付的银行营业日当天或之前,在相符交单的情况下,指定银行买入汇票(向指定银行以外的一家银行出具的)和/或单据,向受益人预付或同意预付资金。

指定银行 是指可获信用证兑付(be available with)的银行,或在信用证可为任何银行兑付的情况下,则为任何银行。

交单 是指在信用证下向开证行或指定银行交付单据或按此方式交付的单据。

交单人 是指提交单据的受益人、银行或其他当事人。

第 3 条 解释

就本惯例的规则而言:

在适用的情形下,单数词语包括复数,复数词语包括单数。

信用证是不可撤销的,即使无此表明。

单据可以用手写签字,也可用签样印制、穿孔签字、盖印、符号表示,或用任何其他机械的或电子的证实方法处理。

单据需经合法化、签证、证明或类似的要求,单据上显示任何签署、标记、印章或标签,即可满足该要求。

在不同国家的银行分行被看作另一银行。

使用"第一流的"、"著名的"、"合格的"、"独立的"、"官方的"、"有法定资格的"或"当地的"词语描述单据出具人，除受益人出具该单据外，银行允许任何人为单据出具人。

除非单据中要求使用，对"迅速"(immediately)、"立即"(prompt)或"尽可能快"(as soon as possible)等词语银行将不予置理。

"于或约于"(on or about)或类似词语，将被解释为一种规定，即事件发生于所规定的日期前后5个日历日期间，起讫日包括在内。

"到"(to)、"直到"(until; till)、"从"(from)和"之间"(between)等词用于确定装运期间，包含所提及的日期(date or dates)；"之前"(before)和"之后"(after)，不包含所提及的日期。

"从"(from)和"之后"(after)词语用于确定到期日，不包含所提及的日期。

"上半月"(first half)和"下半月"(second half)将分到被解释为一个月的第1日至第15日和第16日至最后一日，包含所有日期。

"月初"、"月中"和"月末"(beginning, middle and end of a month)将分别被解释为一个月的第1日至第10日、第11日至第20日和第21日至最后一日，包含所有日期。

第4条 信用证 V. 合同①

a. 信用证按其性质是一项与凭此开立信用证的销售合同或其他合同不相连的交易。即使信用证中援引这类合同，银行也与之毫无关系，并不受其约束。因此，银行对承付、议付或履行信用证下任何其他义务的承诺，不受申请人提出的因其与开证行之间或与受益人之间的关系而产生的索赔或抗辩的约束。

在任何情况下，受益人不得利用银行之间或申请人与开证行之间存在的契约关系。

b. 开证行应劝阻申请人任何将所依据的销售合同复印件、形式发票和类似文件附入信用证，以作为信用证整体组成部分的试图。

第5条 单据 V. 货物、服务或履约

银行所处理的是单据，而不是可能与单据有关的货物、服务或履约。

第6条 兑付，到期日和交单地点

a. 信用证必须规定可凭以兑付的银行，或可凭以向任何银行兑付。信用证可向一家指定银行兑付，也可向开证行兑付。

b. 信用证必须规定，它是以即期付款、延期付款、承兑或议付方式兑付。

c. 信用证不得开立成凭以申请人为付款人的汇票兑付。

d. i. 信用证必须规定一个交单到期日，所规定的承付或议付的到期日将被视为交单到期日。

ii. 信用证可予兑付的银行的地点，即交单地点。在可向任何银行兑付的信用证情况下，任何银行的地点是交单地点。

e. 除第29条a款规定外，受益人或其代表的交单必须在到期日或之前作成。

---

① V.或VS.是Versus的缩写，意指"对"或"对抗"(against)。例如：(法律・诉讼)雷克斯 V. 克里本；(体育・羽毛球赛)中国 V. 印尼。

第 7 条　开证行责任

a. 假如所规定的单据被提交给指定银行或开证行，且它们构成相符交单，开证行必须承付，如果信用证是按下列方式兑付的：

i. 由开证行即期付款、延期付款或承兑；

ii. 由指定银行即期付款，而该指定银行不付款；

iii. 由指定银行延期付款，而该指定银行不承担其延期付款责任，或者，已承担其延期付款责任，而到期不付款；

iv. 由指定银行承兑，而该指定银行不承兑向其出具的汇票，或者，已承兑向其出具的汇票，而到期不付款；

v. 由指定银行议付，而该指定银行不议付。

b. 开证行自其开立信用证时起，为其承付承担不可撤销的责任。

c. 开证行承担偿付指定银行的责任，假如该指定银行已为相符交单作了承付或议付，并已将单据送交开证行。在承兑或延期付款信用证下，相符交单的金额须于到期时偿付，不论指定银行是否在到期前预付或买入单据。开证行偿付指定银行的责任独立于开证行对受益人的责任。

第 8 条　保兑行责任

a. 假如所规定的单据被交给保兑行或任何其他指定银行，并构成相符交单，保兑行必须：

i. 承付，如果信用证是按以下方式兑付的：

a) 由保兑行即期付款，延期付款或承兑；

b) 由另一家指定银行即期付款，而该指定银行不付款；

c) 由另一家指定银行延期付款，而该指定银行不承担延期付款责任，或者，已承担延期付款责任，而到期不付款；

d) 由另一家指定银行承兑，而该指定银行不承兑向其出具的汇票，或者，已承兑了向其出具的汇票，而到期不付款；

e) 由另一家指定银行议付，而该指定银行不议付。

ii. 议付，无追索权(negotiate, without reccurse)，如果信用证的兑付是由保兑行议付。

b. 保兑行自其对信用证加保兑时起，不可撤销地承担承付或议付的责任。

c. 保兑行负责偿付另一指定银行，该银行已对相符交单作了承付或议付，并将单据送交保兑行。在承兑或延期付款信用证下，相符交单的金额须于到期时偿付，不论另一指定银行是否在到期前已预付或买入单据。保兑行偿付另一指定银行的责任独立于保兑行对受益人的责任。

d. 如果一家银行被开证行授权或请求对信用证作保兑，但它不准备照办，它必须毫不迟延地通知开证行，并可通知该信用证，不加保兑。

第 9 条　信用证和修改的通知

a. 信用证和任何修改可通过通知行被通知到受益人。不是保兑行的通知行，通知信用证和任何修改，不承担承付或议付的任何责任。

b. 通知行通知信用证或修改，意味着它已认可该信用证或修改的表面真实性，以及其通知正确地反映所收到的信用证或修改的条款。

c. 通知行可利用另一银行("第二通知行")的服务,将信用证或修改通知到受益人。第二通知行通知信用证或修改,意味着它已认可所收到的通知的表面真实性,以及该通知正确地反映所收到的信用证或修改的条款。

d. 利用一家通知行或第二通知行服务的银行,必须使用同一银行通知随后的任何修改。

e. 如一家银行被请求通知信用证或修改,但它不愿照办,它必须毫不迟延地通知从该处收到信用证、修改或通知的银行。

f. 如一家银行被请求通知信用证或修改,但它不认可信用证、修改或通知的表面真实性,它必须毫不迟延地通知看来是从该处收到指示的银行。如通知行或第二通知行仍决定通知该信用证或修改,它必须毫不迟延地告知受益人或第二通知行,它不能认可该信用证、修改或通知的表面真实性。

第 10 条　修改

a. 除第 38 条另有规定外,未经开证行、保兑行(如有的话)和受益人的同意,信用证不得修改,也不得撤销。

b. 自发出修改时起,开证行不可撤销地受该修改的约束。保兑行可扩展其保兑至修改,并自它通知修改之时起,不可撤销地受该修改的约束。然而,保兑行可选择通知修改而不扩展其保兑,如果如此,它必须毫不迟延地告知开证行,并在其通知中告知受益人。

c. 直至受益人将其对修改的接受传达到通知该修改的银行止,原信用证(或包含有先前已被接受的修改的信用证)的条款对受益人仍然有效。受益人应作出接受或拒绝修改的通知。如果受益人不作出此类通知,符合信用证以及任何未被接受的修改的交单将被视为受益人接受该修改的通知。自该时刻起,信用证被修改。

d. 通知修改的银行应将接受或拒绝的任何通知告知从该处收到修改的银行。

e. 对一项修改的部分接受是不允许的,它将被视为拒绝修改的通知。

f. 在修改中规定,除非受益人在一定时间内表示拒绝,否则该修改将生效,此种规定将不被置理。

第 11 条　电讯传递和预先通知的信用证和修改

a. 信用证或修改的经证实的电讯被视为有效信用证或修改,而任何随后的邮寄证实书将不被置理。

如果电讯中声明"详情后告"(或类似词语),或声明邮寄证实书为有效信用证或修改,则该电讯将不被视为有效信用证或修改。开证行必须毫不迟延地开立有效信用证或修改,其条款不得与电讯不一致。

b. 只有在开证行准备开立有效信用证或修改的情况下,开证行才能发送信用证或修改的预先通知(预通知——"pre-advice")。发送预通知的开证行不可撤销地承担毫不迟延地开立有效信用证或修改的义务,其条款不得与预通知不一致。

第 12 条　指定

a. 除非指定银行是保兑行,承付或议付的授权不能加于该指定银行承付或议付的任何义务,为该指定银行明示地同意并相应通知受益人者除外。

b. 通过指定一家银行承兑汇票或承担延期付款责任,开证行授权该指定银行预付或买入已承兑的汇票，或由该指定银行承担延期付款责任。

c. 不是保兑行的指定银行收到或审核和递送单据，不使该指定银行负担承付或议付的责任，也不构成承付或议付。

第 13 条 银行间的偿付安排

a. 如果信用证规定偿付由指定银行（“索偿行”）向另一方（“偿付行”）获取，信用证必须规定偿付是否遵照在开证日期有效的国际商会银行间偿付规则。

b. 如果信用证未规定偿付遵照国际商会银行间偿付规则，则适用下列规则：

i. 开证行必须提供偿付行一项与信用证规定的兑付方式相符合的偿付授权。偿付授权不应受制于到期日。

ii. 索偿行不应被要求提供偿付行一份与信用证条款相符的证书。

iii. 如果偿付行不能按信用证条款，在被首次索偿时予以偿付，开证行须对任何利息损失连同由此产生的任何费用负责。

iv. 偿付行的费用须由开证行承担。然而，如果费用是由受益人负担的，开证行有责任在信用证和偿付授权书中作相应的表明。假如偿付行的费用由受益人负担，该费用应在偿付时从索偿行应得的金额中扣除。如果未作偿付，开证行仍有义务负担偿付行的费用。

c. 如果偿付行未在被首次索偿时偿付，开证行不得解除其提供偿付的任何责任。

第 14 条 单据审核标准

a. 按其指定行事的指定银行、保兑行（如有的话）和开证行必须审核交单，以确定在单据本身的基础上，单据是否在表面上显示构成相符交单。

b. 按其指定行事的指定银行、保兑行（如有的话）和开证行各自有自交单次日起至多 5 个银行营业日，以确定交单是否相符。这段期间不因在交单当天或之后到期日或最后交单日的发生而缩短或受影响。

c. 交单包含有受制于第 19、20、21、22、23、24 或 25 条的一份或多份正本运输单据，必须由受益人或其代表在不迟于按这些规则所描述的装运日期后 21 个日历日作出，但在任何情况下不迟于信用证到期日。

d. 单据中的数据，在与信用证、单据本身，以及国际标准银行实务相联系进行阅读时，无须与该单据的数据、任何其他规定的单据或信用证完全相同，但必须不与之矛盾。

e. 除商业发票外，在单据中对货物、服务或履约的描述，如有规定，可作概括性的表述，但不得与信用证中的描述相矛盾。

f. 假如信用证所要求提交的单据，不是运输单据、保险单或商业发票，未规定单据出具人及单据的数据内容，银行将接受所提交的单据，如果其内容显示可达到所需单据的作用，并且符合第 14 条 d 款的规定。

g. 提交的单据不是信用证所要求的，将不被置理，并可被退回给交单人。

h. 假如信用证包含一项条件，而未规定表明符合该条件的单据，银行将对此种条件视作未规定，并对其不予置理。

i. 单据可注明日期早于信用证开立的日期，但不得晚于交单日期。

j. 当受益人和申请人的地址出现在任何规定的单据上，它们无须与信用证中或在其他规定的单据中所载明的地址相同，但必须在信用证中分别提到的地址的同一国家之内。通讯联系细节（电传、电话、电子邮件及类似联系细节）作为受益人和申请人地址的一部分所作的规定，将不被置理。当申请人的地址和通信联系细节作为收货人或通知人的细节出现在第 19、20、21、22、23、24 或 25 条所规定的运输单据上时，它们必须与信用证中所规定的相一致。

k. 在任何单据上所注明的货物托运人或发货人，无须是信用证的受益人。

l. 运输单据可由不同于承运人、船东、船长或租船人的任何人出具，假如运输单据符合第 19、20、21、22、23 或 24 条规则的要求。

第 15 条　相符交单

a. 当开证行确定交单是相符时，它必须承付。

b. 当保兑行确定交单是相符时，它必须承付或议付，并将单据送交开证行。

c. 当指定银行确定交单是相符并承付或议付时，它必须将单据送交保兑行或开证行。

第 16 条　不符单据、放弃和通知

a. 当按其指定行事的指定银行、保兑行（如有的话）或开证行确定交单不相符时，它可拒绝承付或议付。

b. 当开证行确定交单不相符时，它可自行决定为对不符点的放弃联系申请人。然而，这并不延长第 14 条 b 款所述及的期间。

c. 当按其指定行事的指定银行、保兑行（如有的话）或开证行决定拒绝承付或议付时，它必须给交单人一份单独的关于拒付的通知。

该通知必须声明：

i. 银行拒绝承付或议付；及

ii. 关于银行拒绝承付或议付的每一个不符点；及

iii. a）银行保留单据，听候交单人进一步指示；或

b）开证行保留单据，直到它自申请人处收到对不符点的放弃的通知，并同意接受它，或在同意接受放弃之前自申请人处收到进一步指示；或

c）银行退回单据；或

d）银行按照先前自交单人处收到的指示行事。

d. 第 16 条 c 款所要求的通知必须以电讯方式发出，如不可能，则以其他快捷方式发出，不得迟于收到交单日次日起第 5 个银行营业日结束。

e. 按其指定行事的指定银行、保兑行（如有的话）或开证行在提供了按第 16 条 c 款 iii. a）或 b）所要求的通知后，可在任何时候将单据退还交单人。

f. 如开证行或保兑行未能按本条的规定行事，它将无权宣称单据不构成相符交单。

g. 当开证行拒绝承付或者保兑行拒绝承付或议付，并已按照本条发出拒付通知后，它有权要求归还已偿付的款项，连同利息。

第 17 条　正本单据和副本

a. 信用证中规定的每一单据，必须至少提交一份正本。

b. 除非单据本身表明不是正本，任何载有表面上显示为出单人的原始签署、标记、印章或标签的单据，银行将作为正本处理。

c. 除非单据另有表明，银行也将作为正本接受，如果单据：

i. 显示是由出单人手签、打字、穿孔签字或盖印；或

ii. 显示是使用出单人原始的文具出具的；或

iii. 声明它是正本，除非该声明显示不适用于所提交的单据。

d. 如信用证要求提交单据副本，提交正本或副本均被允许。

e. 如信用证使用诸如"一式两份"(in duplicate)或"两份"(in two fold)或"两张"(in two copies)等用语，提交至少一份正本，其余份数为副本，即可满足此要求，除非单据本身另有表明。

第 18 条 商业发票

a. 商业发票：

i. 必须显示由受益人出具(第 38 条规定者除外)；

ii. 必须作成申请人抬头(第 38 条 g 款规定者除外)；

iii. 必须作成与信用证相同的货币；及

iv. 无须签署。

b. 按其指定行事的指定银行、保兑行(如有的话)或开证行可接受其金额超过信用证允许金额的商业发票，该银行的决定将对各有关方具有约束力，假如所提及的银行未承付或议付超过信用证所允许的金额。

c. 商业发票中对货物、服务或履约的描述，必须与信用证中的描述相符合。

第 19 条 运输单据包括至少两种不同运输方式

a. 一份包括至少两种不同运输方式的运输单据(多式或联合运输单据)，不论如何命名，必须显示：

i. 表明承运人的名称，并由下列人员签署：

· 承运人或代表承运人的具名代理；或

· 船长或代表船长的具名代理。

承运人、船长或代理所作的任何签署，必须被证实为承运人、船长或代理的签署。

代理的任何签署，必须表明它是代表承运人还是代表船长签署。

ii. 用以下方式表明，货物已在信用证中规定的地点被发运、接受监管或装船：

· (在运输单据上)①预先印就的文字；或

· (在运输单据上)印章或批注，表明货物已被发运、接受监管或装船的日期。

运输单据的签发日期将被视为发运(dispatch)、接受监管(taking in charge)或装船(shipped on board)日期，以及装运日期(date of shipment)。然而，如运输单据用印章或批注表明发运、接受监管或装船日期，该日期将被视为装运日期。

iii. 表明信用证中规定的发运、接受监管或装运地和最后目的地，即使：

a) 运输单据另外还规定一个不同的发运、接受监管或装运地或者最后目的地；或

b) 运输单据载有关于船只装货港或卸货港"预期"(intended)或类似的限制。

iv. 为单份正本运输单据，或者，如签发一份以上正本，则为运输单据上表明的全套(full set)。

---

① 括号内字句由译者加注。

v. 含有承运条款或需从别处参阅承运条款(简式或背面空白运输单据)。承运条款的内容将不予审核。

vi. 不含受租船合同约束的说明。

b. 就本条款而言,转运是指在从信用证规定的发运、接受监管或装运地至最后目的地的运输过程中,从一运输工具卸下,再装上另一运输工具(不论是否为不同运输方式)。

c. i. 运输单据可表明货物将被或可能被转运,如同一运输单据包含全程运输。

ii. 即使信用证禁止转运,表明转运将发生或可能发生的运输单据可为银行接受。

第 20 条　提单

a. 提单,不论如何命名,必须显示:

i. 表明承运人的名称,并由下列人员签署:

· 承运人或代表承运人的具名代理;或

· 船长或代表船长的具名代理。

承运人、船长或代理所作的任何签署,必须被证实为承运人、船长或代理的签署。

代理的任何签署,必须表明代理是代表承运人还是代表船长签署。

ii. 用以下方式表明货物已在信用证规定的装货港装上具名的船只:

· (在提单上)预先印就的文字;或

· 已装船批注(on board notation)表明货物已装船的日期。

提单的签发日期将被视为装运日期,除非提单含有一项已装船批注,表明装运日期,在此情况下,已装船批注中规定的日期将被视为装运日期。

如果提单载有"预期船只"(intended vessel)或关于船只的类似限制,则需用提单上已装船批注表明实际船只的装运日期和名字。

iii. 表明装运从信用证中规定的装货港到卸货港。

如果提单不表明信用证中规定的装货港为装货港,或者,如果提单含有关于装货港"预期"的说明或类似限制,则需用提单上已装船批注表明信用证中规定的装货港、装运日期和船名。即使提单上预先印就的文字表明已装船或装运于一具名船只,此规定仍然适用。

iv. 为单份正本提单,或者,如签发一份以上正本,则为提单上所表明的全套正本。

v. 包含承运条款或需从别处参阅承运条款(简式或背面空白提单)。承运条款的内容将不予审核。

vi. 不含受租船合同约束的表明。

b. 就本条款而言,转运是指在从信用证中规定的装货港至卸货港的运输过程中,从一艘船只卸下,再装上另一船只。

c. i. 提单可表明货物将被或可能被转运,如果同一提单包括全程运输。

ii. 即使信用证禁止转运,表明转运将发生或可能发生的提单可为银行接受,如果提单证明货物是由集装箱、拖车或拉希型驳船(LASH barge)装运的。

d. 提单中规定承运人保留转运权的条款将不被置理。

第 21 条　不可转让海运单

a. 不可转让海运单,不论如何命名,必须显示:

i. 表明承运人的名称，并由下列人员签署：

· 承运人或代表承运人的具名代理；或

· 船长或代表船长的具名代理。

承运人、船长或代理所作的任何签署，必须被证实为承运人、船长或代理的签署。

代理的任何签署，必须表明代理是代表承运人还是代表船长签署。

ii. 用以下方式表明货物已在信用证规定的装货港装上具名船只：

·（在海运单上）预先印就的文字；或

· 已装船批注表明货物已装船的日期。

不可转让海运单的签发日期将被视为装运日期，除非不可转让海运单含有一项已装船批注，表明装运日期，在此情况下，已装船批注中规定的日期将被视为装运日期。

如不可转让海运单载有“预期船只”或关于船名的类似限制，则需用已装船批注表明实际船只的装运日期和名字。

iii. 表明装运从信用证中规定的装货港至卸货港。

如果不可转让海运单未表明信用证中规定的装货港为装货港，或者，如果它载有“预期”或关于装货港的类似限制，则需用已装船批注表明信用证中规定的装货港、装运日期和船名。即使不可转让海运单上预先印就的文字表明已装船或装运于一具名船只，此规定仍然适用。

iv. 为单份不可转让海运单，或者，如签发一份以上正本，则为不可转让海运单上所表明的全套正本。

v. 包含承运条款或需从别处参阅承运条款（简式或背面空白不可转让海运单）。承运条款的内容将不予审核。

vi. 不含受租船合同约束的表明。

b. 就本条款而言，转运是指在从信用证中规定的装货港至卸货港的运输过程中，从一艘船只卸下，再装上另一船只。

c. i. 不可转让海运单可表明货物将被或可能被转运，如果同一不可转让海运单包括全程运输。

ii. 即使信用证禁止转运，表明转运将发生或可能发生的不可转让海运单可为银行接受，如果不可转让海运单证明货物是由集装箱、拖车或拉希型驳船(LASH barge)装运的。

d. 不可转让海运单中规定承运人保留转运权的条款将不被置理。

第 22 条　租船合同提单

a. 提单，不论如何命名，其表明受租船合同的约束（租船合同提单），必须显示：

i. 由下列人员签署：

· 船长或代表船长的具名代理；或

· 船东或代表船东的具名代理；或

· 租船人或代表租船人的具名代理。

船长、船东、租船人或代理所作的签署，必须被证实为船长、船东、租船人或代理的签署。

代理的签署，必须表明代理是代表船长、船东还是代表租船人签署。

代理的签署，必须表明船东或租船人的名称。

ii. 用以下方式表明货物已在信用证中规定的装货港装上具名船只：

· （在提单上）预先印就的文字；或

· 已装船批注表明货物已装船的日期。

租船合同提单的签发日期将被视为装运日期，除非租船合同提单含有一项已装船批注，表明装运日期，在此情况下，已装船批注中规定的日期将被视为装运日期。

iii. 表明装运从信用证中规定的装货港至卸货港。卸货港可被显示为信用证中规定的港口范围或地理区域。

iv. 为单份正本租船合同提单，或者，如签发一份以上正本，则为租船合同提单上所表明的全套正本。

b. 即使信用证条款要求提交租船合同，银行也不予审核。

第 23 条　航空运输单据

a. 航空运输单据（简称“空运单据”），不论如何命名，必须显示：

i. 表明承运人名称，并由下列人员签署：

· 承运人；或

· 代表承运人的具名代理。

承运人或代理所作的任何签署，必须被证实为承运人或代理的签署。

代理的任何签署，必须表明代理是代表承运人签署。

ii. 表明货物已被收妥待运。

iii. 表明签发日期，此日期将被视为装运日期，除非空运单据含有实际装运日期的特定批注，在此情况下，批注中规定的日期将被视为装运日期。

空运单据上所显示的关于航班号码和日期等任何其他信息，在确定装运日期时将不予审核。

iv. 表明信用证中规定的启航机场和目的地机场。

v. 为供发货人或托运人的正本，即使信用证规定全套正本。

vi. 包含承运条款或需从别处参阅承运条款。承运条款的内容将不予审核。

b. 就本条款而言，转运是指在从信用证中规定的启航机场至目的地机场的运输过程中，从一架飞机卸下，再装上另一架飞机。

c. i. 空运单据可表明货物将被或可能被转运，如果同一空运单据包括全程运输。

ii. 即使信用证禁止转运，表明转运将发生或可能发生的空运单据可为银行接受。

第 24 条　公路、铁路或内河运输单据

a. 公路、铁路或内河运输单据，不论如何命名，必须显示：

i. 表明承运人的名称，以及：

· 由承运人或代表承运人的具名代理签署，或

· 表明承运人或代表承运人的具名代理以签署、盖印或批注证实货已收到。

承运人或其代理关于收到货物的任何签署、盖印或批注，必须被证实为承运人或其代理所作者。

代理收到货物的任何签署、盖印或批注，必须表明代理是代表承运人签署或行事。

如铁路运单未确认承运人，铁路公司的任何签署或盖印将被作为由承运人签署单据的证据。

ii. 表明在信用证中规定的地点的装运日期或货物被收妥待运、待发运或运输的日期。除非运输单据含有注明日期的收货印章，表明收货日期或装运日期，运输单据的签发日期将被视作装运日期。

iii. 表明信用证中规定的装运地和目的地。

b. i. 公路运单必须显示其为签发给发货人或托运人的正本，或不载有表明单据为何人制作的标记。

ii. 标有"副本"(duplicate)字样的铁路运单，将被作为正本接受。

iii. 不论是否标为正本，铁路或内河运单将被银行作为正本接受。

c. 如运输单据未注明所签发的正本张数，所提交的张数将被视为构成全套(a full set)。

d. 就本条款而言，转运是指从信用证中规定的装运、发运或运输地至目的地的运输过程中，在同一运输方式内，从一运输工具卸下，再装上另一运输工具。

e. i. 公路、铁路或内河运单可表明货物将被或可能被转运，如果同一运输单据包括全程运输。

ii. 即使信用证禁止转运，表明转运将发生或可能发生的公路、铁路或内河运单可为银行接受。

第 25 条　专递收据、邮政收据或邮寄证书

a. 专递收据，不论如何命名，证明货物收妥待运，必须显示：

i. 表明专递服务机构的名称，并由在信用证规定的货物装运地的具名专递服务机构盖印或签署，及

ii. 表明收取(pick-up)或收到的日期或者具此意义的文字所表明的日期。此日期将被视为装运日期。

b. 对专递费用是待付或预付的要求，可以由专递服务机构签发的证明专递费用是由非收货人的一方负担的运输单据予以明确。

c. 证明货物已收妥待运的邮政收据或邮寄证书，不论如何命名，必须显示在信用证规定的货物装运地盖印或签署和注明日期。此日期将被视为装运日期。

第 26 条　"货装舱面"、"发货人装载和计数"、"内容据发货人报称"和运费外的费用

a. 运输单据不得表明货物已装舱面或将装舱面。运输单据上规定货物可能装舱面的条款，可为银行接受。

b. 运输单据载有诸如"发货人装载和计数"和"内容据发货人报称"的条款，可为银行接受。

c. 运输单据可以用加盖印章或其他方式提及运费外的费用①。

第 27 条　清洁运输单据

银行只接受清洁运输单据。清洁运输单据是指不载有明确宣称货物或其包装有缺陷状况的条款或批注的运输单据。即使信用证要求运输单据为"清洁已装船"(clean on board)，"清洁"

---

① 即"附加费"(additional charges)。

(clean)字样也无须在运输单据上显示。

第 28 条 保险单据和责任范围

a. 保险单据，诸如保险单、保险凭证或者预约保险项下的保险证书或声明书，必须显示由保险公司、承保人或其代理或者它们的代表(proxies)出具和签署。

代理或代表的任何签署，必须表明代理或代表是代表保险公司还是承保人签署。

b. 如保险单据表明出具多份正本，所有正本必须被提交。

c. 暂保单(cover notes)将不被接受。

d. 保险单可被接受，以替代保险凭证或者预约保险项下的保险证书或声明书。

e. 保险单据的日期必须不迟于装运日期，除非保险单据显示承保责任生效日期不迟于装运日期。

f. i. 保险单据必须表明投保金额，并以与信用证同样的货币表示。

ii. 信用证要求投保金额为货物价值、发票价值或其类似的一定百分比①，它将被视为所需投保的最低金额。如信用证对所需保险责任未予表明，投保金额至少为 CIF 或 CIP 货物价值的 110%。

如 CIF 或 CIP 价值不能从单据予以确定，投保金额必须以所要求承付或议付的金额或者以发票所显示的货物毛值(gross value)为基础加以计算，取其两者中金额较大者。

iii. 保险单据必须表明，至少在信用证中规定的货物被接受监管或装运地至卸货或者最终目的地之间的风险，已被承保。

g. 信用证应规定所需投保的险别以及应投保的附加险别，如果有的话。如信用证使用诸如“通常险别”(usual risks)或“惯常险别”(customary risks)一类不确切的词语，保险单据将被接受，不管任何险别未予投保。

h. 当信用证要求保险按“一切险”时，所提交的保险单据含有任何“一切险”的批注或条款，不论是否载有“一切险”标题，该保险单据将被接受，不管任何险别规定为除外。

i. 保险单据可含有援引任何除外的条款。

j. 保险单据可表明，承保责任受相对免赔率和绝对免赔率的约束。

第 29 条 到期日或最后交单日的展延

a. 如信用证的到期日或最后交单日，适逢接受交单的银行因第 36 条以外的原因而停止营业，到期日或最后交单日，按情况，将被展延至次一银行营业日。

b. 于次一营业日提交单据，指定银行必须在其面函(covering schedule)中提供开证行或保兑行一份声明书，说明交单系按第 29 条 a 款的规定而展延。

c. 最迟装运日不因第 29 条 a 款的规定而展延。

第 30 条 信用证金额、数量和单价的增减幅度

a. 凡“约”(about)或“大约”(approximately)的词语用于涉及信用证金额或信用证中规定的数量或单价，应解释为允许有关金额、数量或单价可有 10%的增减幅度。

b. 如信用证未规定数量以包装单位或以个数计数，以及所支取的总金额不超过信用证金

① 例如：发票价值的 110%。

额，货物的数量可允许有不超过5%的增减幅度。

c. 即使信用证禁止分批装运，信用证金额可允许有不超过5%的减少幅度，如果信用证中规定数量，而该数量已被全部装运，以及如信用证中规定单价，而该单价并未减低或第30条b款不适用。当信用证规定一特定的增减幅度或使用第30条a款中引用的用语，此增减幅度不适用。

第31条 分批支款或装运

a. 分批支款(partial drawings)或分批装运(partial shipments)均被允许。

b. 交单包含一套以上的运输单据，证明装运起始于同一运输工具、同一航次，如它们表明同一目的地，将不被视作分批装运，即使它们注明不同的装运日期或不同的装货港、接受监管或发运地。如果交单包含一套以上的运输单据，在任何一套单据上注明的最迟装运日期，将被视作装运日期。

交单包含一套以上的运输单据，证明在同一运输方式下，以非同一运输工具装运，将被视为分批装运，即使这些运输工具于同一天离境驶往同一目的地。

c. 交单包含一份以上专递收据、邮政收据或邮寄证书，将不被视为分批装运，如果专递收据、邮政收据或邮寄证书显示，已由同一专递或邮政服务机构在同一地点和日期盖印或签署，并送往同一目的地。

第32条 分期支款或装运

如信用证规定在指定的时间内分期支款(instalment drawings)或分期装运(instalment shipments)，而任何一期未在该期所允许的期间支取或装运，信用证对该期和任何以后各期终止有效。

第33条 交单时间

银行无义务在其营业时间以外接受交单。

第34条 关于单据有效性的免责

银行对任何单据的格式、完整性、准确性、真实性、伪造或法律效力，以及单据上规定的或附加的一般或特殊条件，概不负责；对于任何单据所代表的货物、服务或其他履约的描述、数量、重量、质量、状态、包装、交货、货物、服务或其他履约的价值或存在，对发货人、承运人、货运商、收货人、货物的保险人或任何其他人的诚信、行为、疏漏、清偿能力、履约能力或资信情况，也不负责。

第35条 关于信息传递和翻译的免责

银行对任何文电传递或者信件或单据的交付过程中发生延误、遗失、残缺或其他差错引起的后果，概不负责，如果该文电、信件或单据是按照信用证中规定的要求传递的，或者在缺失信用证有关指示的情况下，银行在选择交付服务中采取主动。

如果指定银行确定交单是相符的，并将单据送往开证行或保兑行，不论指定银行已否承付或议付，开证行或保兑行必须承付或议付，或偿付该指定银行，即使在指定银行与开证行或保兑行之间，或在保兑行与开证行之间的传递中，单据已经遗失。

银行对专门术语翻译或解释上的差错，不承担义务或责任，并可传递信用证条款而不加翻译。

第 36 条　不可抗力

银行对由于天灾、暴动、骚乱、叛乱、战争、恐怖主义行为、任何罢工或停工，或者任何其他非其所能控制的原因造成其营业中断而产生的后果，不承担义务和责任。

于营业恢复时，银行对在上述营业中断期间已经逾期的信用证，将不再承付或议付。

第 37 条　指示方行为的免责

a. 银行利用另一银行的服务履行申请人的指示，是为申请人的利益行事，其风险由申请人负担。

b. 开证行或通知行不承担义务或责任，如果它传递给另一银行的指示未被履行，即使它在对该其他银行的选择中采取主动。

c. 银行指示另一银行为其提供服务，有责任负担被指示的银行与其指示有关的任何佣金、手续费、成本或开支（“费用”——charges）。

如果信用证规定费用由受益人负担，而费用不能被收取或从货款中扣除，开证行仍须对费用的支付负责。

信用证或修改不应规定，发给受益人的通知是以通知行或第二通知行收到其费用为条件的。

d. 申请人受外国法律和惯例加于银行的一切义务和责任的约束，并承担向银行赔偿的责任。

第 38 条　可转让信用证

a. 银行并无办理转让信用证的义务，除非转让范围和方式为该行明示地表示同意。

b. 就本条款而言：

可转让信用证是指信用证特别规定它是可转让的。可转让信用证可按受益人（第一受益人）的请求，使其全部或部分供另一受益人（第二受益人）兑付。

转让行是指转让信用证的指定银行，或者，是指在信用证可为任何银行兑付的情况下，由开证行特别授权转让，并办理转让信用证的银行。开证行可作为转让行。

已转让信用证（transferred credit）是指已由转让行使之可为第二受益人兑付的信用证。

c. 除非在转让时另有规定，与转让有关的一切费用（诸如佣金、手续费、成本或开支）必须由第一受益人支付。

d. 信用证可以分部分（in part）转让给一个以上第二受益人，如果分批支取或分批装运是被允许的。

可转让信用证不能按第二受益人的请求转让给任何随后的受益人。

e. 任何转让的请求必须表明在何种条件下修改可被通知给第二受益人。已转让信用证必须清楚地表明这些条件。

f. 如信用证被转让给一个以上的第二受益人，其中一个或几个第二受益人对修改的拒绝，不能使任何其他第二受益人对修改的接受无效，据此，已转让信用证将被相应地修改。对拒绝修改的任何第二受益人来说，信用证保持未予修改。

g. 已转让信用证必须准确地反映信用证条款，包括保兑，如有的话，但下列各项除外：

· 信用证金额；

· 其中规定的任何单价；

· 到期日；

· 交单期间，或

· 最迟装运日或限定的装运期间。

上述任何一项或所有各项都可被减少或缩短①。

所需投保的金额的百分比可予增加，以提供信用证或本惯例有关条款规定的投保金额。

第一受益人的名称可替代信用证中申请人的名称。

如信用证特别要求，在除了发票以外任何单据上显示申请人的名称，此种要求必须反映于已转让信用证。

h. 第一受益人有权以自己的发票和汇票，如有的话，替换第二受益人的上述单据，金额不超过信用证中规定的金额，在作此类替换时，第一受益人可在信用证下支取他的发票与第二受益人所出具的发票之间可能存在的差额。

i. 如第一受益人应提交其自己的发票和汇票，如有的话，但他不能在首次要求时照办，或者，如第一受益人所提交的发票产生在第二受益人所作交单中并不存在的不符点，以及第一受益人不能在首次要求时改正它们，转让行有权将从第二受益人处收到的单据提交给开证行，而不再对第一受益人承担责任。

j. 第一受益人可在其转让请求中表明，在信用证被转让到的地点，在包括到期日在内的有效期内，对第二受益人承付或议付。这并不损害第一受益人按第 38 条 h 款所规定的权利。

k. 第二受益人或其代表的交单必须向转让行作出。

第 39 条 款项转让(assignment of proceeds)

信用证未规定可转让的事实，不影响信用证受益人根据适用法律的规定，将信用证项下其应得的任何款项转让(assign)给他人的权利。本条款仅涉及款项的转让，而与在信用证项下执行权利的转让(assignment of the right to perform)无关。

---

① 英原文为“curtailed”，该词一般应译作“缩短”。但在本条规定中，该词还含有“提前”或“提早”的意思。例如，信用证“到期日”和“最后交单日”都可提前。

附录五：

《托收统一规则》

（1995 年修订本，国际商会第 522 号出版物）

前　言

国际商会存在的宗旨是：便利世界各国间的贸易。而其最基本的任务就是对国际贸易各个领域的惯例进行不断的评审。

据此，国际商会评审了 1993 年 3 月的《托收统一规则》。该规则是由一些国际上的有关专家在秘密工作两年多后修改完成的，它是整个修改工作的结晶。它主要包括对各国和国际间的托收程序、技术、法律、条例等方面的修改。

从国际商会角度来讲，整个修改工作最成功之处在于：世界各国的国际商会委员会成员和有关专家认真参加了讨论并作出了积极的贡献。

经修改的规则及其被国际商会银行委员会各成员国的普遍采纳是对我们工作的很大鼓励。使修改工作顺利进行的广泛的、有成效的国际间评议是国际商会工作的质量保证。

国际商会秘书长　卢荷·简—查尔斯

A. 总则及定义

第 1 条　托收统一规则的适用

a. 托收统一规则 1995 年修订本，国际商会第 522 号出版物，适用于第 4 条所述“托收指示书”中表明的所有按本规则行事的第 2 条所限定的托收。除非另有明示同意或与一国、一州或地方所不得违反的法律和（或）法规有抵触，对一切有关当事人均具有约束力。

b. 银行没有处理托收或执行托收指示或其后相关指示的义务。

c. 如银行由于任何原因，决定不受理所收到的托收或其相关指示，必须以电讯方式通知发出托收指示书的一方。如无此可能，则须用其他最快捷的方式通知，不得延误。

第 2 条　托收的定义

就本惯例条文而言：

a. “托收”意指银行根据所收到的指示，处理下述 b 项所限定的单据，其目的为：

1. 取得付款和/或承兑，或者
2. 凭付款和/或承兑交付单据，或者
3. 按其他条款和条件交单。

b. “单据”意指金融单据和/或商业单据。

1. “金融单据”意指汇票、本票、支票或其他用于取得付款的类似凭证。

2. “商业单据”意指发票、运输单据、物权单据或其他类似单据，或者一切不属于金融单据的其他单据。

c. “光票托收”意指不附有商业单据的金融单据的托收。

d. “跟单托收”意指：

1. 附有商业单据的金融单据的托收。

2. 不附有金融单据的商业单据的托收。

第3条 托收的当事人

a. 就本惯例条文而言，“有关当事人”是：

1. “委托人”：委托银行办理托收的一方。

2. “托收行”：受委托人委托，办理托收的银行。

3. “代收行”：在托收过程中，除托收行以外的参与办理托收的任何银行。

4. “提示行”：向付款人提示单据的代收行。

b. “付款人”是根据托收指示书被提示单据的人。

B. 托收的形式和结构

第4条 托收指示书

a. 1. 一切托收单据均须附有托收指示书，注明该托收按照本规则办理，并作出完全而准确的指示。银行仅被允许根据托收指示书的指示及本规则办理。

2. 银行将不从单据的审核中获取指示。

3. 除非托收指示书中另有授权，银行对来自托收行以外的任何一方/银行的任何指示不予理会。

b. 托收指示书应适当载有下列内容：

1. 发出托收指示的银行详情，包括全称、邮政地址和 SWIFT 地址、电传、电话、传真号码及关系号。

2. 委托人详情，包括全称、邮政地址、电传、电话、传真号码。

3. 付款人详情，包括全称、邮政地址或提示所在地，电传、电话及传真号码。

4. 提示行详情，包括全称、邮政地址、电传、电话及传真号码。

5. 托收金额及货币。

6. 所附单据及每一单据的份数。

7. a) 据以取得付款和/或承兑的条款和条件。

b) 据以交单的条件：

1) 付款和/或承兑。

2) 其他条件。

作出托收指示书的一方有责任确保交单条件的表述清楚、意义明确，否则银行将对由此而产生的一切后果不予负责。

8. 对应收费用,注明是否可以放弃。

9. 如有应收利息,应注明下列内容,并注明是否可以放弃:

a) 利率。

b) 计息期。

c) 所适用的计息基础(如一年是 360 天还是 365 天)。

10. 付款方法及通知付款的方式。

11. 发生拒绝付款、拒绝承兑和/或与其他指示不符时的指示。

c. 1. 托收指示书应载明付款人或提示所在地的完整地址。如果该地址不完整或不准确,代收行可尽力查明其确切地址,但其自身并不承担任何义务或责任。

2. 代收行对于因所提供地址不完整/不准确造成的延误不承担任何义务和责任。

C. 提示方式

第 5 条 提示

a. 就本惯例条文而言,提示是指提示行根据托收指示书使付款人可以取得单据的手续。

b. 托收指示书应注明付款人必须采取行动的确切期限。诸如"第一"、"迅速"、"立即"及类似词语,在提示相关、或涉及付款人必须接受单据或必须采取任何其他行动的期限时不应该使用。如果使用了这类词语,银行将不予理会。

c. 单据须按收到时的原样向付款人提示,除非银行被授权加贴必要的印花(除另有指示外,该费用由发出该托收的一方承担)、做必要的背书、加盖任何橡皮印章、做托收业务惯用的或要求的识别标记。

d. 为了执行委托人的指示,托收行将使用委托人指定的银行作为代收行。若无此规定,托收行将自己选择或其他银行选择在付款或承兑所在国、或在必须履行其他条件的国家内的任何一家银行。

e. 托收行可将单据及托收指示书直接或通过另一中间银行寄给代收行。

f. 若托收行未指定具体提示行,代收行可使用自己选择的提示行。

第 6 条 见票/承兑

遇有即期付款的单据,提示行必须毫不迟延地提示以取得付款。遇有即期付款以外的远期付款单据,在要求取得承兑时,提示行必须毫不迟延地提示以便取得承兑,在要求取得付款时,必须在不迟于规定的到期日提示以取得付款。

第 7 条 商业单据的交付——承兑交单(D/A)和付款交单(D/P)

a. 托收不应含有凭付款交付商业单据指示的远期汇票。

b. 如果托收含有远期付款的汇票,该托收指示书中应注明商业单据是凭承兑(D/A)交付还是凭付款(D/P)交付。如果无此项注明,商业单据仅能凭付款交付,代收行对因迟交单据而产生的任何后果不负责任。

c. 如果托收含有远期付款汇票,且托收指示书注明凭付款交付商业单据,则单据只能凭付款交付,代收行对于因迟交单据引起的任何后果不负责任。

第 8 条　代制单据

当托收行指示由代收行或付款人代制托收中未包括的单据(如:汇票、本票、信托收据、保证函或其他单据)时,托收行须提供此类单据的式样及用词,否则托收行对代收行或付款人提供的任何此类单据的式样及用词不负责任。

D. 义务和责任

第 9 条　善意和合理谨慎

银行应以善意和合理的谨慎从事。

第 10 条　单据与货物/服务/行为

a. 除非事先征得银行同意,货物不应直接运交银行,也不应以银行或其指定人为收货人。如未经该银行同意,就将货物直接运交银行或以其指定人为收货人,以便可凭付款、承兑和/或其他条件后将货物交给付款人,则银行没有提货的义务,货物的风险及责任由发货人承担。

b. 对于跟单托收项下的货物(包括其存仓和保险),即使作了指示,银行亦无义务采取任何行动。只有在银行同意且在其同意的限度以内,银行才采取这样的行动。尽管有第 1 条 C 款的规定,即使代收行对此未做任何通知,本条款仍然适用。

c. 然而,倘若银行为了保护货物,不论是否得到指示就采取行动时,银行对于货物的处境、状况、受托保管及任何第三者的行动和疏漏不负责任。但代收行必须将所采取的行动立即通知发出托收指示书的银行。

d. 银行为保护货物而采取行动所发生的手续费和/或任何其他费用由发出托收指示的一方负担。

e. 1. 虽然有第 10 条 b 款的规定,当货物以代收行或其指定人为收货人,且付款人已用付款、承兑或其他条件表示接受时,代收行应将货物放行,这可被认为是托收行授权如此做的。

2. 代收行根据托收行指示或按照第 10 条 e. 1 款安排货物的放行时,托收行须赔偿该代收行的所有损失及费用。

第 11 条　受托方行为的免责

a. 银行为了执行委托人的指示而使用另一银行或其他银行的服务时,其费用与风险由委托人承担。

b. 银行对于其所转递的委托未被执行不承担任何义务和责任,即使受托的银行是由他们自己选择的。

c. 一方委托另一方提供服务时,应受外国法律和惯例规定的义务和责任的约束,并对该受托方承担该项义务和责任的赔偿之责。

第 12 条　对所收单据的免责

a. 银行必须确定所收到的单据与托收指示书所列的完全一致,对于单据缺少或发现与托收指示书中所列的单据不一致时,必须毫不迟延地用电讯或其他快捷方式(如前者无法做到时)通知发出托收指示书的一方。

在这方面,银行没有其他义务。

b. 如果发现未列明之单据，托收行无权对代收行所收单据的种类及份数进行争辩。

c. 根据第 5 条 c 款及上述第 12 条 a 款和 b 款，银行将按收到时的情况提示单据，不加审核。

第 13 条　对单据有效性的免责

银行对单据的形式、完整性、准确性、真实性或法律效力，或对单据上规定的或附加的一般和/或特殊条件，概不负责；银行对单据所代表之货物的描述、数量、重量、质量、状况、包装、交货、价值或存在，或对货物的发货人、承运人、运输行、收货人或保险承保人或其他任何人的诚信或信誉、行为和/或失职、偿付能力、履行能力也不负责。

第 14 条　对寄送途中的延误、丢失以及翻译的免责

a. 银行对由于任何通知、信件或者单据在寄送途中的延误和(或)丢失所引起的后果，或由于任何电讯工具在传递中的延误、残缺和其他错误，或对专门术语在翻译或解释上的错误，概不承担义务或责任。

b. 银行对其收到的需要进一步澄清的指示而引起的延误不负责任。

第 15 条　不可抗力

银行对由于自然灾害、暴动、内乱、叛乱、战争或银行本身无法控制的任何其他原因，或对由于罢工、或停工致使银行业务中断所造成的后果，不承担义务或责任。

E. 付　款

第 16 条　毫不迟延地付款

a. 收妥的款项(如有手续费、开支或费用，则在扣除后)必须按照托收指示书中的规定立即拨付发出托收指示书的一方，不得延误。

b. 尽管有第 1 条 c 款的规定，但除非另有约定，代收行必须将所收到的款项付给托收行。

第 17 条　以当地货币付款

遇有单据是以付款所在国货币(当地货币)支付的，除非托收指示书另有指示，提示行必须在当地货币支付后才能把单据交予付款人，而且该当地货币应是能依照托收指示书所规定的办法立即处理的。

第 18 条　以外国货币付款

遇有单据是以付款国以外的货币(外国货币)支付的，除非托收指示书另有指示，提示行必须在有关外国货币支付后才能把单据交予付款人，而且该外国货币应是能依照托收指示书所规定立即汇出的。

第 19 条　部分付款

a. 关于光票托收，部分付款仅在付款地法律准许部分付款的限度内和条件下，方可接受。但金融单据必须在全部款项业已收妥的前提下，方可交予付款人。

b. 关于跟单托收，部分付款仅在托收指示书有特别授权的情况下方可接受。但除非另有指示，提示行只有在全部款项业已收妥时，方可将单据交予付款人。提示行对于任何因延迟交单所产生的后果概不负责。

c. 在任何情况下，只有在符合第 17 条或 18 条的规定时，方可接受部分付款。

如接受部分付款，应按第 16 条的规定办理。

F. 利息、手续费及其他费用

第 20 条 利息

a. 如果托收指示书明示应收取利息但付款人拒付该利息时，除非适用第 20 条 c 款，提示行可视情况凭付款或承兑或按其他条件交单，而不必收取该项利息。

b. 当需要收取该项利息时，托收指示书上须注明利率、利息期及计息基础。

c. 当托收指示书中特别注明不得放弃利息而付款人拒付该项利息时，提示行将不予交单，且对因交单延误而导致的任何后果不负责任。当利息遭到拒付时，提示行须毫不迟延地以电讯方式(如不可能则以其他快捷方法)通知发出托收指示书的银行。

第 21 条 手续费及其他费用

a. 如果托收指示书规定代收手续费和/或费用应由付款人负担而付款人拒付时，除非适用第 21 条 b 款，提示行可视情况凭付款或承兑或按其他条件交单，而不收代收手续费和/或费用。此时，代收手续费和/或费用将由发出托收的一方负担，并可从货款中扣除。

b. 当在托收指示书中特别注明手续费和/或费用不得放弃但付款人对此拒付时，提示行将不予交单，且对因延迟交单造成的任何后果不负责任。当代收手续费和/或费用被拒付时，提示行必须毫不迟延地以电讯方式(如不可能时则以其他快捷方法)通知托收行。

c. 凡属按托收指示书明确规定的条款，或根据本规则，开支和/或费用和/或托收手续费应由委托人承担时，代收行有权立即向托收行收回其因代收而支付的费用和手续费，托收行也有权立即向委托人收回其因托收而支付的所有款项包含其本身的开支、费用及手续费。

d. 银行保留向发出托收指示书的银行要求预付手续费及费用的权利，以支付执行托收指示所需的费用。在收到该费用以前，保留不执行托收指示书的权利。

G. 其 他 规 定

第 22 条 承兑

提示行应负责查看汇票的承兑形式在表面上是否完整和正确，但对任何签字的真实性或签字人是否有签署承兑的权限不负责任。

第 23 条 本票及其他凭证

提示行对于任何签字的真实性，或本票、收据或其他凭证上的签字人是否有签署的权限不负责任。

第 24 条 拒绝证书

托收指示书中应对在遭到拒绝付款或拒绝承兑时是否需要作拒绝证书(或代之以其他法律程序)给予明确的指示。如无此项明确指示，则与托收有关的银行在遭到拒绝付款或拒绝承兑时，没有义务作成拒绝证书(或代之以其他的法律程序)。

银行由于办理拒绝证书或采取其他法律程序所付出的手续费和/或费用应有委托人承担。

第 25 条 需要时的代理

如委托人指定一名代表，在遭到拒绝付款和/或拒绝承兑时，作为需要时的代理，则应在托收指示书中明确且完整地注明该代理人的权限。如无此注明，银行将不接受该代理人的任何指示。

第 26 条 通知

代收行应按照下列规则通知代收情况：

a. 通知方式：代收行向托收行送交的所有通知或信息均须载有必要的详细内容。在任何情况下，均须包含托收行在托收指示书中的业务编号。

b. 通知方法：托收行有责任向代收行指明关于发出下列 c 款第 1、2、3 款中所列各项通知的做法。若无此指示，代收行将按自己选择的方法送交相关通知，费用由发出指示书的银行负担。

c. 1. 付款通知：代收行必须毫不迟延地将付款通知送交发出托收委托书的银行并详列收妥的金额，扣减的手续费和/或支出和/或费用及处理款项的方法。

2. 承兑通知：代收行必须毫不迟延地将承兑通知送交发出托收指示书的银行。

3. 拒绝付款或拒绝承兑通知：提示行应尽力确定拒绝付款和/或拒绝承兑的理由并毫不迟延地相应通知发出托收指示书的银行。

提示行必须毫不迟延地向发出托收指示书的银行送交拒绝付款通知和/或拒绝承兑通知。

委托行收到此项通知时，必须在单据处理方面给以相应的指示。提示行如在发出拒绝付款和/或拒绝承兑通知后 60 天以内仍未收到此项指示时，可将单据退回发出托收指示书的银行，而不负任何责任。

附件一：售货确认书

正 本

上海機械進出口公司
SHANGHAI MACHINERY IMPORT & EXPORT CORP.
383, Jiangn ng Road, Shanghai China.

Cable: SMIEC or MACHIMPEX SHANGHAI
Telex: 33066 SHCMC CN
Fax: 0086-21-2153544

To Messrs. OVERSEAS COMPANY
100 JULAN SULTAN
#01-20 SULTAN PLAZA
SINGAPORE 0719

售 货 确 认 书
SALES CONFIRMATION

No. EF94SP-71-023
(This No. should be quoted in the L/C and relative communications.)

Date APR. 15, 2011

AS PER BUYER'S ORDER NO.T-007

兹确认售予你方下列货品，其成交条款如下：
Dear Sirs,
We, the Seller, hereby confirm having sold to you, the Buyer, the following goods on the terms and conditions as specified below:

购货人
For account of:

1 货物名称及规格，包装及装运唛头 Name of Commodity and Specification, Packing and Shipping Mark	2 数量 Quantity	3 单价 Unit Price	4 金额 Amount
COLOUR TELEVISION SET "GOLDEN STAR" BRAND COLOUR TELEVISION SET MODEL SC374 PAL/BG SYSTEM, 220V 50HZ, TWO ROUND PIN PLUG, WITH REMOTE CONTROL REMARKS: 1) EACH SET PACKED IN ONE EXPORT CARTON, EACH 810 CARTONS TRANSPORTED IN ONE 40' CONTAINER; 2) TRADE TERM IN THIS SALES CONFIRMATION IS SUBJECT TO "INCOTERMS 2010"; 3) TRANSHIPMENT IS ALLOWED IN HONGKONG ONLY.	4,860 SETS	USD150.00 PER SET CIF SINGAPORE	USD729,000.00

(允许溢短装 Quantity Tolerance ± %)

5.装运期限：收到可以转船及分批装运之信用证后 80 天内装出。
TIME OF SHIPMENT: ☒ Within 80 days after receipt of L/C allowing transhipment and partial shipments.
☐

6.装运口岸：
PORT OF LOADING: SHANGHAI

7.目的口岸：
Port of Destination: SINGAPORE

8.付款条件：100%不可撤销即期信用证应由买方及时开出并在 MAY 15, 2011 之前到达卖方，该信用证在装运日期后二十天内在中国议付有效，如信用证迟到，卖方对迟延装运不承担任何责任，卖方并有权撤销本合同和/或提出损害赔偿。
TERMS OF PAYMENT: ☒ By 100% Irrevocable Sight Letter of Credit to be opend by the Buyer in time to reach the Seller not later than MAY 15, 2011 and to be available for negotiation in China until the 20th day after the date of shipment. In case of late arrival of the L/C, the Seller shall not be liable for any delay in shipment and shall have the right to rescind the contract and/or claim for damages.
☐

9.保险：由卖方按照中国保险条款按CIF发票金额的110%投保一切险和战争险。
INSURANCE: ☒ To be effected by the Seller for 110% of the CIF invoice value covering all risks and war risks only as per China Insurance Clauses.
由买方自行投保。
☐ To be effected by the Buyer.

10.装运条款：应按照《2011年国际贸易术语解释通则》的规定办理。凡按CFR或CIF条件达成的交易，如船公司在运费外加收的各种附加费包括港口拥挤费等概由买方承担。
TERMS OF SHIPMENT: To be governed by "INCOTERMS 2000". For transactions concluded on CFR or CIF terms, all surcharges including port congestion surcharges, etc. levied by the shipping company, in addition to freight, shall be for the Buyer's account.

11.索赔：买方对本确认书项下装运货物的任何索赔必须于货物到达目的港后30天内提出并须提供经卖方同意的检验机构出具的检验报告供卖方审核。在任何情况下卖方对间接损失不承担赔偿责任。属于保险公司、船公司、运输机构和/或邮局责任范围内的索赔卖方不予受理。
CLAIM: Any claim by the Buyer concerning the goods shipped hereunder shall be filed within 30 days after the arrival of the goods at the port of destination and supported by a survey report issued by a surveyor approved by the Seller for the Seller's examination. In no event shall the Seller be liable for indirect or consequential damages. Claims in respect of matters within the scope of responsibility of the insurance company, shipping company, transportation organization and/or post office will not be entertained by the Seller.

12.不可抗力：如由于自然灾害、战争或其他不可抗力的原因致使卖方对本确认书项下的货物不能装运或迟延装运，卖方对此不负任何责任。但卖方应立即通知买方并于15天内以航空挂号函件寄给买方由中国国际贸易促进委员会出具的证明发生此类事件的证明书。
FORCE MAJEURE: The Seller shall not be held liable for non-delivery or delay in delivery of the entire lot or a portion of the goods hereunder by reason of natural disasters, war or other causes of Force Majeure. However, the Seller shall notify the Buyer as soon as possible and furnish the Buyer within 15 days by registered airmail with a certificate issued by the China Council for the Promotion of International Trade attesting such event(s).

13.仲裁：凡因执行本合同所发生的或与本合同有关的一切争议应通过友好协商解决，如果协商无法解决，争议应提交中国国际经济贸易仲裁委员会根据其仲裁规则进行仲裁。仲裁地点在上海。仲裁裁决是终局的，对双方都有约束力。
ARBITRATION: All disputes arising out of the performance of, or relating to this contract, shall be settled amicably through negotiation. In case no settlement can be reached through negotiation, the case shall then be submitted to the China International Economic and Trade Arbitration Commission for arbitration in accordance with its arbitral rules. The arbitration shall take place in Shanghai. The arbitral award is final and binding upon both parties.

14.附件：买方应立即签署本确认书签署后退还正本一份给卖方存查。如本确认书到达买方后10天内买方尚未答回，应视为买方已接受本确认书所规定的全部条款。
REMARKS: The Buyer is requested to sign and return one original of this Sales Confirmation, duly signed, to the Seller for file immediately. Should the Buyer fail to do so within 10 days after arrival of this Sales Confirmation at the Buyer's end, the Buyer shall be deemed as having accepted all the terms and conditions set forth in this Sales Confirmation.

15 特别条款：(如特别条款与印刷条款有抵触时，应以此特别条款为准)。
SPECIAL CONDITIONS: (These shall prevail over all printed terms in case of any conflict)

买方确认签署：
Confirmed by the Buyer
OVERSEAS COMPANY
SINGAPORE
Manager

卖方
The Seller
Shanghai Machinery Import & Export Corp.
DEPT. MANAGER

附件二：不可撤销跟单信用证

中国银行
新加坡分行
BANK OF CHINA
(Incorporated in China with Limited Liability)
SINGAPORE
TELEGRAPHIC ADDRESS "CHUNGKUO"
TELEX NO RS 23046 BK CHINA
SWIFT CODE BKCHSGSGA

Irrevocable Documentary Credit — Number: 764351

Place and Date of Issue: Singapore 5/5/2011 (D/M/Y)

Expiry Date and Place for Presentation of Documents
Expiry Date: 15/8/2011 (D/M/Y)
Place for Presentation: Shanghai

Applicant:
Overseas Company
100 Julan Sultan
#01-20 Sultan Plaza
Singapore 0719

Beneficiary:
Shanghai Machinery Imp. & Exp. Corp.
Shanghai, China

Advising Bank: Reference No 210214
Bank of China, Shanghai

Amount: USD729,000.00
(United States Dollars Seven Hundred and Twenty Nine Thousand Only)

Partial shipments [X] allowed [ ] not allowed
Transhipment [X] allowed [ ] not allowed
[ ] Insurance covered by buyers

Credit available with Nominated Bank:
[ ] by payment at sight
[ ] by deferred payment at
[ ] by acceptance of drafts at
[X] by negotiation

Against the documents detailed herein
[X] and Beneficiary's draft(s) drawn on Bank of China, Singapore, at sight

Shipment as defined in UCP 600
From Shanghai
For transportation to Singapore
Not later than 31/7/2011 (D/M/Y)

Documents required (in three-fold unless otherwise specified):

Signed commercial invoice
Insurance Policy or Certificate, endorsed in blank, covering All Risks and War Risks as per CIC
Full set clean on board Bill(s) of Lading made out to order and endorsed in blank, marked Freight Prepaid and notifying applicant

Evidencing shipment of:
4,860 sets Colour Television Set "Golden Star" Brand Model SC374
PAL/BG System, 220V 50HZ, Two Round Pin Plug, with Remote Control
Unit Price @USD150.00 per set CIF Singapore
Sales Confirmation No.EF94SP-71-023
Transported in 40' containers of 810 cartons each

Documents to be presented within [15] days after the date of shipment but within the validity of the Credit

We hereby issue the Irrevocable Documentary Credit in your favour. It is subject to the Uniform Customs and Practice for Documentary Credits (2007 Revision, International Chamber of Commerce, Paris, France, Publication No. 600) and engages us in accordance with the terms thereof. The number and the date of the Credit and the name of our bank must be quoted on all drafts required. If the Credit is available by negotiation, each presentation must be noted on the reverse side of this advice by the bank where the Credit is available.

INSTRUCTIONS TO THE NEGOTIATING BANK:
1. All documents to be despatched to us in one lot
2. In reimbursement, we shall reimburse you in accordance with your instructions.

This document consists of [1] signed page(s)

Yours Faithfully,
For BANK OF CHINA, SINGAPORE

Authorized Signature

附件三：汇　　票

凭　　　　　　　　　　　　　　　　　　　　　　信用证 XXXXXXXX

Drawn under BANK OF CHINA, SINGAPORE　　*L/C* XXXXXXXX *No.* 764351

日期

Dated 5TH MAY 2011　支取 *Payable with interest* @ ...... % 按 息 付款

号码　　　　汇票金额　　　　　　　　　上　　海

No. M0785　*Exchange for* USD729,000.00　*Shanghai,* 17TH JULY 2011

见票　　　　　　日后（本汇票之副本未付）付交　　　　　金额

AT ...... *sight of this* **FIRST** *of Exchange (Second of Exchange being unpaid) Pay to the order of* BANK OF CHINA *the sum of*

UNITED STATES DOLLARS SEVEN HUNDRED AND TWENTY NINE THOUSAND ONLY

款已收讫

Value received

上海机械进出口公司

SHANGHAI MACHINERY IMPORT & EXPORT CORP.

此致

To: BANK OF CHINA, SINGAPORE

茅旺海

DEPT. MANAGER

附件四：商业发票

上海機械進出口公司
SHANGHAI MACHINERY IMP. & EXP. CORPORATION

SHANGHAI, CHINA
TELEX, 33066 SHCMC CN
FAX, 0086(21)—2153544

致
To: OVERSEAS COMPANY
100 JULAN SULTAN
#01-20 SULTAN PLAZA
SINGAPORE 0719

INVOICE

发票编号 Invoice Number JX-M946576
日期 Date 20th JUNE 2011
售货合约号数 Sales Contract No. EF94SP-71-023

唛头及号数 Marks & Numbers	数量及品名 Quantities and Descriptions	单价 Unit Price	总价 Amount
A SINGAPORE NO.1-4860	"GOLDEN STAR" BRAND COLOUR TELEVISION SET MODEL SC374 PAL/BG SYSTEM, 220V 50HZ. TWO ROUND PIN PLUG. WITH REMOTE CONTROL 4860 SETS. PACKED IN EXPORT CARTONS OF ONE SET EACH; TRANSPORTED IN 40' CONTAINERS OF 810 CARTONS EACH	USD150.00 PER SET CIF SINGAPORE	USD729,000.00

上海机械进出口公司
SHANGHAI MACHINERY IMPORT & EXPORT CORP.

茅旺海

DEPT. MANAGER

附件五：海运提单

1.Shipper Insert Name, Address and Phone

SHANGHAI MACHINERY IMP. & EXP. CORP.

许可证号:JTL0008

B/L NO: CSA 5034

中远集装箱运输有限公司
COSCO CONTAINER LINES

TLX: 33057 COSCO CN
FAX: +86(021) 6545 8984

ORIGINAL

2.Consignee Insert Name, Address and Phone

TO ORDER

Port-to-Port or Combined Transport
BILL OF LADING

3.Notify Party Insert Name, Address and Phone
(It is agreed that no responsibility shall attach to the Carrier or his agents for failure to notify)

OVERSEAS COMPANY
100 JULAN SULTAN
#01-20 SULTAN PLAZA
SINGAPORE 0719

RECEIVED in external apparent good order and condition except as otherwise noted. The total number of packages or units stuffed in the container, the description of the goods and the weights shown in this Bill of Lading are furnished by the Merchants, and which the carrier has no reasonable means of checking and is not a part of this Bill of Lading contract. The carrier has issued the number of Bills of Lading stated below, all of this tenor and date, one of the original Bills of Lading must be surrendered and endorsed or signed against the delivery of the shipment and whereupon any other original Bills of Lading shall be void. The Merchants agree to be bound by the terms and conditions of this Bill of Lading as if each had personally signed this Bill of Lading.

SEE clause 4 on the back of this Bill of Lading (Terms continued on the back hereof, please read carefully)

*Applicable Only When Document Used as a Combined Transport Bill of Lading

4.Combined Transport* Pre-carriage by	5.Combined Transport* Place of Receipt
6.Ocean Vessel Voy. No. TUO HE V.144	7.Port of Loading SHANGHAI
8.Port of Discharge SINGAPORE	9.Combined Transport* Place of Delivery

Particulars Furnished by Merchants

Marks & Nos. Container / Seal No.	No. of Containers or Packages	Description of Goods (If Dangerous Goods, See Clause 20)	Gross Weight Kgs	Measurement
A SINGAPORE NO.1-4860 CONTAINER NO.: SEAL NO.: COSU829234-2 0647244 COSU829235-2 0647245 COSU829535-1 0647246 COSU829545-9 0647247 COSU829546-8 0647248 COSU829547-7 0647249	4860 CARTONS	COLOUR TELEVISION SET SHIPPER'S LOAD AND COUNT CY TO CY	12150 KGS FREIGHT PREPAID	54.573 CU.M

Description of Contents for Shipper's Use Only (Not part of This B/L Contract)

10.Total Number of containers and/or packages (in words) Subject to Clause 7 Limitation: SAY FOUR THOUSAND EIGHT HUNDRED AND SIXTY CARTONS ONLY

11.Freight & Charges	Revenue Tons	Rate	Per	Prepaid	Collect
SHIPPED ON BOARD THE VESSEL 15TH JULY 2011 Declared Value Charge					

Ex. Rate:	Prepaid at	Payable at	Place and date of Issue: SHANGHAI, 15TH JULY 2011
	Total Prepaid	No. of Original B(s)/L: THREE	Signed for the Carrier, COSCO CONTAINER LINES

as agent for the carrier, COSCO CONTAINER LINES

中国外轮代理公司上海分公司
CHINA OCEAN SHIPPING AGENCY SHANGHAI BRANCH
刘玉彬
ASST DEPT. MANAGER

LADEN ON BOARD THE VESSEL
DATE BY
(COSCON STANDARD FORM 9801)

CNS99 0140581

附件六：保　险　单

PICC 中国人民保险公司上海市分公司
The People's Insurance Company of China, Shanghai Branch

总公司设于北京 Head Office Beijing　　一九四九年创立 Established in 1949

货物运输保险单
CARGO TRANSPORTATION INSURANCE POLICY

发票号 (INVOICE NO.)
合同号 (CONTRACT NO.)
信用证号 (L/C NO.)
保单号次 POLICY NO. SH02/PYCK200131010000000007
被保险人 INSURED: Shanghai Machinery Imp. & Exp. Corp.

中国人民保险公司（以下简称本公司）根据被保险人的要求，由被保险人向本公司缴付约定的保险费，按照本保险单承保险别和背面所载条款与下列特款承保下述货物运输保险，特立本保险单。
THIS POLICY OF INSURANCE WITNESSES THAT THE PEOPLE'S INSURANCE COMPANY OF CHINA(HEREINAFTER CALLED "THE COMPANY")AT THE REQUEST OF THE INSURED AND IN CONSIDERATION OF THE AGREED PREMIUM PAID TO THE COMPANY BY THE INSURED,UNDERTAKES TO INSURE THE UNDERMENTIONED GOODS IN TRANSPORTATION SUBJECT TO THE CONDITIONS OF THIS POLICY AS PER THE CLAUSES PRINTED OVERLEAF AND OTHER SPECIAL CLAUSES ATTACHED HEREON.

标记 MARKS & NOS.	包装及数量 QUANTITY	保险货物项目 DESCRIPTION OF GOODS	保险金额 AMOUNT INSURED
As per Invoice No. JX-H946576	4860 CARTONS	COLOUR TELEVISION SET	USD801,900.00

ORIGINAL

总保险金额 TOTAL AMOUNT INSURED: U.S.DOLLARS EIGHT HUNDRED AND ONE THOUSAND NINE HUNDRED ONLY
保费 PREMIUM: As Arranged　启运日期 DATE OF COMMENCEMENT: As per B/L　装载运输工具 PER CONVEYANCE: TUOHB V.144
自 FROM: SHANGHAI　经 VIA:　至 TO: Singapore

承保险别 CONDITIONS

Covering All Risks and War Risks as per Ocean Marine Cargo Clauses and War Risks Clauses(1/1/1981) of the People's Insurance Company of China (Abbreviated as C.I.C.-All Risks & War Risks). (Warehouse to Warehouse Clause is included)

所保货物，如发生保险单项下可能引起索赔的损失或损坏，应立即通知本公司下述代理人查勘。如有索赔，应向本公司提交保单正本（本保险单共有 3 份正本）及有关文件。如一份正本已用于索赔，其余正本自动失效。
IN THE EVENT OF LOSS OR DAMAGE WHICH MAY RESULT IN A CLAIM UNDER THIS POLICY, IMMEDIATE NOTICE MUST BE GIVEN TO THE COMPANY'S AGENT AS MENTIONED HEREUNDER.CLAIMS,IF ANY, ONE OF THE ORIGINAL POLICY WHICH HAS BEEN ISSUED IN 3 ORIGINAL(S) TOGETHER WITH THE RELEVENT DOCUMENTS SHALL BE SURRENDERED TO THE COMPANY. IF ONE OF THE ORIGINAL POLICY HAS BEEN ACCOMPLISHED,THE OTHERS TO BE VOID.

CHINA INSURANCE COMPANY,LIMITED SINGAPORE BRANCH
105 CECIL STREET #18-00 & #19-00 THE OCTAGON SINGAPORE 0106
TEL:2222366(10 LINES) FAX:2213011/2221033

中国人民保险公司上海市分公司
THE PEOPLE'S INSURANCE COMPANY OF CHINA SHANGHAI BRANCH

赔款偿付地点 CLAIM PAYABLE AT: SINGAPORE
出单日期 ISSUING DATE: Jun.20. 2011

GENERAL MANAGER

地址：中国上海中山南路700号
ADD:700 ZHONGSHAN ROAD (S) SHANGHAI CHINA
邮编 (POST CODE): 200010
经办：jb　复核：zbc
电话 (TEL):63243439 63563561 63773000
传真 (FAX): 86-21 63568811 63764678

保单顺序号：PICC 0076639

图书在版编目(CIP)数据

进出口贸易实务/吴百福,周秉成主编.—2版
—上海:格致出版社:上海人民出版社,2011
高职高专财经类核心课教材
ISBN 978-7-5432-1912-0

Ⅰ.①进… Ⅱ.①吴… ②周… Ⅲ.①进出口贸易-贸易实务-高等学校:技术学校-教材 Ⅳ.①F740.4

中国版本图书馆CIP数据核字(2011)第018584号

责任编辑 忻雁翔
美术编辑 路 静

高职高专财经类核心课教材

进出口贸易实务(第二版)

吴百福 周秉成 主编

出 版	印 刷 上海盛通时代印刷有限公司
格致出版社·上海三联书店·上海人民出版社	开 本 787×1092 1/16
(200001 上海福建中路193号 www.ewen.co)	印 张 16.5
编辑部热线 021-63914988	插 页 1
市场部热线 021-63914081	字 数 306,000
www.hibooks.cn	版 次 2011年4月第1版
发 行 上海世纪出版股份有限公司发行中心	印 次 2016年1月第3次印刷

ISBN 978-7-5432-1912-0/F·388 定价:28.00元